信息技术能力对农产品
供应链绩效的影响机理研究

XINXI JISHU NENGLI DUI NONGCHANPIN
GONGYINGLIAN JIXIAO DE
YINGXIANG JILI YANJIU

曾梦杰◎著

中国财经出版传媒集团
经济科学出版社
Economic Science Press
·北京·

图书在版编目（CIP）数据

信息技术能力对农产品供应链绩效的影响机理研究 /
曾梦杰著. -- 北京：经济科学出版社，2024. 7.
ISBN 978 - 7 - 5218 - 6073 - 3

Ⅰ. F724. 72 - 39

中国国家版本馆 CIP 数据核字第 2024BE7763 号

责任编辑：汪武静
责任校对：易　超
责任印制：邱　天

信息技术能力对农产品供应链绩效的影响机理研究
XINXI JISHU NENGLI DUI NONGCHANPIN GONGYINGLIAN JIXIAO DE
YINGXIANG JILI YANJIU

曾梦杰　著
经济科学出版社出版、发行　新华书店经销
社址：北京市海淀区阜成路甲 28 号　邮编：100142
总编部电话：010 - 88191217　发行部电话：010 - 88191522
网址：www. esp. com. cn
电子邮箱：esp@ esp. com. cn
天猫网店：经济科学出版社旗舰店
网址：http：// jjkxcbs. tmall. com
固安华明印业有限公司印装
710 × 1000　16 开　17 印张　250000 字
2024 年 7 月第 1 版　2024 年 7 月第 1 次印刷
ISBN 978 - 7 - 5218 - 6073 - 3　定价：68. 00 元
（图书出现印装问题，本社负责调换。电话：010 - 88191545）
（版权所有　侵权必究　打击盗版　举报热线：010 - 88191661
QQ：2242791300　营销中心电话：010 - 88191537
电子邮箱：dbts@ esp. com. cn）

本书得到:

2024 年河南省科技厅软科学项目"数字技术提升河南省农产品供应链韧性的机制与路径研究"（242400410067）；2025 年河南省科技厅软科学项目"河南省旅游业数字化转型的机理与路径研究"；2024 年度河南省高等教育教学改革研究与实践项目（2024SJGLX0539）；2024 年河南省社会实践一流课程（2024XJJYXM51）；教育部新农科研究与改革实践项目（360A08-07-2020-0025-1）；2024 年校级教改项目"乡村振兴战略下应用型本科农林经济管理专业实践教学改革与实践"；2024 年校级教改项目（2024XJJYXM84）联合资助。

序　言

涉农企业之间的竞争已经转变为农产品供应链之间的竞争。有效的农产品供应链管理已成为涉农企业发展的动力与源泉，同时成为保障农产品质量安全的有效途径。然而，我国农产品供应链上存在信息不对称和伙伴关系松散不稳定的问题。这是导致我国目前农产品供应链绩效水平低下的主要原因，也是导致我国农产品竞争力不强，现代化农业发展进程缓慢的主要原因。

随着信息时代的到来和信息技术的高速发展，信息已成为供应链中最为重要的资源，信息技术被认为是供应链管理中重要的手段。一方面，有效信息技术应用能为合作伙伴间沟通和协作提供信息沟通渠道和能力，帮助企业更容易改进彼此的伙伴关系；另一方面，通过有效信息技术应用可以帮助供应链上下游的供应商、制造商、分销商和零售商实现实时交流与信息共享，解决供应链上的信息不对称，减少牛鞭效应。信息技术应用也能促进供应链上下游协调和整合，为提高农产品供应链绩效提供了新的途径，也可用于全程信息跟踪和监控，加强农产品质量和安全管理。

当前研究较多探讨了信息技术对工业企业绩效有直接和间接的影响，然而国内外学者较少以农产品供应链为对象，深入研究信息技术及其能力对农产品供应链绩效的影响路径，还未形成关于信息技术影响农产品供应链绩效的全面系统研究，理论基础和框架还不完善，实施路径尚不清晰。关于信息技术是否影响、如何影响农产品供应链绩效的问题，仍是一个模糊的黑箱。这个黑箱中，信息技术是否会影响农产品供应链绩效？信息技术通过哪些路径作用于农产品供应链绩效？这些问题都有待进一步研究，解决这些问题也具有重大理论和现实意义。

　　基于此，本书作者曾梦杰老师致力于解决以上问题，发现打开这一黑箱的关键是从农产品供应链管理中重要协调内容（伙伴关系和信息共享）和能力入手，深入探究信息技术能力对农产品供应链绩效的影响机制和路径机理。本书通过理论分析与实证研究，系统梳理信息技术能力、信息共享、伙伴关系和农产品供应链绩效之间关系机理，并依据601份有效涉农企业问卷数据实证研究总体及各维度信息技术能力对农产品供应链绩效的直接和间接影响路径，及信息共享和伙伴关系在间接影响中发挥的中介路径作用。

　　本书创新性提出并验证了包含信息技术能力、伙伴关系、信息共享和农产品供应链绩效之间相互影响的理论框架，扩充了信息技术"生产力悖论"的理论研究，发展了信息技术背景下农产品供应链管理新的科学研究领域。同时，本书成果为涉农企业管理者和相关组织提供新的视角解决信息技术"生产力悖论"的问题，从提高信息技术能力着手，增强成员间的伙伴关系、促进信息共享水平，有效解决链条上信息不对称和伙伴关系不稳定两个突出的问题，从而积极改善农产品供应链绩效。

　　本书是国内信息技术与农产品供应链结合领域的一项标志性成果，为学术界进一步开展信息技术对农产品供应链研究奠定了坚实的基础，更为我国涉农企业竞争力提高和农产品供应链价值提升提供有效途径，为我国农业信息化以及农产品供应链发展政策的不断推行提供理论依据。书稿内容丰富，紧密对接国际前沿，分析系统，观点独特，读完之后，我也收获颇多。毫无疑问，这是一本不可多得的优秀著作。

　　欣阅此书，谨以为序。

吕建军

中国农业大学经济管理学院、教授

2024年5月于北京

PREFACE 前言

随着信息技术的高速发展，商业界和学术界均意识到信息技术应用对于涉农企业和农产品供应链管理的重要性。近年来，我国政府和涉农企业在信息技术应用上投入巨大，然而信息技术投资在农产品供应链上应用效果却发挥得仍不理想，当前我国农产品供应链仍存在两个尤为突出的问题：一是农产品供应链中信息传递不畅、信息不对称的问题；二是农产品供应链中伙伴关系松散、合作不稳定的问题。这两个问题是导致我国目前农产品供应链绩效水平低下的主要原因，也是导致我国农产品和涉农企业竞争力不强，现代化农业发展进程缓慢的主要原因。总之，信息技术资源的投入未有效地提高农产品供应链绩效。这意味着农产品供应链上出现了信息技术"生产力悖论"现象，即 IT/IS 投入与产出之间的矛盾。

基于资源基础理论、关系理论和交易成本理论，借鉴已有研究成果，本书认为造成信息技术"生产力悖论"的原因主要有：(1) 信息技术资源未能转化为信息技术能力，是信息技术能力而非信息技术带来的成功。(2) 信息技术能力未能有效地作用于农产品供应链管理，尤其伙伴关系和信息共享管理中，而伙伴关系和信息共享均属于供应链协调管理的重要内容。然后，当前国内外学者还未系统研究信息技术能力对农产品供应链绩效的影响机理。关于信息技术能力是否及如何对农产品供应链绩效产生影响的问题，仍是一个模糊的"黑箱"。

为了解开这一"黑箱"，本书目标是从能力视角，理论分析结合实证研究信息技术能力对农产品供应链绩效的影响机制和路径机理，对比分析伙伴关系和信息共享两个因素单独和共同在信息技术能力和农产品供应链绩效之间发挥的中介路径作用，探究信息技术能力、伙伴关系、信息共享和农产品供应链绩效之间存在相互影响的关系。本书一共有8章。

第1章是绪论，明确提出本书的研究背景和研究意义，并对与本书内容相关的国内外研究成果进行综述；提出本书的研究问题、研究目标、研究内容、技术路线、研究方法及主要创新点。

第2章是概念界定与理论框架，系统梳理了资源基础观理论、关系视角理论和交易成本理论等，界定了供应链、农产品供应链、农产品供应链绩效、伙伴关系、信息共享、信息技术及信息技术能力等概念，并构建了信息技术能力、信息共享、伙伴关系和农产品供应链绩效之间相互关系的理论框架。

第3章是研究设计与数据收集，基于国内外成熟的问卷量表，并结合我国农产品供应链的实际情况，系统设计了变量测量题项及调研问卷，通过线上线下多渠道有效回收601份，覆盖了中国31个省（区、市）（不含香港、澳门、台湾），充分调研了农产品供应链上信息技术应用及供应链管理实际。

第4章是信息技术能力与农产品供应链绩效影响关系分析，为了回答"信息技术能力是否对农产品供应链绩效产生影响"的问题，本章在不考虑伙伴关系和信息共享的作用下，通过理论分析与实证验证，初步研究总体和不同维度上信息技术能力对农产品供应链绩效的影响。

第5章是伙伴关系在信息技术能力与农产品供应链绩效间的路径作用分析，为了回答"伙伴关系作用下，信息技术能力如何对农产品供应链绩效产生影响"的问题，本章在第4章研究的基础上，只考虑伙伴关系的作用下，通过理论分析与实证验证，研究伙伴关系作用下总体和不同维度信息技术能力对农产品供应链绩效的影响机理，并重点分析伙伴关系在二者之间发挥的路径作用。

第6章是信息共享在信息技术能力与农产品供应链绩效间的路径作用分析，为了回答"信息共享作用下，信息技术能力如何对农产品供应链绩效产生影响"的问题，本章在第4章研究的基础上，只考虑信息共享的作用下，通过理论分析与实证验证，研究信息共享作用下总体和不同维度信息技术能力对农产品供应链绩效的影响机理，并重点分析信息共享在二者之间发挥的路径作用。

第7章是伙伴关系和信息共享的共同路径作用分析，为了回答"伙伴关系和信息共享同时作用下，信息技术能力如何对农产品供应链绩效产生影响"的问题，本章在第4章～第6章的基础上，进一步考虑伙伴关系和信息共享同时作用下，理论与实证分析总体和不同维度信息技术能力与农产品供应链绩效之间深入的影响关系，重点分析伙伴关系和信息共享在二者之间共同发挥的路径作用，并对比分析第4章～第7章实证结果。

第8章是结论与展望，总结了本书的主要研究发现、重点内容和结论，提出了相应的理论和实践启示，提出本书的局限和未来的展望。

整体而言，上述章节按照科学研究思路，第1章～第3章属于理论性分析和数据收集阶段，第4章～第7章属于实证分析，第8章是收尾。特别感谢曾梦璐老师参与了编写并对全书进行了认真修改。本书是第一本较为系统地分析信息技术能力对农产品供应链绩效的影响机理的专著。希望本书的出版能够推动本领域的研究进展，解决农产品供应链上信息不对称和关系不稳定的问题，以提升农产品供应链整体协调和绩效水平，提高我国涉农企业的竞争力。

CONTENTS **目录**

第
1
章
绪论 ... *001*

1.1　研究背景与意义　... *001*

1.2　研究现状　... *006*

1.3　研究目标与主要内容　... *022*

1.4　主要创新点　... *022*

1.5　主要研究方法　... *023*

1.6　技术路线　... *025*

第
2
章
概念界定与理论框架 ... *027*

2.1　供应链与农产品供应链绩效　... *028*

2.2　信息技术能力　... *035*

2.3　伙伴关系与信息共享　... *043*

2.4　理论基础　... *050*

2.5　主要模型方法　... *055*

2.6　研究框架　... *061*

第
3
章
研究设计与数据收集 ... *065*

3.1 问卷设计 ... *066*

3.2 变量度量 ... *066*

3.3 问卷发放与回收 ... *074*

3.4 基本数据统计 ... *076*

第
4
章
信息技术能力与农产品供应链绩效影响关系分析 ... *081*

4.1 信息技术能力与农产品供应链绩效影响关系的
理论分析 ... *082*

4.2 因子分析与多重共线性检验 ... *086*

4.3 主模型的影响路径分析 ... *097*

4.4 3个分解模型的影响路径分析 ... *101*

4.5 主模型与分解模型路径分析结果对比 ... *107*

4.6 本章小结 ... *108*

第
5
章
伙伴关系在信息技术能力与农产品供应链绩效间的路径
作用分析 ... *111*

5.1 伙伴关系路径作用的理论分析 ... *112*

5.2 因子分析与多重共线性检验 ... *120*

5.3 主模型的影响路径分析 ... *125*

5.4 4个分解模型的影响路径分析 ... *129*

5.5 主模型与分解模型路径分析结果对比 ... *139*

5.6 伙伴关系中介路径作用检验 ... *140*

5.7 本章小结 ... *144*

第6章　信息共享在信息技术能力与农产品供应链绩效间的路径作用分析 ... **147**

6.1　信息共享路径作用的理论分析 ... **148**

6.2　因子分析与多重共线性检验 ... **156**

6.3　主模型的影响路径分析 ... **160**

6.4　4 个分解模型的影响路径分析 ... **164**

6.5　主模型与分解模型路径分析结果对比 ... **173**

6.6　信息共享中介路径作用检验 ... **175**

6.7　本章小结 ... **179**

第7章　伙伴关系和信息共享的共同路径作用分析 ... **181**

7.1　伙伴关系和信息共享共同路径作用的理论分析 ... **182**

7.2　主模型的影响路径分析 ... **189**

7.3　3 个分解模型的影响路径分析 ... **193**

7.4　主模型和分解模型路径分析结果对比 ... **202**

7.5　伙伴关系和信息共享共同中介路径作用检验 ... **204**

7.6　伙伴关系和信息共享单独及共同路径作用的对比分析 ... **211**

7.7　本章小结 ... **219**

第8章　结论与展望 ... **222**

8.1　研究结论 ... **222**

8.2　理论启示 ... **227**

8.3　实践启示 ... **229**

8.4　局限与展望 ... **230**

参考文献 ... **232**

第 1 章

绪　论

1.1 研究背景与意义

1.1.1　研究背景

随着人们生活水平的提高和消费需求的转变，农产品及食品行业在过去 20 年发生了巨大变化，也面临着新的形势，如个性化和多样化的消费者需求、严格质量安全标准、全球化的销售网络等（Saitone and Sexton，2017；Huggins and Valverde，2018）。而且，涉农公司与公司之间的竞争从单个企业转变为核心企业主导的农产品供应链之间的竞争（Cooper et al.，1997；Cox，1999；Kuhne et al.，2013）。而农产品供应链是从农产品生产、加工、销售过程中，以核心企业带动的生产加工企业、中间商、零售商等相互协调的整体功能性网络结构，各成员通过信息共享、紧密协作，以快速响应市场需求，实现供应链整体目标。尤其在以消费者为导向的激励竞争中，农产品的质量安全问题逐渐成为竞争中最关键的因素，整个农产品供应链急需要从以生产为重心的管理方式（仅强调低成本和高产量）向需求导向转型（Nyamah et al.，2014）；急需要涉农企业通过信息交流和共享，增进供应链上下游合作伙伴关系，统一协作，共同响应市场变化（Zeng and Lu，2020）。在核心企业主导下高效的农产品供应链管理可以为每个涉农节点企业提供可持续优势和良好的绩效产出，以应对前所未有的挑战（Uddin，2017）。因此，有效的农产品供应链管理已成为当前涉农企业发展动力与源泉，是农产品和食品质量安全管理的重要内容，能带来产业扶贫绩效（王志刚等，2021），也是促进农村经济发展的有效途径（祁峰和冯梦龙，2020）。

　　研究人员和管理者也逐渐意识到农产品供应链管理的重要性，并开始关注影响农产品供应链绩效的因素以改善整体绩效（Bourlakis et al.，2014；Kirwan et al.，2017；Gaitan-Cremaschi et al.，2017；Dania et al.，2018）。而农产品供应链绩效是各节点企业在核心企业管理下充分利用供应链上的人力、物力、基础设施、信息技术等内外资源，通过共同协作，所实现的供应链利益总和。农产品供应链绩效不同于单个涉农企业绩效，不是供应链上单个涉农企业的绩效简单叠加，而是在核心企业主导下通过对成员相互协作共同实现的目标的整体考量（Odongo et al.，2016；Amentae et al.，2018）。农产品供应链绩效一般包含财务绩效、战略绩效和服务绩效（Niu，2010；周驷华和万国华，2017；Zeng and Lu，2020），覆盖了供应链运营成本、利润、时效性、柔性、响应性、战略管理、可持续性、顾客满意度、产品质量安全等内容（Aramyan et al.，2007；Ding et al.，2014；韩啸，2014；Nyamah et al.，2017）。

　　随着信息时代的到来和信息技术的高速发展，"信息"已成为供应链中最为重要的资源，信息技术能力被认为是供应链管理中重要的手段（Li et al.，2009；Vickery et al.，2010；Prajogo and Olhager，2012；Jin et al.，2014；Tseng and Liao，2015；Oh et al.，2016；Kim，2017；Mendoza-Fong et al.，2018）。一方面，有效信息技术应用能为合作伙伴间沟通和协作提供信息沟通渠道和能力，促进供应链业务流程重组，帮助企业更容易改进彼此的伙伴关系（Tseng and Liao，2015；Gaurav and Anbanandam，2016；

Fu et al.，2017；曾敏刚等，2017；Vaio and Varriale，2020）。另一方面，通过有效信息技术应用可以帮助供应链上下游的供应商、制造商、分销商和零售商实现实时交流与信息共享（Baihaqi and Sohal，2013；Lee and ha，2018；Oh et al.，2019），解决供应链上的信息不对称，减少牛鞭效应（Ye and Wang，2013；Sahin and Topal，2019；Pu et al.，2020）。信息技术应用也为涉农企业流程改造，促进供应链上下游协调和整合，提高农产品供应链绩效提供了新的途径，也可用于全程信息跟踪和监控，加强农产品质量和安全管理（Yan et al.，2016；孙传恒等，2021）。

近年来我国政府和涉农企业在信息技术应用上投入巨大，如农产品电子商务、农业物联网、大数据、可追溯系统等（Sun and Bao，2011；Peng et al.，2016），然而信息技术投资和在农产品供应链上的应用效果仍不理想，我国农产品供应链中仍存在两个尤为突出的问题：一是农产品供应链中信息传递不畅、信息不对称的问题（陈梦和付临煊，2017；Sun and Wang，2019；祁峰和冯梦龙，2020）；二是农产品供应链中伙伴关系松散、合作不稳定的问题（张明月，2018；冯春等，2018；Zeng and Lu，2020）。这两个问题是导致目前我国农产品供应链绩效水平低下的主要原因，也是导致我国农产品竞争力不强，现代化农业发展的进程缓慢的主要原因。总之，信息技术资源的投入未必能有效地提高涉农企业竞争力及农产品供应链绩效。这意味着农产品供应链上出现了信息技术"生产力悖论"现象，即 IT/IS 投入与产出之间的矛盾（Brynjolfsson and Hitt，1996）。

基于资源基础理论、关系理论和交易成本理论，借鉴已有研究成果，本书认为造成上述问题的原因主要有两个：（1）信息技术资源未能转化为信息技术能力，信息技术资源多少或先进与否和信息技术能力之间并无必然联系，是信息技术能力而非信息技术带来的成功，该能力是解决农产品供应链上信息技术"生产力悖论"的关键（Ross et al.，1996；Bharadwaj，2000；Santhanam and Hartono，2003；Carr，2003；Bhatt and Grover，2005）。信息技术能力是对信息技术及相关资源的运用所产生的，将信息技术相关资源与其他资源和能力联合重构、部署和运用的能力，如通过信息技术基础设施、信息技术人力资源和信息技术无形资产相结合所产生的，能够带来持续竞争优势和价值的能力，具有稀缺性、价值性、难以模仿等特性（Youn et al.，2014；杨国辉，2014；Hwang et al.，2015；Han et al.，2017；Bi et al.，2019）。信息技术能力一般包含四种维度：信息技术基础设施能力、信息技术人才能力、信息技术内部沟通能力和信息技术外部沟通能力（Bharadwaj，2000；Bendoly et al.，2012；周驷华，2014；Zeng and Lu，2020）。（2）信息技术能力未能有效地作用于农产品供应链管理，尤其伙伴关系管理和信息共享中。供应链管理中伙伴关系是相关各方为了实现一定时期内的信息共享、风险共担及利益共享的整体目标，而结成的一种相对稳定的正式和非正式的合作关系。信息共享是供应链上节点企业间借助信息技术/系统或媒介，进行信息的交流和传递的活动，以合理配置和整合资源。伙伴关系和信息共享均属于供应链协调与管理的重要内容（Vereecke and Muylle，2006），均属于有效供应链整合措施（Prajogo and Olhager，2012）。

理论上，基于资源基础观理论及相关研究，总的涉及四种维度的信息技术能力（信息技术基础设施能力、信息技术人才能力、信息技术内部沟通能力和信息技术外部沟通能力）是涉农企业内外部及农产品供应链管理中独特的、有竞争力、不易模仿和替代的能力，能帮助农产品供应链核心企业充分利用信息技术资源及相关的信息、人力、内外部关系资源等，促进成员间的信息共享，有效管理和增强伙伴关系，从而带来绩效改进。基于关系理论和相关研究，伙伴关系（包含信任、承诺、契约、权利和相互依赖关系）的增强有利于促进成员间的信息共享（含信息共享的层次、内容和质量），有利于获得关系租金，会降低成员机会主义行为，促进农产品供应链绩效改进。基于交易成本理论和相关研究，信息技术能力的有效发挥不管是促进信息共享还是增强伙伴关系，均可以降低农产品供应链上涉农企业间信息搜寻成本、谈判成本、监督成本等，解决机会主义风险、信息不对称等问题，从而降低整体交易成本。

通过梳理信息技术能力、伙伴关系、信息共享、农产品供应链绩效四者关系的研究现状，发现之前的研究较多探讨了信息技术能力对工业企业绩效有直接和间接的影响（Li et al.，2009；Lu and Ramamurthy，2011；

Hwang et al.，2015；Cai et al.，2016；Zeng et al.，2017）。学者们逐步认识到伙伴关系是影响供应链管理效果最重要的因素之一（Molnár et al.，2010；Terpend and Krause，2015；Uddin，2017；Mesic，2018；Wang et al.，2018；Daghar et al.，2021），如何管理供应链合作伙伴之间的关系会影响组织绩效的改进（Kuhne et al.，2013；Sambasivan et al.，2013；Zander and Beske，2014；Jain et al.，2014；Park et al.，2017）。学者们也发现信息共享可以积极影响企业和供应链绩效，能在供应链实践和绩效之间发挥协同作用（Zhou and Benton 2007；冯华等，2016；Tarafdar and Qrunfleh，2017；Shen et al.，2019；Huo et al.，2021）。

　　然而，国内外学者较少以农产品供应链为对象，深入研究信息技术能力、伙伴关系、信息共享、农产品供应链绩效四者相互关系；缺少从能力视角，深入细化研究总的及四种维度信息技术能力（含信息技术基础设施能力、信息技术人才能力、信息技术内部沟通能力、信息技术外部沟通能力）对农产品供应链绩效（含财务、服务和战略绩效）的影响路径；缺少研究伙伴关系和信息共享如何单独和同时在信息技术能力和农产品供应链绩效的影响路径上发挥中介作用。

　　总之，国内外还未形成关于信息技术能力影响农产品供应链绩效的全面系统的研究，理论基础和框架还不完善，实施路径尚不清晰。关于信息技术是否及如何影响农产品供应链绩效的问题，仍是一个模糊的"黑箱"。在这个"黑箱"中，信息技术能力是否会影响农产品供应链绩效？信息技术能力如何并通过哪些路径作用于农产品供应链绩效？农产品供应链协调中的伙伴关系和信息共享是否是关键而重要的中介路径？信息技术能力、伙伴关系、信息共享和农产品供应链绩效这四者究竟存在何种关系？这些问题都有待进一步研究。

　　以上问题的解决，打开这一"黑箱"的关键，本书认为即从农产品供应链管理中重要协调内容（伙伴关系和信息共享）和能力入手，探究信息技术能力对农产品供应链绩效的影响机制和路径机理。因此，本书通过理论分析与实证研究，梳理信息技术能力、信息共享、伙伴关系和农产品供应链绩效之间关系机理，研究总体及各维度信息技术能力对农产品供应链

绩效的直接和间接影响路径，及信息共享和伙伴关系在间接影响中单独和
同时发挥的中介路径作用。

1.1.2 研究意义

(1) 理论意义

本书基于资源基础理论、交易成本理论和关系理论，结合国内外研究
现状，创新性构建了信息技术能力、伙伴关系、信息共享和农产品供应链
绩效之间相互影响和互相关联的理论框架；理论和实证深入研究信息技术
能力对农产品供应链绩效的影响机理，并创新性分析农产品供应链信息共
享和伙伴关系单独和共同发挥着不同的中介路径作用，扩充了信息技术
"生产力悖论"的理论研究，发展了信息技术背景下农产品供应链管理新
的科学研究领域。

(2) 实践意义

本书成果可以为涉农企业管理和相关部门决策提供有价值的参考，有
助于涉农企业从信息技术能力、伙伴关系和信息共享等方面入手解决涉农
企业及所在供应链信息技术"生产力悖论"问题；有助于农产品供应链上
核心企业通过信息技术的有效应用和能力的发挥，解决信息不对称和伙伴
关系不稳定的突出问题，促进信息共享，增强彼此伙伴关系，进而提升农
产品供应链整体协调和绩效水平，提高涉农企业竞争力。另外，为我国涉
农企业竞争力提高和农产品供应链价值提升提供有效途径，为我国农业信
息化以及农产品供应链发展政策的不断推行提供理论依据。

1.2● | 研究现状

基于本书研究背景及问题，本节梳理国内外关于信息技术能力、伙伴

关系、信息共享和农产品供应链绩效四者之间关系的研究现状，综述信息技术能力对农产品供应链绩效影响的研究现状与不足，具体如下。

1.2.1　信息技术能力与供应链管理

基于资源基础观理论（RBV），学者们从关注信息技术转移为信息技术能力，认为信息技术能力是解决信息技术"生产力悖论"的关键（Santhanarm and Hartono，2003；Carr，2003；Bhatt and Grover，2005；Rai et al.，2006）。最早，罗斯等（Ross et al.，1996）认为，企业的成功不是因为先进的信息技术应用，而是因为发展和具备了信息技术能力，这种能力是能持续应对环境变化。随后，巴拉德瓦杰（Bharadwaj，2000）、桑塔纳姆和哈托诺（Santhanarm and Hartono，2003）基于 RBV，发现拥有优越信息技术能力的公司（信息技术领导者）与同行相比，能够利用信息技术相关资源产生一种独特的和可持续性的信息技术能力（将信息技术相关资源与其他资源和能力联合重构、部署和运用的能力，是对企业信息技术、人力和内外部关系等资源的有效整合），能够显著地带来更高的利润和更低的成本，从而获得更卓越的企业绩效。一般情况下，信息技术能力包括信息技术基础设施能力、信息技术人力资源能力、信息技术内部沟通能力和信息技术外部沟通能力等四个方面（Bharadwaj，2000；周驷华，2014；Zeng and Lu，2020）。

后来，越多的学者发现信息技术能力可以积极影响企业绩效（Mithas et al.，2011；Youn et al.，2014；Hwang et al.，2015；Han et al.，2017；Bi et al.，2019）。随着信息技术研究逐渐深入和信息技术优点日益凸显，学者们更多认为信息技术能力是管理能力的重要分支，是对信息技术及相关资源的运用所产生的，如通过信息技术基础设施、信息技术人力资源和信息技术无形资产相结合所产生的，能够带来持续竞争优势和价值的能力，从而促进企业绩效（Lu and Ramamurthy，2011；Bendoly et al.，2012；Lim et al.，2013；Cai et al.，2016）。国内学者对信息技术能力的研究起步较晚，2005 年逐步出现了有关信息技术能力研究的学术成果，目前均集中在工业制造供应链上（殷国鹏和陈禹，2009；杨国辉，2014；曾敏刚等，2017）。如国内学者陶俊等（2017）基于国内汽车行业214家供应商的问卷调查实证研究发现，提高信息技术能力可以更有效地配置企业资源，能够更好地协调对于环境保护和管理更为有利的生产与服务流程，从而提高企业可持续发展绩效。

随着供应链的发展，学者们逐渐认识到信息技术有效应用在供应链管理中的重要性（Li et al.，2009；Prajogo and Olhager，2012；Tseng and Liao，2015；Oh et al.，2016；Kim，2017；Mendoza-Fong al.，2018）。部分学者也发现信息技术应用能通过一些供应链管理中介因素间接影响企业绩效，中介因素有敏捷性（Vickery et al.，2010；Ye and Wang，2013；DeGroote and Marx，2013；Jin et al.，2014；Bargshady et al.，2016）、供应链知识管理能力（Niu，2010）、物流整合（Prajogo and Olhager，2012）、供应链可视化和控制（周驷华，2014）、市场导向（Tseng and Liao，2015）、流程管理能力和供应链管理能力（Peng et al.，2016）、信任（曾敏刚等，2017）、信息整合（周驷华和万国华，2017）、供应链整合（Kim，2017；Sundram et al.，2018）、供应链协调（Baihaq and Soha，2013；Wu and Chiu，2018；Jimenez-Jimenez et al.，2019）等。

在供应链管理中，学者们进一步发现信息技术的有效应用和提升对供应链协调中的伙伴关系和信息共享有积极影响。有效信息技术应用能为合作伙伴间沟通和协作提供信息沟通渠道和能力，促进供应链业务流程重组，积极影响供应链整合，帮助企业更容易改进彼此的伙伴关系（Ye and Wang，2013；Tseng and Liao，2015；Yan et al.，2016；Vaio and Varriale，2020），尤其信任关系（Gaurav and Anbanandam，2016；Fu et al.，2017；曾敏刚等，2017；Lee and Ha，2018）。同时，通过有效信息技术应用可以帮助供应链上下游的供应商、制造商、分销商和零售商实现实时交流和信息共享，不受时间和地点的限制（Baihaqi and Sohal，2013；Oh et al.，2019），也可用于产品信息跟踪和监控，加强农产品质量和安全管理（Yan et al.，2016），解决供应链上的信息不对称，减少牛鞭效应（Sahin and Topal，2019；Pu et al.，2020）。

在农产品供应链领域，相对于工业制造供应链而言，信息技术在农产品供应链管理中的应用较晚。目前，学者们大多仅探讨了某项信息技术应用（如电商、物联网、可追溯系统、区块链等）对农产品供应链管理的影响，但较少文献用实证方法验证信息技术能力对农产品供应链绩效的影响。对于农产品供应链而言，纵向协调和整合是实现以市场为导向的农产品供应链管理的关键，而信息技术的应用为农产品供应链的有效协调和整合提供了技术基础（Wu and Li，2010；Li et al.，2011；Bicer and Hagspiel，2016；Zeng and Lu，2020）。例如，现代零售商作为农产品供应链上的核心企业，通过采用互联网信息技术，弱化了传统批发商和经销商的作用，取而代之的是直接与供应商合作，有效实现农产品供应链的协调和整合，有效满足消费者对质量安全的需求（Saitone and Sexton，2017）。如严等（Yan et al.，2016）和费尔多（Verdouw et al.，2018）认为物联网信息技术是解决农产品供应链信息共享问题的有效途径之一，允许远程监控产品的质量和位置信息，可用于全链条的质量可追溯，以加强农产品质量和安全管理。但斌等（2018）发现"互联网＋"信息技术工具可以促进实现以需求为导向的 C2B 商业模式转换，将引发生鲜农产品价值链重构。哈金斯和瓦尔韦德（Huggins and Valverde，2018）探讨了移动电话的信息技术对于农产品产业链上的食品安全信息的传递和共享发挥重要作用，最终会影响到消费者的食品营养与安全。孙传恒等（2021）指出区块链技术与物联网、人工智能、大数据等新一代信息技术的深度融合将推动农产品供应链追溯体系进入新的发展阶段。

关于信息技术能力在供应链管理中的价值，目前个别国内外学者初步探讨并发现信息技术能力会通过中介因素作用而间接影响供应链绩效，如知识管理能力、组织流程管理能力、供应链管理能力、信息整合、供应链整合等，缺少实证分析伙伴关系和信息共享的中介作用。例有牛（Niu，2010）发现供应链信息技术基础设施能力和关系能力能积极促进供应链知识管理能力，从而提高供应链的运营和战略绩效。有彭等（Peng et al.，2016）认为信息技术能力是供应链流程管理能力中的重要组成和基础能力，可以增加组织流程管理能力和供应链管理能力，从而提高企业绩效。

周驷华和万国华（2017）证实面向供应商的电子商务能力、外部电子商务协作能力和内部电子商务协作能力均对信息整合有正面影响，从而正向影响供应链绩效成本和服务绩效。

综上所述，国内外学者较多关注信息技术应用对于企业和工业供应链管理的价值（见表 1 - 1），部分学者已经发现信息技术应用会通过供应链管理间接影响绩效，间接作用主要通过流程管理、知识管理能力、信任、供应链可视化、供应链协调、供应链整合、供应链控制等因素发挥作用。尽管国内外学者开始逐步关注信息技术应用对涉农企业和农产品供应链的影响，但缺少实证分析与验证信息技术能力对农产品供应链绩效的影响机理和作用路径，较少关注信息技术能力中的信息技术基础设施能力、信息技术人才能力、信息技术内部沟通能力和信息技术外部沟通能力分别对农产品供应链绩效的影响，更缺乏从信息共享和伙伴关系的双重视角分析其影响机理，更少分析伙伴关系和信息共享在其中发挥的中介路径作用。

表 1 - 1　　　　　　信息技术在供应链管理中发挥的主要价值

序号	主要价值
1	显著减轻"牛鞭效应"，解决信息不对称问题
2	提高库存管理效率、降低库存
3	降低交易成本、运营成本
4	降低不确定性
5	提高运作效率、组织有效性和改善服务水平
6	缩短从订货到交货到反馈的周期
7	快速反应，及早发现问题、做出合理决策
8	全程质量安全追踪和跟踪
9	增强供应链重构和整合能力
10	增强供应链成员伙伴关系，解决关系不稳定问题
11	促进与上下游合作伙伴的沟通与协作，促进信息共享

1.2.2 伙伴关系、信息共享与供应链管理

(1) 伙伴关系与供应链管理

基于关系视角理论，学者们较早认识到了伙伴关系在企业管理中的价值。如库珀等（Cooper et al.，1997）、戴尔和辛格（Dyer and Singh，1998）较早认识到伙伴关系是企业重要而稀缺的资源。基于社会网络理论，伙伴关系作为一项重要的社会资本，有利于减少机会主义行为，实现组织间互惠互利（Odongo et al.，2016；Mesic et al.，2018）。在复杂多变的环境中，如何高效管理组织间关系是组织生存和成功的关键，决定了企业可持续的竞争力（Uddin，2017；Lee and Ha，2018）。

在供应链管理中，学者们逐步认识到伙伴关系是影响供应链管理效果最重要的因素之一（Molnár et al.，2010；Terpend and Krause，2015；Mesic，2018；Wang et al.，2018；Daghar et al.，2021），如何管理供应链合作伙伴之间的关系会影响组织绩效的改进（Kuhne et al.，2013；Sambasivan et al.，2013；Zander and Beske，2014；Park et al.，2017）。供应链管理中伙伴关系是相关各方为了实现一定时期内的信息共享、风险共担及利益共享的整体目标，而结成的一种相对稳定的正式和非正式的合作关系。关于伙伴关系的研究，也逐步从孤立关系视角转变为相互依赖、密切联系的视角（Odongo et al.，2016）。如刘华明等（2016）基于来自218家供应链核心企业的调查数据，采用SEM方法发现：伙伴关系对物流能力具有显著的正向影响，且透过物流能力对供应链整合的间接影响高于其直接影响。格哈德等（Daghar et al.，2021）通过梳理1995～2020年126篇文献，发现组织间的关系资本作为重要的社会资本可以抵御各种供应链风险，如环境、供应、生产、需求、金融和物流等。其中，学者们较多关注单维度的伙伴关系对供应链管理绩效的影响，比如信任、承诺、相互依赖、权利等。例如，学者（叶飞和徐学军，2009；Kuhne et al.，2013）发现信任的关系会积极影响供应链绩效。丁等（Ding et al.，

2014）发现在澳大利亚牛肉加工业中，信任和承诺会显著影响供应链食品质量绩效。特尔彭德和克劳泽德（Terpend and Krause，2015）认为企业间的依赖关系受到彼此合作特定环境的影响，高度的相互依赖会带来供应链绩效的改善。多拉（Dora，2016）发现非强制性的权利会积极促进供应链绩效的提升。一般企业与上下游伙伴关系越好，越容易促进供应链流程协作与整合（Wang et al.，2018），整体绩效也越高（Srinivasan et al.，2011；Jain et al.，2014）。

在农产品供应链管理中，个别学者初步探讨并发现伙伴关系是涉农供应链管理需要协调的重点内容。例如，付等（Fu et al.，2017）收集 282 份中国农产品供应链上游农户数据，发现提高农户对涉农企业的相互依赖度能增强彼此之间的信任和承诺关系，从而促进成员间的信息沟通与共享。奥东戈等（Odongo et al.，2016）通过调研 150 个玉米供应链上企业，发现伙伴关系（信任、承诺、信息共享、非强制性和强制权利、依赖、冲突）会积极影响供应链绩效（含效率、响应性、质量和供应链协调性），其中核心公司认为冲突、强制力、承诺和信任是重要的关系资源，供应商更在乎信任、依赖和非强制力，客户认为信任、依赖和强制力是影响 SCP 的重要关系因素。在奥东戈等（Odongo et al.，2016）研究基础上，梅西奇等（Mesic et al.，2018）调研了 65 个传统农产品供应链（奶酪、橄榄油、肉制品、葡萄酒和蜂蜜等），研究发现供应链成员间整体和单维度伙伴关系（含信任、承诺、经济上满意、依赖、非强制性和强制权利、声誉、冲突）会积极影响供应链绩效（传统性、效率、响应性、质量和供应链的协调性）。

综上，尽管学者们已经认识到伙伴关系对供应链管理的积极影响，但来自农产品供应链的实证研究普遍缺乏，缺少分析伙伴关系（包含信任、承诺、契约、相互依赖和权利）对农产品供应链绩效的影响，缺乏系统分析信息技术能力、伙伴关系和农产品供应链绩效三者的相互关系，更少讨论伙伴关系在信息技术能力和农产品供应链绩效之间发挥的中介作用。

（2）信息共享与供应链管理

近年来，学者已经充分认识到信息共享在供应链管理中的价值（Lee et al.，2000；Shang et al.，2016；Teunter et al.，2018；Kakhki and Gargeya，2019；Lei et al.，2019；Pu et al.，2020）。信息共享是供应链上节点企业间借助信息技术/系统或媒介，进行信息的交流和传递的活动，以合理配置和整合资源。信息共享是供应链管理的关键因素，能有效降低供应链上的信息不对称，减少牛鞭效应（邓俊森，2009；Li et al.，2005；Sezen，2008；Ye and Wang，2013；Lee and Ha，2018；Khan et al.，2018；Topal and Sahin，2018），促进企业间可持续学习，包括内部学习、供应商学习和客户学习（Huo et al.，2021），帮助供应链企业共同适应订单需求变化（Ojha et al.，2019），增加供应链柔性和能力（冯华和梁亮亮，2016）。信息共享积极影响供应链实践，支持供应链的流程整合与改造，提高供应链管理水平（Zhou and Wan，2017；Panahifar et al.，2018）。正如普拉约戈和奥尔哈格（Prajogo and Olhager，2012）指出，信息共享可以有效支持供应链运作层和战略层的整合，以改进供应链流程，其中运营层面考虑供应链具体操作流程的改进，包括库存水平、生产和交付计划、产能利用率、订单管理和销售数据处理等；战略层面超越了具体的供应链流程活动，扩展到包括客户和供应商管理及市场扩张等。

学者们也发现信息共享可以积极影响企业和供应链绩效，能在供应链实践和绩效之间发挥协同作用（Zhou and Benton，2007；冯华等，2016；Tarafdar and Qrunfleh，2017；Shen et al.，2019；Huo et al.，2021）。目前多数文献认为，信息共享在库存缩减、成本降低、缩减不确定性、提高资源利用率、提高组织效率、加强凝聚力、问题监测以及快速响应等方面对供应链绩效有积极的促进作用。例如，早期有学者（Lee and Whang，2000）提出，信息共享允许供应链上的供应商、制造商和零售商共同预测需求，协调库存，同步生产与交付，并达成对整体绩效目标的共识。邓明荣和蒋兴良（2013）发现，制造供应链中核心企业与其他供应链企业间信息共享（共享层次、内容、质量）对供应链绩效（可靠性、柔性、资产利用）具有正向影响作用，在这种影响关系中信息共享的内容和质量是至关重要的因素。信息共享的内容和质量可以提高供应链管理中的响应性（Li et al.，2014；Kulangara et al.，2016），带来环境效益（Lai et al.，2015），也可以实现可持续绩效（Khan et al.，2018）。同时，供应链成员间信息共享程度会直接影响到供应链财务绩效（库存水平、利润率、市场份额和成本结构）和非财务绩效（灵活性和综合产出）（Ye and Wang，2013；Wu et al.，2014；Panahifar et al.，2018）。

在农产品供应链管理中，一些学者尝试探讨并发现信息共享是农产品供应链管理的重点内容。例如，吉拉萨特等（Jraisat et al.，2013）发现在农产品出口型供应链管理中信息共享和出口产出相关。丁等（Ding et al.，2014）认为，信息共享是一项供应链合作伙伴之间为了提高牛肉供应链绩效而进行的组织内或组织间的管理实践。郑晶莹（2016）调研新疆特色农产品供应链，发现信息共享及其各维度信息共享内容、层次和质量均显著正向影响供应链敏捷性。袁等（Yuan et al.，2019）表示，农产品供应链中充分的信息共享可以减少运输距离，提高运输设备的利用率，并提高服务水平。

综上，信息共享可以极大地缓解牛鞭效应，解决信息不对称的问题，带来交易成本降低，从而促进供应链绩效的提高。但目前该研究结论只针对工业品供应链，缺乏深入实证研究和验证信息共享（信息共享的层次、内容和质量）对农产品供应链绩效的影响，更缺少系统分析信息技术能力、信息共享和农产品供应链绩效三者的相互关系。

（3）伙伴关系与信息共享

在供应链管理领域，伙伴关系和信息共享均属于供应链协调与管理的重要内容（Vereecke and Muylle，2006），均属于供应链整合措施（Prajogo and Olhager，2012），二者之间存在着正向相关关系。虽然企业间信息共享在供应链管理中能发挥价值，但实践中企业间总不能成功地进行信息共享，总要受到其他因素的影响，如信息技术基础设施、伙伴关系、认知资本等（Zhou and Benton，2007）。由于供应链中的成员虽然相互关联，但都是独立的实体，各自追求利润最大化，而不是整个供应链的利润，这种独立性限制了彼此信息共享（Li et al.，2014）。共享的专有信息可以为另一方提供机会主义行为的可能性，如滥用信息或信息披露。哈等（Ha et al.，2011）和费鲁齐等（Firouzi et al.，2016）认为，建立在相互信任基础上的供应链关系会导致更开放、更诚实地交换有价值的数据或信息，降低了机会主义行为的可能性，使供应链成员之间能进行有效信息共享。因此，牢靠的伙伴关系会促使合作双方没有后顾之忧地分享彼此所需的信息，并相信共享的信息是可靠的，从而产生更强的信息共享意愿（Panahifar et al.，2018）。

但目前国内外学者对二者的影响方向结论不一致。大部分学者认为信任、承诺、依赖性等伙伴关系可以促进信息共享，可以提升信息流和交易流程的效率，防止交易双方的信息不对称，进而为供应链实现更高层次的共同目标提供现实可能性（Sambasivan et al.，2013；冯华和梁亮亮，2016；Odongo et al.，2016）。如邓明荣和蒋兴良（2013）通过调研中国171个电子制造供应链企业，发现核心企业与其他供应链企业间信任、承诺、依赖和合作的关系会正向影响信息共享的内容、层级范围和质量，从而促进供应链绩效。张和霍（Zhang and Huo，2013）认为，企业对供应链上游供应商的依赖关系可以提高彼此之间的信任，促进与上游供应商的整合，内容包括形成战略联盟、信息共享和流程协调等。奥泽尔等（Ozer et al.，2011）以跨国供应链为研究对象，发现跨国供应链成员间的信任和可信度水平会影响到需求预测信息共享的有效性，从而进一步影响利润。王等（Wang et al.，2014）利用272家中国制造企业的数据，发现与供应商的信任关系管理可以显著影响信息共享的程度和共享信息的质量，从而减少供应商机会主义行为。吴等（Wu et al.，2014）通过调查177个制造企业的供应链，验证了信任、承诺、互惠、权力的关系会直接影响到成员间的信息共享程度和供应链协调，从而影响供应链的财务和非财务绩效。郑晶莹（2016）发现供应链信任及其各维度均对信息共享内容和质量具有显著正向影响作用，信息共享内容和质量均在供应链信任及其各维度对敏捷性的正向影响作用中起部分中介作用。韩和董（Han and Dong，2017）

认为零售商和供应商之间嵌入信任的契约关系会提高基于 EDI（电子数据交换）的信息共享效率。李和哈（Lee and Ha，2018）从 221 个制造供应链调研中发现企业社会资本中的关系资本会正向促进信息的双向（流入和流出）共享。麦克夫斯基等（Mirkovski et al.，2019）也发现，成员间的伙伴关系（如信任和不信任）会影响发展中经济体供应链中小企业之间由 ICT 驱动的信息共享程度。

另外，少部分学者认为，高效的信息共享可以反向促进合作伙伴之间的相互沟通和联系，有助于构建和增强牢固伙伴关系。如叶飞和薛运普（2011）研究发现供应链伙伴间信息共享可以以关系资本中的信任与关系承诺等维度为中间变量而间接地作用于企业运营绩效。万和陈（Wan and Chen，2015）研究信息共享能正向影响伙伴关系，从而促进供应链绩效提升。曾敏刚等（2017）验证了信息技术能力中的信息共享能力会正向影响伙伴关系中供应商信任，进而促进供应链整合和客户整合。

尽管学者认为供应链上信息共享和伙伴关系的影响方向不统一，且缺乏农产品供应链的实证验证，但基于前人相关研究，本书认为农产品供应链成员间的伙伴关系的强弱可以有效正向影响彼此之间的信息共享内容、质量和层次。即涉农企业更愿意与关系可靠的合作伙伴共享彼此所需要的信息，共同提升信息流效率，且伙伴关系越牢靠和持久，越会主动共享有利于合作的数据或信息。正如付等（Fu et al.，2017）研究中国农产品供应链 462 个农户发现，农产品供应链上游农户与涉农企业之间信任、承诺和依赖关系可以显著正向地影响彼此信息共享，加强农户对涉农企业的依赖可以培养农户与合作企业间的信任和承诺，从而促使农户愿意与农产品供应链的涉农企业共享生产信息。

综上所述，国内外学者有关伙伴关系和信息共享的研究主要以工业品供应链为对象，较成熟，主要集中研究两个协调因素单独对供应链管理的影响，发现伙伴关系和信息共享是影响供应链绩效提升的重要因素。虽然部分学者认识到供应链上信息共享和伙伴关系有正向关系，但是影响方向不统一。国内外个别学者也发现这两个因素是农产品供应链需要管理和协调的重要内容，但较少以农产品供应链为对象研究信息共享和伙伴关系二者的关系，很少有实证类的文献验证两个因素对农产品供应链绩效（财务绩效、服务绩效和战略绩效）的影响，及如何在信息技术能力和农产品供应链绩效之间发挥路径作用。

1.2.3　农产品供应链绩效

在供应链管理领域，学者们普遍认为供应链绩效可以综合衡量供应链成员的协调、整合及供应链运作情况，为更好的决策提供支持（Eckstein et al.，2015；Fiorini and Jabbour，2017；Zhou and Wan，2017；Kochan et al.，2018；Dissanayake and Cross，2018；Lehyani et al.，2021）。

在绩效相关的研究内容上，目前国内外学者普遍以工业品供应链为对象，以供应链绩效作为被解释变量，倾向于用结构方程模型（SEM）方法研究某些因素对供应链绩效的影响，而非进行单纯绩效评价，这些影响因素有信息技术（Niu，2010）、信任（曾敏刚等，2017）、关系质量（Srinivasan et al.，2011；Odongo et al.，2016；Mesic et al.，2018）、信息整合（周驷华和万国华，2017）、市场导向（Tseng and Liao，2015）、供应链整合（Kim，2017；Sundram et al.，2018）、供应链协调（Baihaq and Soha，2013；Wu and Chiu，2018；Jimenez-Jimenez et al.，2019）、敏捷性（Vickery et al.，2010；Ye and Wang，2013；DeGroote and Marx，2013；Jin et al.，2014；Bargshady et al.，2016）、物流整合（Prajogo and Olhager，2012）、供应链可视化和控制（周驷华，2014）、供应链管理能力（Peng et al.，2016）、风险（Nyamah et al.，2017）、供应链柔性（Topal and Sahin，2018）等。有些学者结合供应链管理中某个企业的绩效（Santhanarm and Hartono，2003；Mithas et al.，2011；Youn et al.，2014；Han et al.，2017），或是评价供应链管理产生的单方面绩效，如物流绩效（邱洪全，2017）、产品质量（Ding et al.，2014）、财务绩效（李艳平，2017）、创新能力（Kuhne et al.，2013）、生态绩效（Tam and Fernando，2018）等。

在绩效评价方法选取上，国内外学者采取主观或客观方法，而主观题项评价方法是目前很成熟且普遍应用的供应链绩效评价方法，国内外的学者侧重于设计若干衡量供应链绩效的测量题项，采用问卷调研收集数据，并结合客观的结构方程模型（SEM）进行路径分析。如国内外许多学者都采用了主观题项评价和客观的 SEM 结合的方法研究供应链问题（Niu，2010；韩啸，2014；Ding et al.，2014；Eckstein et al.，2015；Odongo et al.，2016；Nyamah et al.，2017；Fiorini and Jabbour，2017；周驷华和万国华，2017；Dissanayake and Cross，2018；Zeng and Lu，2020；Datta and Diffee，2020；等等）。在绩效评价模型的构建上，学者选择用主观的 SWOT 方法、赋值打分法、模糊综合评价法、层次分析法、基于供应链运作参考模型 SCOR、基于供应链平衡计分卡 BSC 等方法进行评价（童健和温海涛，2011；周业付，2020；Lehyani et al.，2021）。而客观分析方法中，学者们一般是基于企业或供应链的客观数据或财务指标（如利润、成本和营业额），衡量供应链的某个企业财务绩效（李艳平，2017）；或者用 DEA 的方法衡量单个企业投入和产出绩效（曹炳汝和樊颜青，2017；Gaitan-Cremaschi et al.，2017）。然而，供应链是企业组成的复杂网络系统，供应链上有些公司并没有定期记录定量的业绩，而且往往不愿意公布公司的财务信息，通常无法采取客观评价方法来衡量整个供应链绩效。所以当前大多数学者普遍认可并采用主观题项评价的方法来衡量整体供应链绩效，然后结合客观的 SEM 方法来分析与绩效相关研究内容。

在绩效评价指标选取上，目前国内外的衡量标准也不统一（主要供应链绩效评价指标见第 2 章表 2–2），但均涉及财务绩效、服务绩效和战略绩效。由于供应链是一个复杂多变的生态链，影响其绩效的因素纷繁复杂，包括单个企业内部运营管理，企业之间的合作协调，也包括外部市场、环境、政策等因素（Gaitan-Cremaschi et al.，2017；Nyamah et al.，2017），很难确定统一的农产品供应链绩效的衡量标准。所以学者选择供应链绩效评价指标均是从自身研究内容和目的需要出发，结合供应链实际情况做综合考虑。整体上而言，学者们认为供应链绩效涉及财务绩效、服务绩效和战略绩效，具体包含了供应链可靠性、供应链柔性及响应能力、战略管理、供应链成本、时效性、产品质量安全等内容（Aramyan et al.，

2007；韩啸，2014；Ding et al.，2014；周驷华和万国华，2017；Zeng and Lu，2020）。

在农产品供应链绩效评价上，学者们借鉴了前人对工业供应链的绩效评价指标，同时增加了质量安全的维度。较有代表性的研究如牛（Niu，2010）总结了农产品供应链的绩效分为财务绩效、服务绩效和战略绩效，具体包括灵活性、时间、成本、质量安全、风险、创新和服务。韩啸（2014）将农产品绩效分为财务绩效、运作绩效、客户绩效、创新学习成长绩效、龙头企业社会绩效和质量安全控制绩效。尼亚马等（Nyamah et al.，2017）将农产品供应链的绩效分为可靠性（完成预期的交付日期和数量）、速度（订单接收和客户交付之间的时间）、质量（无故障的交付数量）、信息（信息数量和准确性）、响应（对紧急交付数量的响应用）。奥东戈等（Odongo et al.，2016；Mesic et al.，2018）将农产品供应链绩效分为效率（物流成本和利润）、响应性（提供所需产品的速度）、质量安全（产品本身质量和环境友好性质量）和供应链平衡（风险与收益分配平衡）。周业付（2020）基于平衡记分卡，选取顾客服务、农产品质量、运营流程、发展潜力、财务状况和供应链柔性。

综上所述，关于供应链绩效研究，目前国内外学者较多研究工业供应链，倾向于用测量题项结合结构方程模型方法研究某些因素对供应链绩效的影响，而非单纯进行绩效评价。而关于农产品供应链绩效的研究虽然不成熟，但相比较工业供应链，增加了衡量质量安全的指标。因此，本书综合以上学者的观点，结合农产品供应链的特性，将农产品供应链绩效分为三种维度，即财务绩效、服务绩效和战略绩效，具体的量表指标涉及成本、质量、安全、时效性、柔性、响应性、可持续性、顾客满意度等内容，具体的测量题项及参考来源详见第 3 章。

1.2.4　研究现状总结

（1）当前研究进展

国内外学者绝大多数以工业品供应链为研究对象，研究较早和较成熟，具体研究进展总结如下：

① 国内外学者研究多集中在信息技术应用及能力在企业绩效发挥的作用，发现了信息技术能力的发挥比信息技术的投入更为重要，信息技术能力是解决信息技术"生产力悖论"的关键。

② 部分学者已经验证信息技术的有效应用和提升对供应链管理的重要性，会对供应链协调中的伙伴关系和信息共享有积极影响，并且发现信息技术会通过信息整合、流程管理、信任、供应链协调、供应链整合、供应链控制等供应链因素间接影响企业绩效。

③ 国内外学者较多研究伙伴关系和信息共享单独在供应链管理中的价值和对供应链绩效的影响，发现伙伴关系和信息共享是影响供应链绩效提升的重要因素。个别学者也发现这两个因素是农产品供应链需要管理和协调的重要内容。

④ 关于供应链绩效的研究，目前国内外学者普遍认可并采用主观测量题项去衡量供应链绩效，并结合结构方程模型（SEM）的方法研究某些因素对供应链绩效的影响，而非单纯进行绩效评价，主要考虑供应链复杂性和整体性。而相比较工业供应链，农产品供应链绩效评价增加了衡量质量安全的指标。

（2）当前研究不足

相对于工业品供应链而言，整体上农产品供应链管理的研究和应用均较晚，也较薄弱。由于农产品本身的特点，使得农产品供应链管理更为复杂和困难，更具有机遇性和挑战性。

总结当前研究，发现国内外学者开始逐步关注并意识到信息技术对农产品供应链管理的价值，但仍存在以下四点不足。

① 缺少以农产品供应链为对象，深入研究信息技术能力、伙伴关系、信息共享、农产品供应链绩效四者相互关系。

② 缺少从能力视角，深入细化研究总的及四种维度信息技术能力（含信息技术基础设施能力、信息技术人才能力、信息技术内部沟通能力、信息技术外部沟通能力）对总的及三种维度农产品供应链绩效（财务、服务

和战略绩效）的影响路径。

③ 缺少从农产品供应链管理的两个核心协调内容（信息共享、伙伴关系）入手，分析信息技术能力对农产品供应链绩效的影响。

④ 缺少研究伙伴关系（含信任、承诺、契约、权利、相互依赖）和信息共享（含信息共享的内容、层次和质量）如何单独和同时在信息技术能力和农产品供应链绩效的影响路径上发挥中介作用。

（3）有待进一步研究

虽然国内外学者均较少研究信息技术能力对农产品供应链绩效的影响，但以工业品供应链为研究对象的核心理论和研究成果，对农产品供应链的管理和研究仍具有很强的借鉴和启示意义。故本书认为信息技术的应用及能力在农产品供应链中发挥两部分关键作用，解决两个突出问题（关系不稳定和信息不对称），从而促进绩效提升：一方面能实现企业间的信息共享，减少供应链的信息失真和信息风险的问题，降低交易成本，降低"牛鞭效应"的不利影响，提高供应链的运营绩效（Verdouw et al.，2018）；另一方面可以促进伙伴间的交流和沟通，有效地开发、协调和增强伙伴关系，降低双方机会主义行为的风险，实现供应链稳定而长期合作，降低谈判和监督成本，从而发挥整条供应链的竞争优势，提高整体绩效（Yan et al.，2016；Huggins and Valverde，2018）。

因此，本书认为信息技术能力直接和间接影响农产品供应链绩效，而伙伴关系和信息共享在信息技术能力对农产品供应链绩效的影响路径中发挥关键路径作用。农产品供应链核心企业只有将信息技术资源转化为信息技术能力并有效地作用于整个农产品供应链协调（尤其信息共享、伙伴关系、模式创新），才能提升农产品供应链整体绩效，才能解决信息技术在农产品供应链上信息技术"生产力悖论"的问题。

综上所述，基于基本理论和前人研究成果，本书认为以上问题的解决，打开这一"黑箱"的关键，即从农产品供应链伙伴关系和信息共享视角，探究信息技术能力对农产品供应链绩效的影响机制和路径机理。

1.3● 研究目标与主要内容

1.3.1　研究目标

本书研究目标是探究信息技术能力对农产品供应链绩效的影响机理和路径机制，分析信息共享和伙伴关系在其中单独和同时发挥的路径作用，厘清信息技术能力、信息共享、伙伴关系和农产品供应链绩效之间关系机理。

1.3.2　主要内容

根据研究目标，本书将分不同章节理论结合实证逐步分析伙伴关系和信息共享均不存在（第4章）、均单独存在（第5章和第6章）和同时存在（第7章）的情况下，信息技术能力、伙伴关系、信息共享和农产品供应链绩效等因素之间总体和细化的影响关系，研究四种情况下总体和四种维度信息技术能力（含信息技术基础设施能力、信息技术人才能力、信息技术内部沟通能力和信息技术外部沟通能力）对农产品供应链绩效（含财务绩效、服务绩效和战略绩效）的直接和间接影响，并对比分析伙伴关系和信息共享在其中单独和同时发挥的中介路径作用。

1.4● 主要创新点

本书将前人研究向纵深推进，打开了"信息技术能力是否及如何影响农产品供应链绩效"的"黑箱"，即理论结合实证深入探究信息技术能力对农产品供应链绩效的影响机理，及伙伴关系和信息共享在其中发挥的路径作用。具体创新点如下：

（1）本书提出新的视角（信息技术能力、伙伴关系和信息共享）解决农产品供应链上信息技术"生产力悖论"的问题，基于三种理论（RBV、RV 和交易成本理论）和前人研究，创新性提出并验证了包含信息技术能力、伙伴关系、信息共享和农产品供应链绩效之间相互影响的理论框架；

（2）本书创新性地从能力视角验证了信息技术能力而非信息技术对于农产品供应链管理的价值，发现信息技术能力（含信息技术基础设施能力、信息技术人才能力、信息技术内部沟通能力、信息技术外部沟通能力）会直接或间接影响总的及三种维度农产品供应链绩效（含财务、服务和战略绩效），是解决农产品供应链上信息技术"生产力悖论"的关键；

（3）本书创新性地研究伙伴关系和信息共享单独发挥的中介路径作用，即在综合信息技术能力对农产品供应链绩效的间接影响路径上发挥着关键的中介路径作用；同时，这两个因素也在四种维度信息技术能力与综合和三种维度的农产品供应链绩效之间发挥着不同的中介路径作用，且发挥的中介效应量不同。

（4）本书创新性地同时考虑伙伴关系和信息共享共同发挥的中介路径作用，发现在两个因素共同作用下，综合及四种单维度的信息技术能力对综合农产品供应链绩效没有直接影响，但有显著的间接正向影响。说明伙伴关系和信息共享共同在二者之间发挥着完全中介作用，即信息技术能力会完全通过影响两个因素从而带来农产品供应链绩效的提升。

1.5　主要研究方法

本书采用定性与定量、理论与实证相结合的研究方法，并利用结构方程模型和中介效应模型来探究影响机理，力求做到分析准确，论证科学，具体研究方法有四种。

（1）理论研究主要通过文献研究法，结合资源基础观理论、关系视角理论和交易成本理论等理论，全面把握信息技术能力和农产品供应链管理的研究现状，理论分析信息技术能力是否及如何通过伙伴关系和信息共享影响农产品供应链绩效，以此形成本书重要理论框架。

（2）实证研究主要是在理论研究的基础上，结合农产品供应链的特点，采取问卷调查结合结构方程模型（SEM）的路径分析的实证研究方法，通过"问卷设计→预调查→问卷完善→实施调研→数据统计→结果分析"等步骤开展研究。本书界定了农产品供应链是在核心涉农企业主导上下游节点企业发生实际交易活动，且农产品供应链管理是围绕核心企业的生产、计划和销售等活动而开展的。因此，本书调研对象是我国农产品供应链上的核心涉农企业。首先，对所提出的变量及各维度进行度量，设计量表与调查问卷，通过预调研确定正式问卷，并发放问卷获取所需要样本数据。然后，通过 SPSS 和 AMOS 工具对相应的变量数据进行探索性和验证性因子分析来进行信度和效度检验，并进行多重共线性分析和共同方法偏差检验，以保证 SEM 构建的合理性和分析结果的稳定性。在此基础上，根据每章研究内容，分别采用 AMOS 软件构建 SEM 主模型和分解模型，进行变量之间影响路径分析，以验证理论框架。

（3）结构方程模型（structural equation modeling，SEM）是本书采取的主要研究方法。目前在供应链管理研究领域，该方法是国内外学者（Niu，2010；韩啸，2014；Ding et al.，2014；Eckstein et al.，2015；Odongo et al.，2016；Nyamah et al.，2017；Fiorini and Jabbour，2017；Dissanayake and Cross，2018；Datta and Diffee，2020；等等）普遍认可并采用的方法。SEM 最大优点是可以同时分析多个潜在因变量、多个潜在自变量和多个潜在路径变量之间相关影响的路径关系。本书利用 AMOS 软件进行 SEM 路径分析，融合了因素分析与路径分析两种统计技术，可以进行验证性因子关系分析，同时估计模型所有影响路径及路径各参数，以匹配构建的理论模型，来检验变量关系和理论模型构建的合理性。因此，针对本书的目标和内容，该方法尤其适合本书分析总的 4 种信息技术能力、伙伴关系、信息共享和总的 3 种维度农产品供应链绩效等多个潜变量之间相互影响复杂的路径关系，以探究信息技术能力对农产品供应链绩效的影响路径机理。

（4）中介作用模型是本书另一个主要的研究方法，以进一步分析和验证伙伴关系和信息共享在信息技术能力对农产品供应链绩效的影响机理中发挥的中介路径作用。本书依据巴伦和肯尼（Baron and Kenny，1986）中介模型原理，结合 AMOS 软件的 CBSEM 模型方法，在第 5 章 ~ 第 7 章详细分析伙伴关系和信息共享均单独在总的和各维度信息技术能力及农产品供应链绩效之间是否发挥了中介路径作用及中介效应量（第 5 章、第 6 章分析），及两个中介变量一起作用时有没有发挥共同中介作用（第 7 章分析）。

1.6 技术路线

本书具体技术路线如图 1 - 1 所示。本书以信息技术和农产品供应链发展为背景，从解决农产品供应链上信息技术"生产力悖论"这一研究视角入手，基于理论基础和前人研究，采用"理论研究→数据收集→实证分析"的技术路线，研究"信息技术能力是否影响农产品供应链绩效"（第 4 章），及进一步分析"信息技术能力如何及通过哪些路径影响农产品供应链绩效"（第 5 章 ~ 第 7 章），重点分析伙伴关系和信息共享单独及同时发挥的路径作用，从而探究信息技术能力对农产品供应链绩效的影响机理。

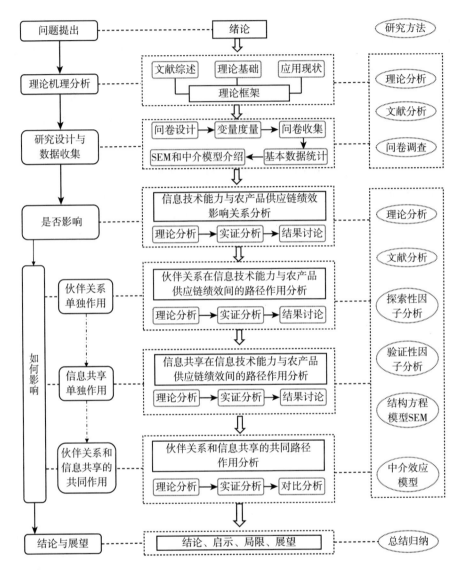

图 1-1　本书技术路线

第2章

概念界定与理论框架

　　首先，本章对研究涉及的核心构念进行概念界定和测量维度划分，包括供应链、农产品供应链、农产品供应链绩效、伙伴关系（含信任、承诺、契约、权利、相互依赖）、信息共享、信息技术及信息技术能力（含信息技术基础设施能力、信息技术人才能力、信息技术内部沟通能力和信息技术外部沟通能力）。其次，介绍本书的三个理论基础，分别为资源基础观理论（resource-based view theory，RBV）、关系视角理论（relational view theory，RV）和交易成本理论（transaction cost theory）。本章也详细介绍了本书用到的两个主要模型方法，结构方程模型（SEM）和中介作用模型。最后，基于三个理论基础和前人的研究成果，提出本书的理论框架，从理论上说明信息技术能力、信息共享、伙伴关系和农产品供应链绩效之间的关系机理。

供应链与农产品供应链绩效

2.1.1 供应链

对于供应链的起源，学术界至今未达成统一的共识。部分学者，如克里斯托弗（Christopher，2010）认为早在古埃及建造金字塔时代就已经存在原始的供应链管理或物流管理。而另一部分学者，如拉默斯和沃库尔卡（Lummus and Vokurka，1999）认为供应链起源于早期的纺织工业和食品工业，目的是快速应对客户的需求。与供应链的起源一样，关于供应链的定义，学者们从各自的研究角度出发，给出不同的界定。一般认为最早提出供应链一词的是被誉为供应链设计之父的弗雷斯特（Forrester）。目前，国内外学者主要认可的、较权威的供应链定义如表2－1所示。

表2－1 供应链的主要概念界定

主要供应链定义	来源
一个包括但不限于供应商、生产商、物流提供商、批发/分销商和零售商组成的，目的在于向终端消费者生产和传递产品或服务的网状组织	索迪和唐（Sodhi and Tang，2011）
一个通过生产、加工、存储、运输、终端递送等环节和连接，将原材料或商品采购最终转化为客户消费的过程	里奇和兹迪森（Ritchie and Zsidisn，2008）
生产及流通过程中，涉及将产品或服务提供给最终用户活动的上游与下游企业所形成的网链结构	我国《物流术语》（GB/T18354－2001）
供应链是围绕核心企业，从采购原材料开始，到生产过程中的各级产品，并将最终产品通过各级分销商提供给消费者而形成的网链结构	马士华等（2000）
供应链将众多企业联系在一起，始于未经加工的原材料，止于终端顾客使用产成品；从获得原材料开始到产成品递送到顾客手中，物资和信息在物流过程中交互，所有的供应商、服务提供商和顾客都通过供应链联结在一起	美国供应链管理专业协会（Vitasek，2006）

本书采用马士华等（2000）的定义，即供应链是围绕核心企业，从采购原材料开始到生产过程中的各级产品，并将最终产品通过各级分销商提供给消费者而形成的网链结构。供应链有两个主要特征：动态性，供应链是一个由不同阶段组成的，包含信息流、物流和资金的动力系统；复杂性，供应链是一个由若干不同功能的独立企业组成的复杂网络，这种复杂性体现在网络、流程、范围、产品、顾客、供应商、组织和信息八个方面（Christopher，2010）。另外，全球供应链论坛（Cooper et al.，1997）确定了组成供应链管理核心的 9 个关键流程，包含顾客关系管理、顾客服务管理、需求管理、订单管理、生产流管理、供应商关系管理、采购、产品开发和商业化、收益管理。

2.1.2　农产品供应链

（1）农产品供应链概念

农产品供应链管理研究始于 20 世纪 90 年代初，在国外一般用"食品供应链""农业供应链""涉农供应链"等术语表述，在国内一般用农产品供应链、涉农供应链、农业供应链、食品供应链等表达，实质上都是学者根据产品特征或研究边界而界定。目前农产品供应链并没有统一的定义，国内外学者给出了相近的表述。阿拉曼等（Aramyan et al.，2006）将农产品供应链（agri-food supply chains，ASC）定义为农产品或园艺产品从农场到餐桌全过程中的一系列活动，由农户、分销商、加工商、零售商以及最终消费者构成，含两种主要类型：如蔬菜、花卉、水果、海鲜等生鲜农产品供应链；如罐头食品、冷藏和冷冻食品等初加工农产品供应链（Gaitan-Cremaschi et al.，2017）。阿胡马达（Ahumada，2009）认为农产品供应链是由农产品生产、加工、销售给最终顾客的过程中的全部组织构成的，其中包括三类主要实体，即农户、农民合作社和现代零售商。韩啸（2014）在其博士论文中将农产品供应链定义为由农业生产资料供应商、种养殖户、加工商、物流服务商、消费者等围绕核心企业构成的组织形式或网络结构。祁峰和冯梦龙（2020）认为农产品供应链通常是指在农产品的生产与流通过程中，将农产品和与之相关的服务提供给目标消费者的一种活动；主要包括上游的农产品生产，中游的农产品加工、第三方物流企业以及下游的农产品销售环节。

参照以上定义，本书界定农产品供应链是指从农产品生产、加工、销售过程中，以核心企业带动的生产加工企业、中间商、零售商等相互协调的整体功能性网络结构，各成员通过信息共享、紧密协作，以快递响应市场需求，实现供应链整体目标。这里的农产品是指未经加工或经初加工的可供人类食用的粮食、蔬菜、水果、畜禽及其产品等。

农产品供应链管理也称农业链管理，是在核心企业主导下综合运用计划、组织、控制和协调的管理方法，对信息流、物流和资金流进行优化，从原材料采购开始，经过制成中间产品以及最终农产品等各项生产、加工、流通环节，最后将农产品送到最终消费者手中的系统过程，最终达到以最低的成本高效地满足消费者需求的动态平衡状态（Saitone and Sexton，2017）。其中对生鲜农产品供应链、大宗农产品供应链、乳品农产品供应链和猪肉农产品供应链的管理备受农民、涉农企业、相关研究者及政府的高度重视。农产品供应链管理简化流程图如图 2 - 1 所示。

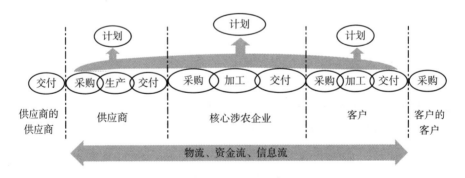

图 2 - 1　农产品供应链管理简化流程图

需要特别强调，本书界定和研究的农产品供应链是在核心涉农企业的带动下上下游节点企业发生实际交易活动，且农产品供应链管理是围绕核心企业的生产、计划和销售等活动而开展的。

（2）农产品供应链的特性

农产品与工业产品不同，其本身具有地域性、季节性、有机性、易腐性、食用性等特性，农产品的这些特性导致了农产品的供应链不同于工业品的供应链。农产品供应链除了具有一般供应链的特征外，还带有鲜明的行业特征，主要有以下五个特征。

① 协调性更重要，包括伙伴关系和信息共享的协调。为了更高效地满足末端消费者的需求，为消费者提供高质量和新鲜的农产品，农产品供应链需要越来越多的纵向协调和整合，尤其需要加强上下游伙伴关系，及时进行农产品质量安全信息共享。

② 复杂性更强。农产品供应链的运作过程相对复杂，环节较多，涉及农业、加工业、交通、批发和零售等各个层面的内容，多种多样的企业类型，企业间形成了复杂的网络关系（Uddin，2017）。

③ 时效性更强。由于农产品自身所具有的易腐性和时效性等特点，特别是生鲜农产品，这就对农产品质量安全管理和物流管理提出更高的技术与管理要求，需要建立快速的响应机制。

④ 信息共享难，动态性更大。一方面，各类信息在供应链上下游传递经历的环节多，传播渠道窄，节点主体特征差异大，使得农产品供应链上信息的沟通和传递困难，容易造成信息不对称；另一方面，由于农产品市场需求变化快、门槛低、竞争环境变化快、关系不稳定及国家政策调整等，使农产品供应链更具有动态性（郑晶莹，2016；祁峰和冯梦龙，2020）。

⑤ 风险控制难度更大。农产品供应链面临着大量的外界风险，主要来源于天气、生物/环境、市场、物流/基础设施、政治、政策/制度、金融和运营/管理（Nyamah et al.，2014）。农产品生产本身具有自然风险（属于突发事件的一种方式）和信息风险，生产者与消费者之间往往存在着时间和空间距离，使得农产品风险将进一步扩大。所以，和工业品供应链相比，农产品供应链的风险更难控制。

（3） 农产品供应链管理存在的主要问题

目前，我国农产品供应链管理仍存在以下两个主要问题。

一方面，农产品供应链信息化程度低、信息不共享导致的信息不对称问题（Sun and Wang，2019）。农产品市场信息不对称是指农产品交易主体因所掌握的产品质量、供求关系等市场信息资源的不对称，因此导致在农产品交易中产生不公平行为以致一方交易主体利益受损。跟其他信息相对比，农产品供需信息具有反应时滞性、分散性、隐蔽性的特点，更容易导致信息传递不畅、信息不对称的现象，给农产品供应链上下游带来较大的影响，往往导致流通过程存在滞销或缺货的风险（但斌等，2017）。对于上游的农产品生产者而言，不能掌握准确的需求信息，导致价格波动增大；对于下游的消费者而言，由于供给信息的不透明和分散性，导致服务满意度低、体验性差（陈梦和付临煊，2017）。

另一方面，农产品供应链中伙伴间关系松散，合作不稳定的问题（Zeng and Lu，2020）。农产品供应链中各节点成员缺乏应有的信任与合作，运作的协同化程度较低，价值增值实现难度较大；上下游连接比较松散，企业之间不容易建立起长期稳定的合作机制；加工企业和农户之间通常采用订单等松散的契约形式进行合作，不能长期进行合作（冯春等，2018）。

2.1.3 农产品供应链绩效

供应链绩效衡量是一种重要的管理工具，可以综合反应和衡量成员及整个供应链运作情况（Eckstein et al.，2015；Fiorini and Jabbour，2017；Zhou and Wan，2017；Kochan et al.，2018；Lehyani et al.，2021）。由于供应链的复杂性，许多学者基于各自的研究内容，给出了不同的供应链绩效的界定（Dissanayake and Cross，2018），如马士华等（2000）将供应链绩效划分为内部绩效、外部绩效和综合绩效三个方面；内部绩效包括成本、服务、生产、管理等内容；外部绩效包括用户满意度、最佳实施基准等内容；综合绩效则是供应链运作总体效果方面的内容。

农产品供应链绩效不同于单个涉农企业绩效，不是供应链上单个涉农企业的绩效简单叠加，是对成员通过相互协作共同实现的目标的整体考量（Odongo et al.，2016；Amentae et al.，2018）。农产品供应链是一个复杂多变的生态链，影响其绩效的因素纷繁复杂，包括单个企业内部运营管理，企业之间的合作协调，也包括外部市场、环境、政策等因素（Gaitan-Cremaschi et al.，2017；Nyamah et al.，2017）。尽管农产品供应链绩效受多种要素影响，但都与合作伙伴之间合作密不可分，都要求供应链上的企业为了共同的目标而相互协作、共同配合，进而实现组织和供应链整体绩效的提升（Mesic et al.，2018）。

之前学者选择供应链绩效评价指标均从自身研究需要出发，结合实际情况做综合考虑。由于影响农产品供应链绩效的因素众多，所以很难确定统一的农产品供应链绩效的衡量标准，但之前学者研究已经为农产品供应链绩效衡量标准提供了有价值的参考（主要测量指标见表2－2），如大部分学者整体上认为供应链绩效涉及财务绩效、服务绩效和战略绩效（Niu，2010；周驷华和万国华，2017；Zeng and Lu，2020），具体包含供应链可靠性、供应链柔性及响应能力、战略管理、供应链成本、时效性、产品质量安全等维度（Aramyan et al.，2007；Ding et al.，2014；韩啸，2014；Odongo et al.，2016；Nyamah et al.，2017；等等）。

表2－2　　　　　　供应链绩效的主要测量维度及文献来源

供应链绩效的主要测量	文献来源
战略、战术和运营层	古纳塞卡兰等（Gunasekaran et al.，2001）
质量、时间、成本和灵活性	蔡等（Cai et al.，2009）
成本、服务水平、创新	叶飞和薛运普（2011）
财务、竞争力、服务质量、灵活性、资源利用、创新性	丘等（Cho et al.，2012）
财务、运作、客户、创新学习、社会责任、质量安全控制	韩啸（2014）
成本绩效、服务绩效	周驷华和万国华（2017）

续表

供应链绩效的主要测量	文献来源
产品质量安全	丁等（Ding et al.，2014）
效率、响应性、质量和供应链协调性	奥东戈等（Odongo et al.，2016）；梅西奇等（Mesic et al.，2018）
总成本、客户响应度、灵活性、时间、过程、质量安全	阿拉米扬等（Aramyan et al.，2007）；尼亚马等（Nyamah et al.，2017）
效率、灵活性、质量安全、损坏率、集成水平	阿曼腾等（Amentae et al.，2018）
成本、可靠性、响应性、资产管理和敏捷性	迪桑纳亚克和克罗斯（Dissanayake and Cross，2018）
财务、服务和战略	牛（Niu，2010）；曾和吕（Zeng and Lu，2020）
顾客服务、农产品质量、运营流程、发展潜力、财务状况和供应链柔性	周业付（2020）

因此，综合学者们的定义，本书界定农产品供应链绩效是指各节点企业在核心企业管理下充分利用供应链上的人力、物力、基础设施、信息技术等内外资源，通过共同协作，所实现的供应链利益总和。

同时，综合以上学者的观点，结合农产品供应链的特性，将农产品供应链绩效分为三种维度，即财务绩效、服务绩效和战略绩效，覆盖了农产品成本、质量、服务、利润、时效性、柔性、响应性、可持续性、顾客满意度等内容。（1）农产品供应链财务绩效是农产品供应链绩效考核的最基本且核心的指标，此指标可以反映出其他方面战略目标的细化和具体实施是否对供应链追求利益最大化这一结果起到改善作用，涉及订单管理成本、物流成本、库存水平、利润率等方面。（2）农产品供应链服务绩效衡量农产品供应链整体的服务和客户满意度水平，涉及消费者满意度、农产品质量安全、服务响应速度、准时交货率等方面。（3）农产品供应链战略绩效反映农产品供应链宏观愿景和战略目标实施情况，包含供应链柔性、响应能力、需求预测能力、创新能力、资源利用率、竞争力等方面。这三种维度的农产品绩效的具体测量题项及参考来源详见章节3.2的内容。

2.2● 信息技术能力

2.2.1 信息技术"生产力悖论"

高质量的信息技术应用对于发展中国家实现经济快速增长至关重要（Ngwenyama and Morawczynski，2009）。信息技术在全球的扩散和使用深刻地改造着传统行业的业态（高彦彦，2018）。随着我国政府大量对信息化的投入，已经极大促进了电子商务和物流的发展（Cai et al.，2016；周驷华和万国华，2017）。涉农企业为了谋求发展也投入巨大在信息技术应用上，如物联网、可追溯系统、农产品大数据平台、区块链等（Sun and Bao，2011；Peng et al.，2016；孙传恒等，2021），然而涉农企业和所在农产品供应链的绩效改进及竞争力提升仍然很有限。这意味着农产品供应链上出现了信息技术"生产力悖论"现象。布林约尔弗森和希特（Brynjolfsson and Hitt，1996）定义信息技术"生产力悖论"为IT/IS投入与产出之间的矛盾。这在新兴经济体中可能是一个常见的问题，因为这些国家有相似的特征和问题（Ngwenyama and Morawczynski，2009）。

早期学者们普遍认为是信息技术导致企业的成功，直到提出了信息技术"生产力悖论"，学者们才发现，是信息技术能力而非信息技术带来的成功（Bharadwaj，2000；Santhanarm and Hartono，2003；Carr，2003；Bhatt and Grover，2005）。最早有学者罗斯等（Ross et al.，1996）认为，企业的成功不是因为先进的信息技术应用，而是因为发展和具备了信息技术能力，这种能力是能持续应对环境变化。后来，随着信息技术研究逐渐深入和信息技术优点日益凸显，学者们更多认为信息技术能力是解决信息技术"生产力悖论"的关键，是管理能力的重要分支，是对信息技术及相关资源的运用所产生的，如通过信息技术基础设施、信息技术人力资源和信息技术无形资产相结合所产生的，能够带来持续竞争优势和价值的能力（Bendoly et al.，2012；Youn et al.，2014；杨国辉，2014；Hwang et al.，

2015；Han et al.，2017；Bi et al.，2019）。

本书赞同学者卡尔（Carr，2003）的观点，认为信息技术资源和信息技术能力是两个截然不同的概念，通过市场交易方式取得信息技术资源很难形成独特而持久的竞争优势。然而，信息技术能力是通过运用信息技术各类技术及相关资源，改变传统农业企业的流程和管理模式，则可以创造出其他涉农企业在短期内无法仿效的能力，从而形成持续的竞争优势，进一步促进与上下游合作伙伴的关系和信息共享，带来持续农产品供应链绩效提升。因此，本书界定信息技术能力而非信息技术资源投入，才是保障涉农企业生存和发展的关键，也是提升农产品供应链整体绩效的关键，从而从根本上解决信息技术"生产力悖论"。

2.2.2　信息技术与信息技术能力

（1）信息技术

信息技术是主要用于管理和处理信息所采用的各种技术的总称，包括传感技术、计算机技术和通信技术，通常也被称为信息和通信技术。在企业管理中，信息技术通常以各种信息系统的形态出现，如大数据、物联网、电子商务、电子数据交换（EDI）、企业资源计划（ERP）或物流管理系统等。许多企业都已将信息技术融入到企业内外部管理、沟通、信息传递、外部联络以及协作等多个工作流程当中。在过去的十多年中，信息技术有效应用不断地影响着企业管理，企业的传统边界正在模糊，企业间随之形成各种战略关系，从松散的外包到企业间产品和信息的无缝整合（Yu and Ren，2018），到有效的供应链管理（Ben-Daya et al.，2019），再到促进供应链流程整合优化，从而提升绩效（Vaio and Varriale，2020）。新形势下，有效利用信息技术于生产和内外部流程管理中，可以提升涉农企业现代化经营管理水平，帮助涉农企业应对复杂的外界环境，实现与上下游企业高效协调与沟通，提高整体农产品供应链竞争力（Polakovic et al.，2016；Zeng and Lu，2020），也恰好响应了《中华人民共和国国民经济和社会发展第十四个五年规划和2035年远景目标纲要》（简称"十四五"规划）提出的"加快数字化发展，提升产业链供应链现代化水平，提高经济质量效益和核心竞争力"发展内容。

（2）信息技术能力

随着信息技术的不断进步、互联网基础建设的逐步推广与完善以及大数据时代的来临，信息技术能力逐渐成为企业重要的竞争优势，推动着传统企业开始向数据化企业转型（Bi et al.，2019）。信息技术能力概念最早由罗斯（Ross，1996）提出，认为信息技术能力是控制信息技术相关成本，在需要时交付系统并通过信息技术影响组织目标的能力。随后，巴拉德瓦杰（Bharadwaj，2000）在此基础上，基于RBV提出信息技术能力是企业将信息技术相关资源和其他企业资源和能力统筹协调并匹配运用的能力。莱等（Rai et al.，2006）也提出了信息技术能力是具有跨组织整合的能力，即核心企业利用信息技术设施进行跨组织信息共享的能力。再到后来，学者们更多认为信息技术能力是对信息技术及相关资源的运用所产生的，如通过信息技术基础设施、信息技术人力资源和信息技术无形资产相结合所产生的，能够为企业带来持续价值的能力（Lu and Ramamurthy，2011）。贝多利等（Bendoly et al.，2012）也认为信息技术能力由技术资源（软硬件、网络平台）、人力资源（信息技术和管理能力）和信息技术业务资源（业务应用和伙伴关系）组成的、有价值的、稀缺的、难以模仿和替代的复杂能力。

对于信息技术能力这一概念，国内外学者根据自身研究内容和角度的不同，分别提出了不同的定义和分类（主要界定见表2－3）。通过整理归纳前人研究，结合本书的研究内容，本书界定即在供应链管理领域中，信息技术能力是对信息技术及相关资源的运用所产生的，将信息技术相关资源与其他资源和能力联合重构、部署和运用的能力，如通过信息技术基础设施、信息技术人力资源和信息技术无形资产相结合所产生的，能够带来持续竞争优势和价值的能力，具有稀缺性、价值性、难以模仿等特性。

表 2 - 3 信息技术能力的主要概念界定

学者（年份）	主要信息技术能力定义
罗斯等 （Ross et al.，1996）	是控制信息技术相关成本，在需要时交付信息系统并通过信息技术影响组织目标能力
巴拉德瓦杰 （Bharadwaj，2000）	企业将信息技术相关资源和其他企业资源和能力联合运用或部署的能力
金（King，2002）	包括硬件和软件的使用，由信息技术提供的共享服务以及信息技术管理和组织能力，如信息技术规划、软件开发能力等，如果组织缺乏这种能力，那么信息技术支出将以支离破碎的方式进行
莱等 （Rai et al.，2006）	提出信息技术整合能力，即核心企业利用信息技术设施进行跨组织信息共享的能力
张涛等（2010）	企业信息技术设备性能（简称信息技术能力），企业信息技术部门人员信息技术知识和技能水平以及对他人业务的支持力度（简称信息技术人员能力）
陈建斌等（2010）	各种信息技术资源和信息技术能力组成的，各要素之间相互联系、相互作用，以完成企业信息处理为目的的能力整体
米萨斯等 （Mithas et al.，2011）	包括为用户：提供适当精度、及时、可靠、安全和机密信息和数据的能力；提供足够距离和范围的通用连接和存取的能力；提供技术设施适应业务方向和需要的能力
贝多利等 （Bendoly et al.，2012）	由技术资源（软硬件、网络平台）、人力资源（信息技术和管理能力）和信息技术业务资源（业务应用和伙伴关系）组成的、有价值的、稀缺的、难以模仿和替代的复杂能力
杨国辉（2014）	企业为在信息技术环境下有效地支持其管理活动和提升绩效而保持的整体能力
蔡等 （Cai et al.，2016）	是企业获取、部署、合并及重新配置信息技术及相关资源，以支持及提升企业业务和战略流程的能力
莉姆等（Lim et al.，2013）； 陶俊等（2017）	是一种分布、转移、整合以及重构信息型资源和其他资源或组织能力的功能型组织能力，具有稀缺性、价值性、难以模仿等特性

　　信息技术能力的内涵包含以下几方面：信息技术能力的基础是企业拥有的信息技术资源；它是在相当长的一段时间内为企业所独占的，能够带来持续竞争优势的胜任力；它是一种动态能力，随着企业的发展和环境的变化而不断调整；它不仅仅包括信息技术技术能力，更包含相关的人才管理能力和沟通能力。这一能力由三种重要的资源基础构成，分别是：出色

的 IT/IS 人才；可高效使用和可拓展的信息技术软硬件基础；可用信息技术内外部沟通协作的管理业务流程。

(3) 信息技术能力的测量维度

不同的学者根据研究内容的不同，对信息技术能力有不同的维度划分。本书梳理了具有代表性的分类维度，如表 2 - 4 所示。早期学者通常从管理能力（Ross et al.，1996；Bharadwaj，2000）或技术能力的角度（Sabherwal and Kirs，1994）研究信息技术能力。如瑞等（Ray et al.，2005）就将信息技术能力划分为两部分，第一部分主要由纯技术成分构成，如信息技术开销、技能和通用技术等，而第二部分则包括影响第一类能力的管理能力。但随着时间的推移和研究的深入，学者们开始采用更为宽泛的视角看待信息技术能力，即认为信息技术能力不仅包含管理能力和技术能力，还包含关系协调能力，即跨组织信息系统给企业带来的沟通便利。如巴特和格罗弗（Bhatt and Grover，2005）将信息技术能力分为三类，分别是：价值能力（如信息技术基础设施）、竞争能力（如信息技术业务经验和关系）和动态能力（如组织学习能力）。有贝多利等（Bendoly et al.，2012）定义 IT/IS 能力由技术资源（软硬件、网络平台）、人力资源（信息技术和管理能力）和信息技术业务资源（业务应用和伙伴关系）组成的。

表 2 - 4 信息技术能力的主要测量维度

学者（年份）	信息技术能力的测量维度
巴拉德瓦杰（Bharadwaj，2000）	信息技术基础设施、信息技术人才能力和信息技术无形资源
巴特和格罗弗（Bhatt and Grover，2005）	价值能力（如信息技术基础设施）、竞争能力（如信息技术业务经验和关系）、动态能力（如组织学习能力）
张和坦苏哈吉（Zhang and Tansuhaj，2007）	信息技术架构、信息技术人力资源、信息技术基础设施和信息技术关系资源
德瓦拉杰等（Devaraj et al.，2007）	面向顾客的电子商务能力、面向供应商的电子商务能力、面向整合的电子商务能力

续表

学者（年份）	信息技术能力的测量维度
殷国鹏和陈禹（2009）	信息技术基础设施能力、信息技术管理技能和业务经验、信息技术关系能力
陆和拉马穆里多（Lu and Ramamurthy，2011）	信息技术基础设施能力、信息技术跨业务能力和信息技术积极立场态度
贝多利等（Bendoly et al.，2012）	技术资源（软硬件、网络平台）、人力资源（信息技术和管理能力）和信息技术业务资源（业务应用和伙伴关系）
王念新等（2012）	IS 战略能力、IS 实现能力、IS 使用能力和 IS 管理能力
陈等（Chen et al.，2013）	信息技术基础设施、信息技术业务伙伴关系、业务—信息技术战略思维、信息技术—业务流程整合、信息技术管理和外部信息技术联系
杨国辉（2014）	信息技术战略、信息技术资源（信息技术人力资源、基础设施和知识资源）和信息技术运营
周骊华（2014）	信息技术人才能力、信息技术基础设施能力、信息技术沟通协作能力（外部和内部）
蔡等（Cai et al.，2016）	信息技术外向能力、信息技术跨组织整合能力、信息技术内向能力
毕等（Bi et al.，2019）	信息技术基础设施能力（由内而外的能力）、信息技术业务扩展能力（业务—信息技术战略思维和合作的能力）以及信息技术对外连接能力（由外向内的能力）
曾和吕（Zeng and Lu，2020）	信息技术基础设施能力、信息技术人才能力、信息技术外部沟通能力、信息技术内部沟通能力

　　总之，对于信息技术能力的具体分类，学者们的看法不一，大部分都基于 RBV 视角，有些学者强调信息技术人才的专业技能，如巴拉德瓦杰（Bharadwaj，2000）、芬克和诺伊曼（Fink and Neumann，2007），有些学者（Broadbent et al.，1999；Niu，2010；Fink and Neumann，2007；Bharadwa，2000）强调信息技术基础设施的能力，还有一部分学者（Devaraj et al.，2007）强调信息技术带来的内外部的沟通和协调能力。总之，信息技术能力综合体现为三种资源的有效整合：技术资源，即组织拥有成本合理、配置适当的信息技术软硬件资源；人力资源，即组织拥有一支高素质的信息技术团队，能迅速应对各种来自于组织内外部的挑战；关系资源，即组织

内部及与外部伙伴之间形成良性互动关系，信息技术的运用使得组织内部及组织之间的沟通协调变得更加高效。

本书综合上述信息技术能力定义和分类，考虑到对以上三种资源（技术、人力和关系资源）的有效整合，主要结合曾和吕（Zeng and Lu，2020）、巴拉德瓦杰（Bharadwaj，2000）、贝多利等（Bendoly et al.，2012）、周驷华（2014）的观点，将信息技术能力分为四种维度：信息技术基础设施能力、信息技术人才能力、信息技术内部沟通能力和信息技术外部沟通能力，下面详细定义各维度的信息技术能力。

① 信息技术基础设施能力

信息技术基础设施被定义为遍布企业内外部的，以提供可靠信息服务的软硬件基础设施资源的能力（Broadbent et al.，1999）。信息技术基础设施能力强调信息技术软硬件的服务功能，即通过信息技术软硬件为组织提供信息传递、存储、事件处理等服务。可靠的信息技术基础设施能够使企业便捷地获取所需的信息和完成必要的任务。企业内外部多种信息技术应用软硬件为获取和共享大量及时可靠的信息提供了便利。此外，雄厚的信息技术基础设施也便于信息技术专业人员操作、应用和解决业务中遇到的问题（如需求预测、计划制定等）。信息技术基础设施，如即时通信系统、电子商务、EDI、ERP、可追溯系统等信息技术和系统，也为企业和供应链伙伴间保持密切联系提供了技术和物质基础，从而提高企业绩效（曾敏刚等，2017）。牛（Niu，2010）也研究了供应链信息技术基础设施能力对供应链绩效有直接间接和影响。周驷华（2014）实证验证了信息技术基础设施对供应链绩效有直接和间接的影响。上述研究均认为信息技术基础设施对供应链管理和绩效起着重要的作用。因此，本书也认为信息技术基础设施能力作为信息技术能力必不可少的组成部分，是涉农企业上下游有效沟通协作并发挥信息技术相关能力的能力基础，对农产品供应链绩效改进至关重要。

② 信息技术人才能力

人才作为知识的创造者和使用者，是生产力诸要素中最活跃和最重要的因素。人才问题是目前涉农企业面临的难题，也是涉农企业生存和发展的决定性因素。涉农企业充分发挥信息技术能力离不开人才因素，只有依靠人的主观能动性，信息技术才能正常运行。掌握扎实的知识和丰富经验的信息技术人才是涉农企业信息化成功的保证，也是信息技术能力的重要组成部分（Bharadwaj，2000；Bendoly et al.，2012）。信息技术人才能力是指企业中信息技术人才具备技术、行为和业务的能力，以便支持组织信息技术有效运行：技术能力是指信息技术人才在该技术领域所掌握的技能；行为能力是指信息技术人才之间及与其他部门员工之间的人际关系管理技能；业务能力是指信息技术人才对本行业和本组织业务的熟悉程度（Fink and Neumann，2007；Fink，2010；周驷华，2014）。本书认为信息技术人才能力是信息技术能力中重要的组成部分，是涉农企业运营及供应链管理的关键，也是信息技术及相关资源转化为信息技术能力的关键环节，会极大决定整体农产品供应链绩效能否提升。

③ 信息技术内部和外部沟通能力

信息技术沟通能力是借助信息技术基础设施实现的企业内外部信息沟通和协作能力，包含信息技术内部沟通能力和信息技术外部沟通能力。这两种能力无论在涉农企业内部还是农产品供应链伙伴之间均发挥着重要的作用。信息技术内部沟通能力可以实现组织内部流程优化，提高组织运营管理效率；信息技术外部沟通能力能有效实现供应链上下游纵向沟通和协调，是实现以市场为导向的农产品供应链管理的关键（Bicer and Hagspiel，2016）。信息技术内部沟通协作能力是外部沟通能力的基础和前提，二者共同作用才能打通内外，共同改进组织和供应链绩效，发挥更大的价值。农产品供应链由于环节多、地域跨度大等特点，使得农产品供应链上下游的沟通协作很困难。随着信息技术的进步，尤其是电子商务的出现，农户及涉农企业有效利用信息技术能方便快捷地与供应链上下游进行紧密的沟通与协作，减少信息不对称（Yu and Ren，2018）。有效信息技术的应用可以弱化传统中间商（批发商和经销商）的作用，取而代之的是现代零售商或者消费者直接与供应商合作，有效实现农产品供应链的协调和整合，缩短流程环节，极大地改善了企业内部及供应链伙伴间的沟通力弱的问题，从而有利于维持长期伙伴关系，共同改进绩效（Wiengarten et al.，2013；Saitone and Sexton，2017；周驷华和万国华，2017），同时允许远程监控产品的质量和位置信息，可用于全链条的质量可追溯，以加强农产品质量和安全管理（Yan et al.，2016；Verdouw et al.，2018）。综上，本书认为信息技术内部沟通能力和信息技术外部沟通能力均属于信息技术能力的组成部分，是农产品供应链协调和管理的关键，会对农产品供应链绩效产生积极的影响。

 ## 2.3 伙伴关系与信息共享

2.3.1 伙伴关系

（1）概念

随着供应链管理的发展，伙伴关系有很多相似的表述，如供应链合作关系（supply chain cooperation relationship）、跨组织的关系（inter-organisational relationships）、供应商—生产商关系（supplier-manufacturer）、卖方—买方（seller-buyer）关系、关系资本（relational capital）、供应链联盟（supply chain alliance）、战略网络（strategic network）等。一般情况下，伙伴关系是对商业伙伴之间长期关系的强度和水平的综合评价（Park et al.，2017），基于过去成功或失败的合作经历（Crosby et al.，1990），一般包含信任、承诺、契约、权利和相互依赖的关系。它是供应链企业之间为了实现各方共赢而达成的长期战略合作，在这种战略联盟关系的协调下，各企业不再仅关注自身的利益，而是更注重整条供应链的长远效益（Razavi et al.，2016）。

国内外学者根据研究内容，对供应链伙伴关系有多角度认识，但内涵相对较为一致，主要观点如表2-5所示。综合学者的定义，本书界定农产品供应链的伙伴关系是农产品供应链中相关各方为了实现一定时期内的信息共享、风险共担及利益共享的整体目标，而结成的一种相对稳定的正式和非正式的合作关系。

表 2 - 5   供应链伙伴关系的主要概念界定

伙伴关系的主要概念界定	学者
是一系列相关企业为了完成产品的生产销售和利润的产生而形成的效益共同体。为了共同目标和利益的实现，供应链上成员企业之间形成一种协调关系，共同投入资源	马罗尼等（Maloni et al.，1997）
是在供应链内部两个或两个以上独立的成员之间形成的一种协调关系，以保证实现某个特定的目标和效益。建立伙伴关系的目的，在于通过提高信息共享水平，减少整个供应链产品的库存总量、降低成本和提高整个供应链的运作绩效	中国物流与采购联合会（2003）
是供应商与制造商之间或制造商与经销商之间，在一定时期内的共享信息、共担风险、共同获利的伙伴关系	马士华等（2000）；曾文杰（2010）
是企业与其供应链成员之间经过一段时间社会性交互连接而形成的伙伴关系，是企业与其供应链上下游成员在往来过程中所形成的信任与彼此愿意维持长久关系的意愿	叶飞和薛运普（2011）
是指供应链中各成员在遵循忠诚、平等和互惠原则的基础上，为了实现一定时期内的信息共享、风险共担及利益共享等目标，而结成的一种相对稳定的合作关系	刘华明等（2016）
代表供应链成员参与长期合作关系的综合水平	拉扎维等（Razavi et al.，2016）
是对合作伙伴关系的强度及供应链成员需求和愿望得到满足程度的整体评估	奥东戈等（Odongo et al.，2016）；梅西奇（Mesic，2018）

（2）测量维度

本书梳理学者关于伙伴关系的主要测量维度，如表 2 - 6 所示。在学者研究中，伙伴关系被概念化为一个潜变量，一个复合的或多维的结构，由不同的组成部分组成（Moorman et al.，1993；Mesic，2018）。学者已经为其现实操作性测量提供了极具可行性的思路，主要测量维度来源于社会心理学，如信任、承诺、相互依赖、非强制性和强制性权力、契约和冲突等，这些关系维度被广泛称为伙伴关系的重要组成部分（Zander and Beske，2014；Odongo et al.，2016；Mesic，2018；Zeng and Lu，2020）。

表 2 - 6　　　　　　　供应链伙伴关系的主要测量维度及文献来源

伙伴关系的主要测量维度	文献来源
信任、承诺	叶飞和薛运普（2011）
信任、满意、承诺	拉格等（Lages et al.，2005）；詹德和贝斯克（Zander and Beske，2014）
信任、承诺、契约	多尼（Doney，1997）；高展军和江旭（2016）
信任、满意度、非强制性权力和声誉	库恩等（Kuhne et al.，2013）
信任、满意、合作、权利、冲突	诺德和巴托（Naudé and Buttle，1999）
信任、承诺、依赖、沟通、合作	莫哈尔和纳若斯（Mohaghar and Ghasemi，2011）；拉扎维等（Razavi et al.，2016）
信任、承诺、交流、合作、依赖、氛围、适应	费恩斯等（Fynes et al.，2005）
合同与垂直协调、权力、相互理解、相互投资、信任、关系的对称性	乌丁恩（Uddin，2016）
信任、承诺、信息共享、非强制性和强制权利、依赖、冲突	奥东戈等（Odongo et al.，2016）
信任、承诺、经济上满意、依赖、非强制性和强制权利、声誉、冲突	莫尔纳（Molnár et al.，2010）；梅西奇等（Mesic et al.，2018）

综合学者关于伙伴关系维度的划分，结合农产品供应链的特性，本书将伙伴关系分为信任、承诺、契约、权利、相互依赖五种维度（详见表 2 - 7 的定义），这五种维度可以充分衡量农产品供应链伙伴关系。具体维度的衡量题项会在第 3 章详细介绍。

表 2 - 7　　　　　　　　本书伙伴关系各维度概念界定

维度	定义	主要参考文献
信任	合作企业相信对方会采取对自己有利的行为，而不是做出乎意料的对自己不利的举动	安德森和纳若斯（Anderson and Narus，1990）
承诺	指由于一方认同另一方的目标和价值观而产生一种情感依赖，从而承诺会努力维持这种关系	奥东戈等（Odongo et al.，2016）
契约	是保障合作关系有效而合法的正式的形式，包含各种交易条款或合同，可以控制、协调企业的交易行为和惩罚违规行为，能维护交易关系的可靠性和伙伴行为的可预期性	拉什和布朗（Lusch and Brown，1996）；魏等（Wei et al.，2018）

续表

维度	定义	主要参考文献
权利	供应链成员是为某一方自身利益还是为其共同利益而合作，分强制性和非强制性权力	梅西奇等（Mesic et al.，2018）
相互依赖	是供应链成员依附于其他合作伙伴的程度，表示某个合作方需要依赖保持交易关系来达成自己期望的商业目标	特帕得和克劳斯（Terpend and Krause，2015）

2.3.2 信息共享

(1) 概念

1948年，信息论的奠基人香农（Shannon C. E.）提出信息可以消除随机的不确定性，并提出信息共享的基本模型，包含信源、信道与信宿。之后，信息共享逐渐成为供应链领域的研究重点和热点，学者们一致认为信息共享是供应链管理的关键因素和重要内容，能减少"牛鞭效应"，降低供应链上的信息不对称，促进供应链企业相互学习和改进，从而提高运作效率（Costantino et al.，2015；Kim et al.，2016；Topal and Sahin，2018；Kochan et al.，2018；Ojha et al.，2019；Huo et al.，2021）。如国内供应链管理领域的权威学者马士华等（2000）认为，供应链管理三种复杂流中，信息流是流量最大、流速最快、流动最频繁的一种流，产品流和资金流都是围绕信息流展开的，只有信息在供应链企业间高效流动与共享，产品流和资金流才能高速运转，同时信息流的重要性决定了供应链信息共享的必要性。

国内外学者从不同的视角不断丰富着信息共享的内涵。信息科学研究领域认为，信息共享是不同终端之间，借助信息技术对数据信息资源进行的传递、共享和管理的过程。如帕克（Park，2014）认为信息共享是互联网社群的主要活动之一，是借助互联网技术为社群中有信息需求的成员提供所需要信息的活动。张长亮（2019）认为信息共享是依赖信息技术，使得信息资源在多人、多集体之间进行流转，实现不同主体之间的信息交互。而在供应链管理领域，学者们形成较为统一的信息共享含义，是指在特定交易过程或合作过程中，不同伙伴企业之间的信息交流与传递。例如，郑晶莹（2016）认为供应链信息共享就是供应链企业之间信息的交流与共用，以此合理配置和整合资源，节约成本，创造效益。冯华等（2018）认为信息共享是指供应链核心企业处理存在于企业内部和其分销网络之间的无形信息，以及通过构建有形网络而在企业内外部供应链成员之间进行信息沟通。

综合以上，本书界定信息共享是农产品供应链节点企业间借助信息技术/系统或媒介，进行信息的交流和传递的活动，以合理配置和整合资源，提高企业内外部运作效率。农产品供应链上可供分享的信息种类繁多，且分类的标准复杂。一般情况下，农产品供应链上共享的信息包含供应、销售、生产计划、库存等信息。

对于农产品供应链来说，实现伙伴间的信息共享尤其重要，能显著解决供给端和需求端信息不对称的问题，避免供大于求或供不应求的情况，减少农产品价格和销量的波动，降低"牛鞭效应"。而且通过伙伴间有效的信息共享，链条上的资源可以得到合理配置，实现伙伴间有效合作与协同，从而降低交易成本、库存和物流成本，提高农产品供应链的运作效率。农户与涉农企业之间通过信息共享，可以提高信息资源利用率，减小不同主体之间的信息拥有量的差距，降低信息不对称性，从而更加优化资源配置，减少资源浪费，节约社会成本。

（2）测量维度

对于供应链信息共享的测量维度，不同的学者根据不同的研究内容有不同的观点和看法，汇总主要的观点如表2-8所示。

表2-8   供应链信息共享的主要测量维度及文献来源

学者	维度	内容
叶飞和薛运普（2011）；曾敏刚和吴倩倩（2013）；丁等（Ding et al.，2014）；卡恩等（Khan et al.，2018）；托帕尔和沙辛（Topal and Sahin，2018）；普等（Pu et al.，2020）；霍等（Huo et al.，2021）	单维	一般采用不同数量的题项来衡量，侧重于描述信息共享的内容，比如生产、销售、订单、库存、需求预测信息等

续表

学者	维度	内容
王等（Wang et al.，2014）	二维	信息共享的程度、质量
李和哈（Lee and Ha，2018）	二维	信息流入、信息流出
普拉乔戈和奥尔哈格（Prajogo and Olhager，2012）；冯华等（2018）	二维	信息技术水平、信息交流水平
周和贝通（Zhou and Benton，2007）	三维	信息共享内容、质量、支持技术
郑晶莹（2016）	三维	信息共享的层次范围、内容、质量
邓明荣和蒋兴良（2013）	四维	信息共享的内容、层级、模式、质量

综合国内外学者的研究成果，供应链信息共享的构成维度包括单维度、双维度、三维度和四维度，内容涉及信息共享的层次、信息共享的内容、信息共享的质量、不同主体间信息共享以及信息共享技术等方面。

本书力求划分维度更加完善、更能说明变量含义的原则，综合以上学者的划分，结合农产品供应链的特点，将农产品供应链信息共享测量维度划分为信息共享层次、内容和质量三种维度。①信息共享层次的测量主要参考普拉乔戈和奥尔哈格（Prajogo and Olhager，2012）、邓明荣和蒋兴良（2013）、王等（Wang et al.，2014）的研究，包含共享作业层信息（含具体业务处理和流程信息）、共享管理层信息（含财务、生产、库存、销售等计划、组织、控制信息）、共享战略层信息（含企业愿景、经营理念、战略方向等信息）。②信息共享内容的测量主要参考了邓明荣和蒋兴良（2013）、冯华和梁亮亮（2016）、克汗等（Khan et al.，2018）、李和哈（Lee and Ha，2018）的研究，从生产管理信息、物流信息、需求预测信息、销售信息等方面来测量。③信息共享质量的测量则是基于周和贝通（Zhou and Benton，2007）、吴等（Wu et al.，2014）、王等（Wang et al.，2014）的研究，从信息共享的及时性、准确性、完整性、可靠性等4个方面进行度量。具体测量题项设计会在第3章详细介绍。

综上所述，本书所有涉及的概念界定如表2-9所示。

表 2 – 9   本书主要概念界定

主要概念	界定内容
信息技术	是主要用于管理和处理信息所采用的各种技术的总称，包括传感技术、计算机技术和通信技术，通常也被称为信息和通信技术
信息技术能力	是对信息技术及相关资源的运用所产生的，将信息技术相关资源与其他资源和能力联合重构、部署和运用的能力，如通过信息技术基础设施、信息技术人力资源和信息技术无形资产相结合所产生的，能够带来持续竞争优势和价值的能力，具有稀缺性、价值性、难以模仿等特性
信息技术人才能力	是指企业拥有的具备技术、行为和业务能力的信息技术人才，以便支持组织有效运行，其中技术能力是指信息技术人才在该技术领域所掌握的技能；行为能力是指信息技术人才之间和信息技术人才与其他部门员工之间的人际关系和管理技能；业务能力是指信息技术人才对本行业和本组织业务的熟悉程度
信息技术基础设施能力	是遍布企业内外部的，以提供可靠信息服务的基础设施资源的能力；强调信息技术软硬件的服务功能，即通过信息技术软硬件为组织提供信息传递、存储、事件处理等服务
信息技术沟通能力	是企业内外部借助信息技术基础设施实现的信息沟通和协作能力，包含信息技术内部沟通能力和信息技术外部沟通能力
供应链	是围绕核心企业，从采购原材料开始到生产过程中的各级产品，并将最终产品通过各级分销商提供给消费者而形成的网链结构
农产品供应链	是指从农产品生产、加工、销售过程中，以核心企业带动的生产加工企业、中间商、零售商等相互协调的整体功能性网络结构，各成员通过信息共享、紧密协作，以快速响应市场需求，实现供应链整体目标
农产品供应链管理	也称农业链管理，是在核心企业主导下综合运用计划、组织、控制和协调的管理方法，对信息流、物流和资金流进行优化，从原材料采购开始，经过制成中间产品以及最终农产品等各项生产、加工、流通环节，最后将农产品送到最终消费者手中的系统过程，最终达到以最低的成本高效地满足消费者需求的动态平衡状态
农产品供应链绩效	是指各节点企业在核心企业管理下充分利用供应链上的人力、物力、基础设施、信息技术等内外资源，通过共同协作，所实现的供应链利益总和
农产品供应链财务绩效	是农产品供应链绩效考核的最基本且核心的指标，此指标可以反映出其他方面战略目标的细化和具体实施是否对供应链追求利益最大化这一结果起到改善作用，涉及订单管理成本、物流成本、库存水平、利润率等方面
农产品供应链服务绩效	衡量农产品供应链整体的服务和客户满意度水平，涉及消费者满意度、农产品质量安全、服务响应速度、准时交货率等方面
农产品供应链战略绩效	反映农产品供应链宏观愿景和战略目标实施情况，包含供应链柔性、响应能力、需求预测能力、创新能力、资源利用率、竞争力等方面

续表

主要概念	界定内容
伙伴关系	是农产品供应链中相关各方为了实现一定时期内的信息共享、风险共担及利益共享的整体目标，而结成的一种相对稳定的正式和非正式的合作关系
信任	合作企业相信对方会采取对自己有利的行为，而不是做出出乎意料的对自己不利的举动
承诺	指由于一方认同另一方的目标和价值观而产生一种情感依赖，从而承诺会努力维持这种关系
契约	是保障合作关系有效而合法的正式的形式，包含各种交易条款或合同，可以控制、协调企业的交易行为和惩罚违规行为，能维护交易关系的可靠性和伙伴行为的可预期性
权利	供应链成员是为某一方自身利益还是为其共同利益而合作，分强制性和非强制性权力
相互依赖	是供应链成员依附于其他合作伙伴的程度，表示某个合作方需要依赖保持交易关系来达成自己期望的商业目标
信息共享	是农产品供应链节点企业间借助信息技术/系统或媒介，进行信息的交流和传递的活动，以合理配置和整合资源，提高企业内外部运作效率

2.4 理论基础

本书的理论框架提出基于三种基本理论，即资源基础观理论（resource-based view theory，RBV）（Wernerfelt，1984）、关系视角理论（relational view theory，RV）（Dyer and Singh，1998）和交易成本理论（Coase，1937）。

2.4.1 资源基础观理论

沃内特（Wernerfelt，1984）最早提出了资源基础观理论（resource-based view theory，RBV），即企业不易模仿和稀缺的资源能为企业带来可持续的竞争优势。基于沃纳菲尔特（Wernerfelt，1984）的研究，阿米特和休梅克（Amit and Schoemaker，1993）进一步将"资源"细分为资源和能力：资源可以通过交易获取，一般不具有竞争性和特殊性；而能力是企业运用资源所产生的，企业独特的，不易获取的资源。根据RBV，形成企业独特而长久竞争优势的资源和能力具有价值（valuable）、稀缺（rare）、不易模仿（inimitable）和不可替代（non-substitutable）的特性（Barney，1991），简称VRIN特性。针对RBV要求的特性，学术界开始思考，认为动态能力是企业竞争优势的源泉，该能力能帮助企业通过整合与利用内外部的各种资源，以高效应对外界环境的变化（Hoopes and Madsen，2008）。组织的动态能力体现在与业务伙伴间的沟通渠道、信息流和协同处理等各种问题上（Leiblein and Macher，2009）。之后，理论界和实践界逐渐意识到大量的信息技术不具有独特性，容易获取、模仿和不可持续，而信息技术能力能够动态利用各类信息技术及相关资源，形成独特的和可持续的竞争能力。

基于RBV，学术界开始认识到信息技术存在"生产力悖论"，是信息技术能力而非信息技术资源带来的成功（Carr，2003）。早期的有学者（Ross et al.，1996）认为，企业的成功不是因为先进的信息技术应用，而是因为发展和具备了信息技术能力，这种能力是能持续应对环境变化。作为较早研究信息技术能力的经典文献，有学者基于RBV，发现拥有优越信息技术能力的公司与同行相比，能够利用信息技术相关资源产生一种独特的和可持续性的信息技术能力，从而显著地带来更高的利润和更低的成本，从而获得更卓越的企业绩效（Bharadwaj，2000；Santhanarm and Hartono，2003）。后来，更多的学者研究了信息技术能力在企业中的价值（殷国鹏和陈禹，2009；Lu and Ramamurthy，2011；Lim et al.，2013；Cai et al.，2016；曾敏刚等，2017），发现信息技术能力是解决信息技术"生产力悖论"的关键，是管理能力的重要分支，是对信息技术及相关资源的运用所产生的，如通过信息技术基础设施、信息技术人力资源和信息技术无形资产相结合所产生的，能够带来持续竞争优势和价值的能力（Bhatt and Grover，2005；Rai et al.，2006；Bendoly et al.，2012），是实现业务增值和维持竞争优势的重要催化剂，可以持续促进企业绩效（Mithas et al.，2011；Youn et al.，2014；杨国辉，2014；Hwang et al.，2015；Han et al.，

2017；陶俊等，2017；Bi et al.，2019）。一般情况下，信息技术能力包括信息技术基础设施能力、信息技术人力资源能力、信息技术内部沟通能力和信息技术外部沟通能力等方面（Bharadwaj，2000；周驷华，2014；Zeng and Lu，2020）。

基于 RBV，学者们也发现信息技术能力通过积极促进供应链知识管理能力（Niu，2010），增加组织流程管理能力和供应链管理能力（Peng et al.，2016），正向调节供应链协调对组织响应性的影响（Cai et al.，2016），积极促进供应链信息整合，从而影响企业和供应链绩效（周驷华和万国华，2017）。信息技术能力是供应链管理企业为了实现共同的战略目标，借助信息技术统一配置和协调企业内外部信息、人力及关系等资源，从而形成更具有竞争力、难以模仿、更长久的动态能力，从而提高整体产出水平。

关于农产品供应链，基于 RBV 和相关研究，本书认为在运用信息技术及相关资源方面具备的能力，包含信息技术基础设施能力、信息技术人才能力、信息技术内部沟通能力和信息技术外部沟通能力，均是涉农企业内外部独特的和不易流动的一种稀缺资源和能力，也属于农产品供应链管理中的重要竞争力。信息技术能力能帮助农产品供应链核心企业充分利用信息技术资源及信息技术相关的信息、人力、内外部关系资源等，协调和管理好组织内外部信息流、物流和资金流，充分促进成员间的信息沟通与共享，有效管理和增强伙伴关系，从而为整个农产品供应链带来持续的竞争优势，提高供应链财务、服务和战略绩效。

综上所述，基于 RBV 这一重要的理论基础，本书认为总的及四种维度的信息技术能力（信息技术基础设施能力、信息技术人才能力、信息技术内部沟通能力和信息技术外部沟通能力）会积极影响企业之间的信息共享和伙伴关系，对农产品供应链绩效（含财务、服务和战略绩效）也有正向积极影响。

2.4.2 关系视角理论

关系视角理论（relational view theory，RV）出现为供应链组织合作和管理提供了新的研究视角，为评估组织间关系价值提供了理论依据。早期的组织理论更多研究单个组织；自 20 世纪 80 年代以来，学者开始重视企业间的关系，越来越多的研究开始关注企业间的供应链关系管理。RV 理论是戴尔和辛格（Dyer and Singh，1998）率先提出，并经学者（Lavie，2006）发展的基于资源基础论的一种组织理论。戴尔和辛格（Dyer and Singh，1998）认为：关系租金是一种源自关系互换而联合产生的超常收益，该收益只能通过企业伙伴间的合作而产生，单个组织无法获取。组织间关系是跨企业之间相对持久的、稀缺的、不易模仿的联结，对企业生存发展至关重要。根据 RV 理论，企业的关系资源可以跨越企业的组织边界并嵌入公司间的流程中，而且通过有效联盟和协作，可以获得关系租金（Cooper et al.，1997）。在复杂多变的环境中，如何高效管理组织间关系是组织生存和成功的关键，决定了企业可持续的竞争力（Uddin，2017；Lee and Ha，2018）。

基于 RV 理论，在供应链管理中，学者们逐步认识到如何管理供应链合作伙伴之间的关系是影响供应链管理效果最重要的因素之一（Molnár et al.，2010；Ozer et al.，2011；Terpend and Krause，2015；Wang et al.，2018），会正向促进成员间信息共享水平（Wang et al.，2014；郑晶莹，2016；冯华和梁亮亮，2016；Han and Dong，2017；Mirkovski et al.，2019），进而影响组织绩效的改进（Kuhne et al.，2013；Sambasivan et al.，2013；Zander and Beske，2014；Jain et al.，2014）。一般情况下，伙伴关系是对商业伙伴之间关系的强度和水平的综合评价（Park et al.，2017），基于过去成功或失败的合作经历（Crosby et al.，1990），一般包含信任、承诺、契约、权利和相互依赖的关系。供应链企业之间牢靠的伙伴关系可以减少成员间的机会主义行为，能促进企业间的信息传递与共享，降低交易成本。伙伴关系作为重要的社会资本，可以抵御各种供应链风险，如环境、供应、生产、需求、金融和物流等（Daghar et al.，2021），有效促进供应链流程协作与整合（刘华明等，2016），实现整体绩效的改进（Srini-vasan et al.，2011；Odongo et al.，2017）。

在农产品供应链管理中，农产品供应链成员间可持续的伙伴关系可以带来长久回报，如更低的产品服务成本、更低的交易成本、更安全的农产品质量、更高的企业综合绩效（Odongo et al.，2016）。而伙伴关系质量通常取决于信任、承诺、相互依赖、非强制性和强制性权力、契约等水平，是涉农企业间稀缺、有价值和不可替代资本，能促进企业间的信息沟通与共享，降低交易成本，显著地影响传统农产品供应链的财务和非财务绩效（传统性、效率、响应性、质量和供应链的协调性）（Mesic et al.，2018；Zeng and Lu，2020）。

因此，RV 理论作为本书重要的理论基础之一，基于该理论和前人的研究，本书认为农产品供应链伙伴间关系质量是涉农企业在复杂和多变环境中竞争和生存的关键。增强农产品供应链成员间的伙伴关系，会降低成员机会主义行为，促进成员间的信息沟通与共享，帮助农产品供应链整体获得关系租金，降低交易成本，从而提高农产品供应链绩效。

2.4.3 交易成本理论

交易成本理论（transaction cost theory）是新制度经济学的基础理论，也是本书分析农产品供应链的最基础理论工具。20 世纪 30 年代，交易成本的概念首先被科斯（Coase，1937）在其著名文章《企业的性质》中提出。科斯认为交易是有成本的，企业自身产生的组织费用（如行政管理费用等）被视为企业内部的交易成本。交易成本是普遍存在于交易活动中，由于交易活动会带来的费用，必须支付该费用以维护交易各方权益，主要包括搜寻信息的成本、谈判成本、契约监督成本和维护成本。交易成本理论有不同关注研究方向，有对企业和市场关系的研究及对企业内部层级研究。在此基础上，威廉姆森（Williamson，1975）推进了科斯的研究，关注企业与市场关系，系统研究了经济组织的各种问题，特别是企业、市场以及与相关契约合同的问题。威廉姆森认为交易成本包含：搜寻成本（查找产品信息或上下游交易伙伴信息的成本）、信息成本（取得交易伙伴信息并与其交换信息所需的成本）、议价成本（对产品、价格、品质、交易合同讨价还价的成本）、决策成本（做出决策与签订契约所需的内部成本）、监督成本（监督交易伙伴是否根据契约规定执行交易的成本）和违约成本（违反约定所赔偿的成本）等；这六项交易成本主要来自信息不对称、机会主义、有限理性、不确定性和复杂性、气氛（关系满意度低）；并认为企业间合作与协调的治理机制包含不完全契约和关系契约，超越了单个组织研究的边界。

本书认为农产品供应链管理是综合以价格调控为核心的市场治理和以成本管理为核心的内部治理的一种治理模式，该模式的产生、存在和发展一部分是因为涉农企业旨在降低交易成本的结果。由于农产品供应链的复杂性和不确定性，尤其企业间信息的不对称性和机会主义行为，使得农产品交易存在着过高的交易成本。提高农产品供应链绩效的途径是采用合理的技术手段或方法来管控链上伙伴机会主义行为、解决信息不对称、降低不确定性和复杂性，从而降低交易成本。

基于交易成本理论，本书认为信息技术能力（含信息技术基础设施能力、信息技术人才能力、信息技术内部沟通能力和信息技术外部沟通能力）可以有效在农产品供应链上发挥信息技术和相关资源的优势，促进成员间的信息沟通与共享，增强伙伴关系，降低其机会主义行为倾向，解决信息不对称问题，从而降低了信息搜寻成本、谈判成本、监督成本、违约成本等交易成本，从而获得整体供应链绩效改进。

2.5 主要模型方法

本书主要用结构方程模型 SEM 来分析信息技术能力对农产品供应链绩效的影响机理，并细化研究四种维度信息技术能力、五种维度伙伴关系、三种维度信息共享和三种维度农产品供应链绩效之间相互影响路径关系。主要依据国内外学者（Niu，2010；韩啸，2014；Ding et al.，2014；Eckstein et al.，2015；Odongo et al.，2016；Nyamah et al.，2017；Fiorini and Jabbour，2017；Dissanayake and Cross，2018；Datta and Diffee，2020；等等）均采用了 SEM 方法研究供应链管理问题。另外，选择用学者普遍采纳的中介作用模型（Baron and Kenny，1986；Peng et al.，2016；周驷华和万国华，2017；Zeng and Lu，2020；等等），来进一步分析伙伴关系和信息共享在信息技术能力对农产品供应链绩效的影响机理中发挥的中介路径作用。这两种模型方法均会运用到第4章~第7章影响路径的实证分析里，下面详细介绍这两种模型。

2.5.1 结构方程模型

(1) 结构方程模型简介

自20世纪80年代以来，结构方程模型（structural equation modeling，SEM）迅速发展成为社会学领域量化分析多元多维度数据的重要研究方法。该方法集成了"线性模型回归分析"与"因子分析"等多变量统计分析技术，可以对多元因果关系及影响路径进行识别、验证和估计，是探究理论概念之间关系结构的统计方法。

在社会学研究中，往往有些变量是抽象的概念，无法直接观测、识别和估计关系。而SEM很大优点是能够对多元多维度抽象的概念进行关系分析与验证。前提是对于这些抽象的概念（潜变量），研究人员需要给予一个可操作和可观测的定义（显变量、观测变量或测量变量），以进行衡量和数据收集。这些可以直接观测的变量，可能会受到共同潜在变量的影响，说明他们之间存在共同性。而通过统计方法可以估计出来的可观测变量之间的共同性，能够反映潜在变量的特性，从而衡量出潜变量。

因此，与传统的回归分析方法不同，SEM可以同时估计多个测量变量之间的潜变量，并验证分析潜变量之间的关系路径。它显著的优点是能够评估和验证结构模型中多个自变量、多个因变量及多个路径变量之间相互影响的因果关系；可同时估计因子结构和因子关系，模拟和探索多因子之间的内在逻辑关系和路径机理；能估计测量模型的观测变量（题项或指标）在潜变量（构念）上的因子载荷；可以估计整个模型的拟合优度等。

结构方程模型分为测量模型和结构模型（邱皓政和林碧芳，2003），
方程式如下：

① 测量模型，分析观测变量（显变量或题项或指标）和潜变量（不
可观测变量或构念）之间关系如式（2－1），如图2－2所示。

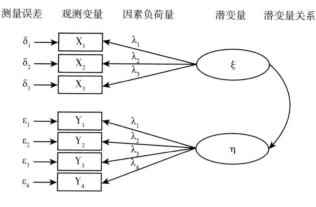

图 2－2　SEM 的测量模型示意

② 结构模型，分析潜变量（不可观测变量或构念）之间因果关系如
式（2－2），如图2－3所示。

$$X = \Lambda_x \xi + \delta, Y = \Lambda_y \eta + \varepsilon \qquad (2-1)$$

$$\eta = \Gamma \xi + \zeta \qquad (2-2)$$

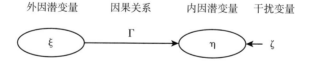

图 2－3　SEM 的结构模型示意

其中，X 和 Y 是外源及内生指标（可观测变量），ξ 和 η 是潜变量（不可
观测变量），δ 和 ε 分别是 X 和 Y 测量上的误差，Λ_x 是 X 测量指标与潜变
量 ξ 的关系，Λ_y 是 Y 测量指标与潜变量 η 的关系。

基于SEM方法，本书共设置60个观测变量（显变量或测量题项），一
级潜变量为总的信息技术能力、信息共享、伙伴关系与农产品供应链绩
效，二级潜变量为四种维度信息技术能力（信息技术基础设施能力、信息

技术人才能力、信息技术内部沟通能力和信息技术外部沟通能力）、五种维度伙伴关系（信任、承诺、契约、相互依赖和权利）、三种维度信息共享（信息共享层次、质量、内容）和三种维度农产品供应链绩效（农产品供应链财务绩效、服务绩效、战略绩效）等变量。利用 SEM 方法，本书不同的章节通过不同主模型和分解模型去详细分析以上一级和二级潜变量之间的影响关系机理。

（2）路径分析与结构方程模型

路径分析是一种用以探讨多重变量之间因果关系及具体影响路径的统计分析技术，是社会科学领域用来检验因果模式的重要策略。该分析常应用在心理学、教育等传统社会科学领域，也常应用在管理学或者经济计量研究上。例如在经济学领域，联立方程模型即是路径分析的一种方法（邱皓政和林碧芳，2003）。多数的社会学问题探讨的变量数目多，关系复杂，许多变量不容易测量和模拟。而且统计控制技术不同也会造成结果的变异，在分析中会因为控制变量的调整造成估计结果的改变，甚至扭曲研究的结论。一方面从技术层面追求稳定和具有统计检验力的参数估计程序的路径分析可以减少结果的变异，另一方面从根本上应该依据理论基础构建合理的理论模型和提出严谨的假设（Cliff，1983）。

因此，本书选择用 SEM 来进行路径分析，来保障分析的系统性和稳定性，依据之前学者们已经验证了 SEM 可以高效进行路径分析与检验。基于 SEM 的路径分析，融合了因素分析与路径分析两种统计技术，可以进行验证性因子关系分析，同时估计模型所有影响路径及路径各参数，以匹配构建的理论模型，来检验变量关系和理论模型构建的合理性。从理论上说，本书通过详细的文献综述，基于扎实的理论基础和缜密的逻辑推论来提出研究假设并构建理论框架，从根本上保障路径分析的合理性。

（3）结构方程模型的特点

目前学术界已广泛形成因素之间关系路径和机理分析研究。最常用的路径分析技术有基于协方差的结构方程模型（CBSEM）、偏最小二乘

（PLS）回归和线性回归（Linear Regression）。参考格芬等（Gefen et al., 2000；周驷华，2014）的研究，线性回归、CBSEM 和 PLS 方法要点及各自特点如表 2 – 10 所示。

表 2 – 10　　　　　　　　　CBSEM、PLS 和线性回归方法要点对比

要点	CBSEM	PLS	线性回归
分析目标	证明整个模型零假设的合理性，从而拒绝无效路径的零假设	拒绝无效路径的零假设	拒绝无效路径的零假设
衡量指标	模型总体适配度指标	解释方差（高 R^2）	解释方差（高 R^2）
理论基础	需要坚实的理论基础，适合验证性研究	不需要坚实的理论基础，适合探索性和验证性研究	不需要坚实的理论基础，适合探索性和验证性研究
假设分布	通过极大似然估计，可观测变量服从多元正态分布	可观测变量不要求服从多元正态分布	可观测变量不要求服从多元正态分布
样本量	100 以上	支持小样本，最复杂构念所含指标的 10 倍以上	支持小样本，但至少需要 30 个

基于以上的分析发现，各种路径分析技术各有所长，基本上 CBSEM 更适合多因果变量的研究检验与路径分析，特点更完善，功能更综合；PLS 更适合预测和理论开发。因此，CBSEM 更适合本书研究目的的实现，选择 CBSEM 作为研究分析技术。另外，在众多结构方程模型分析工具中，AMOS 是一种常用的、功能强大的处理 CBSEM 的实用软件，可以同时分析多个自变量、路径变量和因变量。而且利用该工具进行 CBSEM 分析会比多变量统计分析更准确，可以用以检验所建立的理论模型。

综上所述，为了实现研究目标，本书在之后不同章节会根据具体研究内容，在第 4 章 ~ 第 7 章基于各章理论框架均采用 AMOS 软件构建不同 CBSEM，实证分析信息技术能力、伙伴关系、信息共享和农产品供应链绩效四者之间的相互影响路径，以探究信息技术能力对农产品供应链绩效的影响机理。

2.5.2 中介作用模型

中介作用是介于原因和结果之间起媒介作用的变量发挥的作用，这个变量是中介变量也称中间变量，它是一个重要的统计概念。中介变量通常用来解释自变量和因变量之间的路径机制，可以解释关系背后的作用机制，具有显著的理论和实践意义。

如何分析变量 M 发挥中介作用，或 M 的中介效应（Mediator effect）存在呢？目前学者们最常采用巴伦和肯尼（Baron and Kenny，1986）中介模型来分析变量之间的中介作用。巴伦和肯尼（Baron and Kenny，1986）从统计学角度，提出了分析中介作用系统的检验程序，利用三个方程式来检验中介作用。如图 2 - 1 所示，如果变量 X 与 Y 显著相关，再进一步考虑变量 M 的作用，如果 X 通过影响变量 M 进而影响 Y，则称 M 为中介变量。即模型中的 a，b 和 d 路径关系都成立（路径系数都显著），那么 M 变量在 X 自变量和 Y 因变量之间发挥着中介作用，M 为中介变量。中介变量可以发挥着完全中介作用和部分中介作用。如果图 2 - 4 中 a，b 和 d 路径关系都成立（路径系数均显著），而 c 不显著时，那么 M 变量在 X 自变量和 Y 因变量之间发挥完全中介作用；当 c 显著时，那么 M 变量在 X 自变量和 Y 因变量之间发挥着部分中介作用。

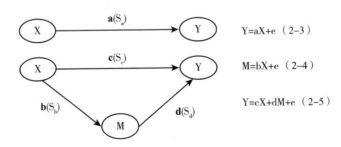

图 2 - 4　中介作用模型示意图

$$Z = \frac{b \times d}{\sqrt{b^2 \times S_b^2 + d^2 \times S_d^2 + S_b^2 \times S_d^2}}; \quad VAF = \frac{b \times d}{b \times d + c}$$

注：a，b，c，d 表示变量之间影响的路径系数；S 代表对应路径系数的标准差。

当变量 M 发挥中介作用存在时，还可以进一步分析中介效应量，目前使用最广的是 b×d/c 和 b×d/a（方杰等，2012），其中 a 标准化路径系数（变量 M 不存在的回归模型）是 X 自变量对 Y 因变量的总影响效应量，c 标准化路径系数（变量 M 存在的回归模型）是 X 自变量对 Y 因变量的直接影响效应量，b×d 是 X 自变量对 Y 因变量的间接效应量或者中介效应量。本书采用 b×d/(b×d+c) 或者 b×d/a 为中介效应对总效用的解释度 VAF（variance accounted for）（Iacobucci and Duhachek，2003）来衡量中介效应大小。在此基础上，采用索贝尔（Sobel，1982）的 Z 检验可以对中介变量的效应量进行进一步检验。

基于以上中介效应分析原理，无论是回归分析还是结构方程分析，用适当的统计软件都可以验证路径是否成立并得到路径系数以及相应的标准误。一般而言，如果研究变量尤其中介变量、因变量和自变量均为潜变量（不易直接观测的变量），则更适合用结构方程模型 SEM 来分析。SEM 能提供路径分析一个最佳的分析网络，而路径分析往往是分析多个中介变量发挥的中介作用，所以路径分析的关键是变量之间中介效应的复杂关系（Mackinnon，2008）。

因此，本书依据巴伦和肯尼（Baron and Kenny，1986）中介模型原理，结合 AMOS 软件的 CBSEM 方法，在第 5 章～第 7 章详细分析伙伴关系和信息共享均单独在总的和各维度信息技术能力及农产品供应链绩效之间是否发挥了中介路径作用及中介效应量（第 5 章～第 6 章分析），及两个中介变量一起作用时有没有发挥共同中介作用（第 7 章分析）。

2.6 研究框架

（1）理论机理总结

基于以上三种理论和研究现状，本书梳理发现：基于资源基础观理论及相关研究，总的及四种维度的信息技术能力（信息技术基础设施能力、信息技术人才能力、信息技术内部沟通能力和信息技术外部沟通能力）是涉农企业内外部及农产品供应链管理中独特的、有竞争力、不易模仿和替代的能力，能帮助农产品供应链核心企业充分利用信息技术资源及相关的信息、人力、内外部关系资源等，充分促进成员间的信息共享，有效管理和增强伙伴关系，从而带来绩效改进。基于关系理论和相关研究，伙伴关系（包含信任、承诺、契约、权利和相互依赖关系）作为农产品供应链协调的重要内容，关系的增强有利于促进成员间的信息共享（含信息共享的层次、内容和质量），有利于获得关系租金，会降低成员机会主义行为，促进农产品供应链绩效改进。基于交易成本理论和相关研究，信息技术能力的有效发挥不管是促进信息共享还是增强伙伴关系，均可以降低农产品供应链上涉农企业间信息搜寻成本、谈判成本、监督成本等，解决机会主义风险、信息不对称等问题，从而降低整体交易成本。

因此，本书认为农产品供应链管理中，信息技术能力的提高可以增强农产品供应链上伙伴关系，促进成员间信息共享，从而提高农产品供应链综合绩效（含财务、服务和战略绩效）。具体而言，涉农企业的信息技术能力提升，有利于农产品供应链协调和整合，有利于农产品供应链上的农户、生产加工流通企业、零售商与消费者紧密地联系在一起，增强成员间伙伴关系，实现供应链上下游合作伙伴间的信息共享，解决农产品供应链上两个突出问题（关系不稳定和信息不对称），从而降低企业间交易成本，提高整体竞争力，最终提升整个农产品供应链绩效，解决农产品供应链上信息技术"生产力悖论"的问题。

综合分析，本书认为信息技术能力对农产品供应链绩效有直接和间接影响，其中有两条关键的间接影响路径：

第一条路径是通过伙伴关系这一中介因素发挥作用，即信息技术能力可以促进伙伴间的交流和沟通，有效地开发、协调和增强伙伴关系，降低双方机会主义行为的风险，实现供应链稳定而长期合作关系，降低谈判和监督成本，从而发挥整条供应链的竞争优势，提高整体绩效；

第二条路径是通过信息共享这一中介因素发挥作用，即信息技术能力提升有利于信息传递与共享，减少供应链的信息失真和信息风险的问题，降低"牛鞭效应"的不利影响，降低交易成本，提高供应链的综合绩效。

（2）研究框架与核心章节组织

基于以上的论述，本书提出总体的研究框架如图 2-5 所示，说明信息技术能力（含信息技术基础设施能力、信息技术人才能力、信息技术内部沟通能力和信息技术外部沟通能力）、信息共享（信息共享的层次、内容和质量）、伙伴关系（包含信任、承诺、契约、权利和相互依赖关系）和农产品供应链绩效（含财务、服务和战略绩效）一级和二级变量之间有紧密的相互影响关系，其中信息技术能力能直接和间接影响农产品供应链绩效，而伙伴关系和信息共享在信息技术能力对农产品供应链绩效的间接影响路径中发挥着关键中介路径作用。

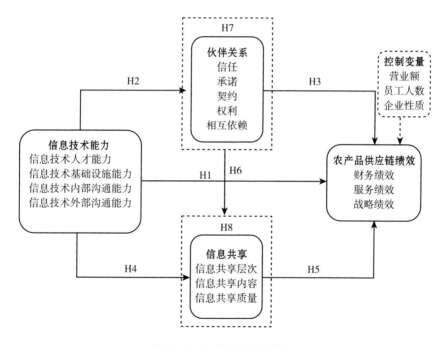

图 2-5 本书总体研究框架

如图 2-5 所示，本书主要研究 8 个基本假设路径（4 个一级构念之间相互影响路径），4 个一级构念（信息技术能力、伙伴关系、信息共享和农产品供应链绩效），15 个二级构念，包含四种维度信息技术能力（信息技术基础设施能力、信息技术人才能力、信息技术内部沟通能力和信息技术外部沟通能力）、五种维度伙伴关系（信任、承诺、契约、权利和相互依赖关系）、三种维度信息共享（信息共享的层次、内容和质量）和三种维度农产品供应链绩效（财务绩效、服务绩效和战略绩效），3 个控制变量（营业额、员工人数、企业性质）。

之后章节会详细讲解研究设计与数据收集，并逐步深入理论和实证分析该总体理论框架和相关假设，具体组织如下：

第 3 章将详细介绍研究设计、变量度量、问卷发放与回收、基本数据统计，并介绍本书用到的主要模型方法（结构方程模型和中介作用模型）。

第 4 章在不考虑伙伴关系和信息共享的作用下，初步分析总体和四种维度上信息技术能力对农产品供应链绩效的影响，即重点分析影响路径假设 H1，解决"信息技术能力是否影响农产品供应链绩效"的问题。

从第 5 章~第 7 章逐步解决"信息技术能力如何影响农产品供应链绩效"的问题。其中第 5 章在伙伴关系单独作用下，分析总体和不同维度上信息技术能力对农产品供应链绩效的影响，及伙伴关系发挥的中介路径作用，即重点分析路径假设 H1、H2、H3、H7。

第 6 章在信息共享单独作用下，分析总体和不同维度上信息技术能力对农产品供应链绩效的影响，及信息共享发挥的中介路径作用，即重点分析路径假设 H1、H4、H5、H8。

第 7 章融合第 4 章~第 6 章分析结果，研究伙伴关系和信息共享同时作用下总体和不同维度上信息技术能力对农产品供应链绩效的影响，及伙伴关系和信息共享同时发挥的中介路径作用。另外，第 7 章对比分析了伙伴关系和信息共享均不存在、单独存在和都存在的情况下，信息技术能力对农产品供应链绩效影响以及差异，即融合与对比分析模型所有路径假设 H1 ~ H8，从而总结信息技术能力对农产品供应链绩效的影响机理。

第 3 章

研究设计与数据收集

　　本章将详细介绍研究设计、变量度量、数据收集和基本数据统计。本书数据均来自一手调研。本书第 2 章界定了农产品供应链是在核心涉农企业主导下上下游节点企业发生实际交易活动，且农产品供应链管理是围绕核心企业的生产、计划和销售等活动而开展的。因此，本书调研对象是我国农产品供应链上的核心涉农企业，以获取农产品供应链数据。

　　为了保证调研数据的代表性和针对性，本书遵循以下步骤开展问卷设计和数据收集：首先，按照问卷设计的五原则（简明性、适应性、目的性、可接受性和顺序性），基于现有文献的问卷量表，结合我国农产品供应链的实际情况，确定变量度量（详见章节 3.2 叙述），构建预测试问卷。其次，在正式问卷形成之前，进行预调研，调研对象为中国农业大学中农创三届企业家、从事农产品供应链工作的 MBA 学员和农产品供应链管理领域的专家学者（详见章节 3.3 叙述）。最后，根据预调研反馈的结果，进行正式问卷的确定与发放。通过线上线下多渠道有效回收 601 份，覆盖了中国 31 个省、自治区及直辖市（不含香港、澳门、台湾），充分调研了我国核心涉农企业信息技术应用及农产品供应链管理实际（详见章节 3.3 叙述）。

3.1 ● 问卷设计

本书问卷设计以引导语开始，主要说明调查的目的是了解农产品供应链的信息技术能力、信息共享情况、伙伴关系情况和农产品供应链绩效。问卷题项分为五个部分，第一部分是信息技术能力，包括信息技术人才能力、信息技术基础设施能力、信息技术内部沟通协调能力和信息技术外部沟通协调能力等。第二部分是伙伴关系，包含信任、承诺、契约、相互依赖和权利。第三部分是信息共享情况，包含信息共享层次、信息共享质量、信息共享内容。第四部分是农产品供应链绩效，包含农产品供应链财务绩效、服务绩效和战略绩效。第五部分是调研对象的基本信息，包含企业营业额、企业规模（员工人数）、企业类型、企业性质，调研对象的职务、年龄、学历等基本信息。本书的核心测量题项均采用李克特 7 级量表法（1 完全不同意、2 不同意、3 有点不同意、4 不确定、5 有点同意、6 同意、7 完全同意）。结合预调研结果和前人的研究基础，本书对核心变量度量详见章节 3.2 叙述。

3.2 ● 变量度量

3.2.1 信息技术能力

基于章节 2.2.2 中信息技术能力定义和构成维度分析，本书信息技术能力一级构念共包含 4 个二级构念（信息技术基础设施能力、信息技术人才能力、信息技术内部沟通能力和信息技术外部沟通能力），这 4 个二级构念已经广泛被国内外学者认为是信息技术能力的重要组成部分（Bhatt and Grover，2005；Soto-Acosta and Merono-Cerdan，2008；Niu，2010；Lu and Ramamurthy，2011；周驷华，2014；曾敏刚等，2017；Zeng and Lu，2020）。参考前人的研究和中国的农产品供应链管理实际，各构念的度量采用李克特 7 级量表，共 25 个题项，其中经过预调研共删除了 4 个不合理题项。

（1）信息技术人才能力

本书结合巴特和格罗弗（Bhatt and Grover，2005）、芬克和诺伊曼（Fink and Neumann，2007）、芬克（Fink，2010）、帕克等（Park et al.，2011）、周驷华（2014）、曾敏刚等（2017）、曾和吕（Zeng and Lu，2020）等学者的研究成果，经过筛选和归纳，提出信息技术人才能力的 7 个问卷测量题项，包含技术、行为和业务能力，如表 3 - 1 所示。其中关于 ITHC6 和 ITHC7 题项，预调研中专家一致认为该题项不能有效衡量企业实际的信息技术人才能力，可能造成被访者的排斥情绪，故予以删除。

表 3 - 1　　　　　　信息技术人才能力的度量及主要参考来源

二级构念	题项编号	题项	主要参考来源
信息技术人才能力	ITHC1	信息技术或 IS 岗位的员工能熟练运用信息技术和系统	巴特和格罗弗（Bhatt and Grover，2005）；芬克（Fink，2010）；帕克等（Park et al.，2011）；周驷华（2014）；曾敏刚等（2017）；曾和吕（Zeng and Lu，2020）
	ITHC2	信息技术或 IS 岗位的员工工作积极性和主动性高	
	ITHC3	信息技术或 IS 岗位的员工自学能力强	
	ITHC4	信息技术或 IS 岗位的员工的协同工作能力强	
	ITHC5	信息技术或 IS 岗位的员工熟知企业的主营业务	
	ITHC6 *	信息技术相关专业本科以上学历或高级证书	
	ITHC7 *	知识传播能力强	

注：* 表示经过预调查后予以剔除的题项。

（2）信息技术基础设施能力

本书结合巴特和格罗弗（Bhatt and Grover，2005）、芬克和诺伊曼

（Fink and Neumann，2007）、牛（Niu，2010）、陆和拉马穆里斯（Lu and Ramamurthy，2011）、周驷华和万国华（2017）、曾和吕（Zeng and Lu，2020）的研究，经过筛选和归纳，并遵循不拘泥于具体的技术细节，真正从能力（需求）的角度结合信息化的软硬件基础设施，构建信息技术基础设施能力的6个题项，如表3-2所示。其中关于ITFC6题项，预调研中专家一致认为该题项比较抽象和不易理解，不能有效衡量该能力，故予以删除。

表3-2　　　　　信息技术基础设施能力的度量和主要参考来源

二级构念	题项编号	题项	主要参考来源
信息技术基础设施能力	ITFC1	拥有完备的通信网络（如局域网、无线网、宽带等）	巴特和格罗弗（Bhatt and Grover，2005）；芬克和诺伊曼（Fink and Neumann，2007）；牛（Niu，2010）；陆和拉马穆里斯（Lu and Ramamurthy，2011）；周驷华和万国华（2017）；曾和吕（Zeng and Lu，2020）
	ITFC2	拥有完备的硬件（如电脑、路由器、交换机等）	
	ITFC3	拥有的信息技术和系统的兼容性和扩展性强（易于后期开发）	
	ITFC4	拥有统一的信息系统来管理供应、生产、销售等信息	
	ITFC5	拥有完备的信息安全管理体系（如信息安全策略、防火墙、安全卫士等）	
	ITFC6 *	信息系统模块化程度高	

注：＊表示经过预调查后予以剔除的题项。

（3）信息技术内部沟通能力

本书结合主要学者的研究成果（Soto-Acosta and Merono-Cerdan，2008；Niu，2010；曾敏刚等，2017；Zeng and Lu，2020），经过筛选和归纳，提出信息技术内部沟通能力的6个问卷测量题项，如表3-3所示。其中关于ITIC6题项，预调研中专家一致认为该题项注重衡量基础设施情况，和信息技术内部沟通能力关系不大，故予以删除。

表 3 – 3　　　　信息技术内部沟通能力的度量和主要参考来源

二级构念	题项编号	题项	主要参考来源
信息技术内部沟通能力	ITIC1	各级员工均可根据自身级别访问和使用信息系统和技术	索 – 阿科斯塔（Soto-Acosta and Merono-Cerdan，2008）；牛（Niu，2010）；曾敏刚等（2017）；曾和吕（Zeng and Lu，2020）
	ITIC2	各部门充分共享订单、生产、销售等信息	
	ITIC3	无纸化办公和协作程度高（在线审批、办公、汇报等）	
	ITIC4	拥有完整的信息化相关学习和培训资料	
	ITIC5	信息技术相关员工和其他员工间能很好地沟通与交流	
	ITIC6 *	我们集中数据库和通用的存取方法	

注：* 表示经过预调查后予以剔除的题项。

（4）信息技术外部沟通能力

本书结合主要学者的研究成果（Bhatt and Grover，2005；Soto-Acosta and Merono-Cerdan，2008；曾敏刚等，2017；Zeng and Lu，2020），经过筛选和归纳，提出信息技术外部沟通能力的 6 个问卷测量题项，如表 3 – 4 所示。

表 3 – 4　　　　信息技术外部沟通能力的度量和主要参考来源

二级构念	题项编号	题项	主要参考来源
信息技术外部沟通能力	ITEC1	与关键供应商进行了充分信息交流（利用 EDI、ERP、GPS、SCM、VMI、电商、物联网、射频识别等信息技术）	巴特和格罗弗（Bhatt and Grover，2005）；索 – 阿科斯塔（Soto-Acosta and Merono-Cerdan，2008）；曾敏刚等（2017）；曾和吕（Zeng and Lu，2020）
	ITEC2	有完备的信息技术和系统进行供应商关系管理（如供应商选择、合同管理、订单管理、原材料管理等）	
	ITEC3	充分利用互联网信息技术与关键供应商沟通合作（如 Internet/Extranet/Intranet、微信、电商等）	
	ITEC4	与关键顾客进行了充分信息交流（利用 EDI、ERP、CRM、SCM、VMI、物联网、条码、射频识别等信息技术）	
	ITEC5	有完备的信息技术和系统进行客户关系管理（如客户管理、订单管理、退货管理、服务管理等）	
	ITEC6	充分利用信息技术与关键客户沟通合作（如利用网络、电商、微信、可追溯系统等技术）	

3.2.2　伙伴关系

基于章节 2.3.1 中伙伴关系定义和构成维度分析，伙伴关系一级构念共包含 5 个二级构念（信任、承诺、契约、相互依赖和权利）。参考前人的研究（Ding et al.，2014；Wu et al.，2014；Jain et al.，2014；Odongo et al.，2016；高展军和江旭，2016；Uddin，2017；Fu et al.，2017；Mesic，2018；Panahifar et al.，2018；Zeng and Lu，2020；等等）和中国的农产品供应链管理实际，变量度量采用李克特 7 级量表，共 19 个题项（见表 3-5），其中经过预调研删除了 2 个不合理题项（IRT4 和 IRP4）。预调研中专家们一致认为，IRT4 题项描述笼统和不具体，IRP4 题不能衡量企业间权利的对等性，故予以删除。

表 3-5　　　　　　　　　　伙伴关系的度量和主要参考来源

二级构念	题项编号	题项	主要参考来源
信任	IRT1	我们相信主要合作伙伴在制定重大决策时会考虑到我们的利益	丁等（Ding et al.，2014）；吴等（Wu et al.，2014）；杰恩等（Jain et al.，2014）；付等（Fu et al.，2017）；梅西奇等（Mesic et al.，2018）；帕勒法等（Panahifar et al.，2018）
	IRT2	我们相信主要合作伙伴不会泄露我们的商业机密	
	IRT3	我们相信主要合作伙伴会自觉遵守协议或承诺	
	IRT4 *	我们与主要合作伙伴有高度的信赖关系	
承诺	IRC1	我们承诺将来不会轻易中断合作关系	丁等（Ding et al.，2014）；付等（Fu et al.，2017）；梅西奇等（Mesic et al.，2018）；曾和吕（Zeng and Lu，2020）
	IRC2	我们与主要合作伙伴愿意为维持长期合作关系而共同努力	
	IRC3	我们优先选择遵守和支持相关的法律法规和标准的合作伙伴	
	IRC4	我们愿意在主要合作伙伴遇到资金困难时向提供资金帮助	
契约	IRQ1	我们与主要合作伙伴签订了正式合同或契约	高展军和江旭（2016）；魏等（Wei et al.，2018）
	IRQ2	我们正式明确了合作关系	
	IRQ3	我们与合作伙伴经常进行正式的业务沟通和洽谈	

续表

二级构念	题项编号	题项	主要参考来源
相互依赖	IRI1	如果我们损失该主要合作伙伴，我们很难找到新的合作伙伴	张和霍（Zhang and Huo，2013）；特本德和克鲁斯（Terpend and Krause，2015）；奥东戈等（Odongo et al.，2016）；付等（Fu et al.，2017）
	IRI2	我们非常依赖主要合作伙伴来实现我们的商业目标	
	IRI3	我们对主要合作伙伴进行了专门的投资（人、财、物、信息等）	
	IRI4	我们需要与合作伙伴之间一起努力并做出调整来应对不断改变的状况	
权利	IRP1	我们与主要的合作伙伴相互鼓励和帮助（技术支持/免费咨询/市场信息等）	吴等（Wu et al.，2014）；奥东戈等（Odongo et al.，2016）；乌丁（Uddin，2017）；曾和吕（Zeng and Lu，2020）
	IRP2	我们与合作伙伴的利益分配机制很公平、合理	
	IRP3	我们与主要合作伙伴具有同样的谈判和议价能力	
	IRP4 *	当我们不接受主要合作伙伴的商业建议或条款时，我们的合作伙伴不会终止合作	

注：＊表示经过预调查后予以剔除的题项。

3.2.3 信息共享

基于章节 2.3.2 信息共享定义和构成维度分析，信息共享一级构念共包含 3 个二级构念，为信息共享层次、信息共享内容和信息共享质量。主要参考前人的研究（Zhou and Benton，2007；Prajogo and Olhager，2012；邓明荣和蒋兴良，2013；Ding et al.，2014；Wang et al.，2014；冯华和梁亮亮，2016；Topal and Sahin，2018；Khan et al.，2018；Lee and Ha，2018；等）和中国的农产品供应链管理实际，变量度量共 11 个题项（见表 3 - 6），均采用李克特 7 级量表。

表 3 - 6 信息共享的度量和主要参考来源

二级构念	题项编号	题项	主要参考来源
信息共享层次	ISL1	与主要合作伙伴共享作业层信息（含具体业务事务信息）	普拉约戈和奥尔哈格（Prajogo and Olhager，2012）；邓明荣和蒋兴良（2013）；王等（Wang et al.，2014）
	ISL2	与主要合作伙伴共享管理层信息（含财务、生产、库存、销售等计划、组织、控制信息）	
	ISL3	与主要合作伙伴共享战略层信息（目标、规划、愿景等）	
信息共享质量	ISC1	与主要合作伙伴共享的信息是准确的	周和本顿（Zhou and Benton，2007）；吴等（Wu et al.，2014）；王等（Wang et al.，2014）
	ISC2	与主要合作伙伴共享的信息是完整的	
	ISC3	与主要合作伙伴共享的信息是及时的	
	ISC4	与主要合作伙伴共享的信息是可靠的	
信息共享内容	ISQ1	与主要合作伙伴共享计划信息	冯华和梁亮亮（2016）；可汗等（Khan et al.，2018）；李和哈（Lee and Ha，2018）
	ISQ2	与主要合作伙伴共享物流信息	
	ISQ3	与主要合作伙伴共享需求预测信息	
	ISQ4	与主要合作伙伴共享销售信息	

3.2.4 农产品供应链绩效

基于章节 2.1.3 农产品供应链绩效的定义和构成维度分析，农产品供应链绩效一级构念共包含 4 个二级构念：财务绩效、服务绩效和战略绩效。参考前人的研究（Niu，2010；Ding et al.，2014；Eckstein et al.，2015；Fiorini and Jabbour，2017；周驷华和万国华，2017；Dissanayake and Cross，2018；Zeng and Lu，2020；等等）和中国的农产品供应链管理实际，变量度量均采用李克特 7 级量表，共 17 个题项（见表 3 - 7），其中经过预调研删除了 3 个题项（ACFP5、ASSP5 和 ASTP7）。

表3-7　　　　　　　　农产品供应链绩效的度量和主要参考来源

二级构念	题项编号	题项	主要参考来源
农产品供应链财务绩效	ASFP1	订单管理成本低	牛（Niu，2010）；埃克斯坦等（Eckstein et al.，2015）；周驷华和万国华（2017）
	ASFP2	物流成本低	
	ASFP3	现金周转时间短	
	ASFP4	利润率高	
	ACFP5*	库存水平低	
农产品供应链服务绩效	ASSP1	产品质量安全性高	牛（Niu，2010）；周驷华和万国华（2017）；迪萨纳亚克和克罗斯（Dissanayake and Cross，2018）；曾和吕（Zeng and Lu，2020）
	ASSP2	消费者满意度高	
	ASSP3	准时交货率高	
	ASSP4	服务响应时间短	
	ASSP5*	退货率低	
农产品供应链战略绩效	ASTP1	与主要合作伙伴能快速地开发和推广新的农产品或服务	牛（Niu，2010）；丁等（Ding et al.，2014）；杰恩等（Jain et al.，2014）；菲奥里尼和杰伯（Fiorini and Jabbour，2017）；迪萨纳亚克和克罗斯（Dissanayake and Cross，2018）
	ASTP2	与主要合作伙伴能快速应对消费需求变化	
	ASTP3	与主要合作伙伴能高效应对市场价格波动	
	ASTP4	与主要合作伙伴能准确预测产品需求	
	ASTP5	供应链资源利用率高	
	ASTP6	优先开发和推广质量安全的产品	
	ASTP7*	我们供应链市场竞争力强	

注：*表示经过预调查后予以剔除的题项。

经过预调研，专家们一致认为 ACFP5 题项和 ACFP2 内容重合，设置多余；ASSP5 题项和服务绩效的其他题型内容交叉，没必要重复调查；ASTP7 题项描述宽泛和笼统，不容易衡量和评价。因此，予以删除以上3 个题项。

3.2.5　控制变量

为了保证研究具有较高的解释力，需要对研究样本进行控制，即引入控制变量。参考周驷华和万国华（2017）的研究，本书采用三个控制变量，分别为营业额、员工人数和企业性质。企业规模是供应链管理领域常用的控制变量之一，反映了企业在市场中的地位和影响力，规模越大的企业可更有力地控制供应链。企业规模经常用以替代总资源、人力资源和组织结构的变量（Chen et al.，2014），因此本书采用员工人数作为代表企业规模的控制变量（Wu et al.，2014；朱镇等，2015；Cai et al.，2016）。一般而言，涉农企业的营业额越大，一定程度上供应链绩效越高。另外，涉农企业性质会一定程度上影响其供应链管理效果（Wu et al.，2014；Cai et al.，2016），即影响到农产品供应链绩效。

3.3 问卷发放与回收

3.3.1 预调研

本书在正式问卷形成之前进行了预调研，调研对象为涉农供应链管理领域的专家学者、中国农业大学中农创三届企业家、从事涉农供应链工作的 MBA 和 EMBA 学员等。在预调研之前充分与被访者进行沟通，以确保被访者了解企业信息化和供应链管理工作并有能力回答问卷。预调研发放时间为 2018 年 11 月 ~2019 年 6 月，共发放 125 份问卷，回收 100 份问卷，剔除填答不完整以及填写不认真（全部或大部分题目填答相同）的问卷后，得到有效预测试问卷共 87 份。根据学者方世荣（1994）提出的"预测试样本数量约在 20 份即可"的要求，本书预测试数量符合标准。根据预调研的结果，确定了正式问卷。

3.3.2 正式调研

正式调研收集时间为 2019 年 7 月 ~2020 年 10 月，共计发出问卷 779 份，收回问卷 684 份（回收率为 87.8%），回收的有效问卷为 601 份（有效率为 87.9%），具体回收统计情况如表 3-8 所示。正式调研重点调查三类农产品供应链模式，分别是龙头企业、农产品批发市场、线上线下零售商主导的农产品供应链模式，调研目标覆盖了生产龙头企业、经销商、零售商等农产品供应链主体。具体调研对象是涉农企业里熟悉企业信息化和供应链管理情况的管理人员，主要为企业高层管理者（董事长、总经理、CEO、CIO 等）和中层管理者（供应链经理、采购经理、信息管理经理等）。核心企业在回答问卷时被要求对所在供应链整体情况进行 7 级程度评估，以保证数据质量。

表 3-8　　　　　　　　　　　　问卷发放途径与回收情况

方式	问卷发放途径	发放数量	回收数量（回收率%）	有效数量（有效率%）
线下	中国权威的涉农企业展会和企业论坛	396	367（92.7）	331（90.2）
	课题组深入各省开展的电子商务和产业链服务工作	73	68（93.2）	65（95.6）
	中国农业大学中农创企业家、MBA 和 EMBA 等	138	131（94.9）	118（90.1）
线上	利用团队和协会资源通过微信和邮箱一对一发送	172	118（68.6）	87（73.7）
合计		779	684（87.8）	601（87.9）

注：回收率 = 回收数量/发放数量，有效率 = 有效数量/回收数量。

为了保证样本的代表性和数量的有效性，本书结合线下和线上方式调研全国主要省份农产品供应链的核心企业（一个涉农企业只允许填写一份），调研对象的选择和途径均参考前人的研究（Edwards et al.，2014；Uddin，2017；曾敏刚等，2017；We et al.，2018；Lee and Ha，2018）。

① 线上调研方式，主要是通过微信和邮箱将电子问卷一对一发给涉农企业负责人填写，一方面利用课题组前期积累的企业资源（拼多多、京东、供销总社等），另一方面利用政府商务部门或涉农企业协会资源（物流与采购联合会、中国电子商务协会等）。

② 线下调研方式，主要通过纸质问卷形式进行面对面调研：一方面，线下调研中国农业大学中农创企业家、MBA 和 EMBA 和校友会等对象；另

一方面，借助研究团队前期深入各省份开展的电子商务和产业链服务工作，如河北、山东、山西、陕西、贵州、云南、重庆、广西、内蒙古等；另外，也利用中国权威的涉农企业展会和企业论坛等途径（如 2019 年和 2020 年商务部组织的农商互联大会、第十届和第十一届中国国际现代农业博览会、2019 年第一届中国国际智慧农业成果展、第四届北京大学"春耕论坛"数字农业创新发展高峰论坛等）。

3.3.3　样本量分析

本书运用结构方程模型（SEM）进行影响机理分析之前，需要充分考虑样本量的大小。一般情况下，研究人员为了避免由于样本量小带来的数据质量不好或者参数估计偏差，尽量获取足够大的样本以保证模型结果的合理和稳定性。由于人力物力财力等限制，研究无法获得足够大的样本数，但过少的样本又不具有一定的代表性和普适性，所以目前学术界对样本数量还未形成一致的看法。例如，SEM 经典研究文献认为对于每个潜变量有 3 个或更多的测量题项的模型，150 份样本能获得较合适解（Anderson and Garbing，1988）。若追求稳定的 SEM 分析结果，需要 200 份以上样本（Breckler，1990；邱皓政和林碧芳，2003）。一般而言，样本数为模型变量数的 5 倍到 10 倍即可。本书构建最大的模型有 60 个观测变量，而有效样本数据是 601 份，均达到学者的数量标准。因此本书认为 601 份有效问卷数据，是能够满足 SEM 分析的要求，能得到较合理和稳定的结果。

3.4 ● 基本数据统计

本次调查共计回收有效问卷 601 份，主要变量的描述性统计情况如表 3 - 9 和表 3 - 10 所示，调查对象基本特征如表 3 - 11 所示。

表 3 – 9   **伙伴关系和信息共享变量的描述性统计**

一级构念	二级构念（均值）	测量题项	均值	标准差
伙伴关系	信任 （5.84）	IRT1	5.82	1.264
		IRT2	5.95	1.173
		IRT3	5.74	1.262
	承诺 （5.75）	IRC1	5.89	1.192
		IRC2	5.84	1.189
		IRC3	6.03	1.106
		IRC4	5.24	1.494
	契约 （6.16）	IRQ1	6.18	1.054
		IRQ2	6.20	1.024
		IRQ3	6.11	1.160
	相互依赖 （4.82）	IRI1	4.41	1.854
		IRI2	4.50	1.819
		IRI3	4.72	1.754
		IRI4	5.63	1.362
	权利 （5.82）	IRP1	5.81	1.252
		IRP2	5.83	1.203
		IRP3	5.83	1.250
信息共享	信息共享层次 （5.28）	ISL1	5.33	1.513
		ISL2	5.24	1.532
		ISL3	5.27	1.534
	信息共享内容 （5.43）	ISC1	5.44	1.436
		ISC2	5.31	1.458
		ISC3	5.44	1.385
		ISC4	5.52	1.377
	信息共享质量 （5.32）	ISQ1	5.35	1.443
		ISQ2	5.38	1.449
		ISQ3	5.27	1.484
		ISQ4	5.28	1.527

表 3 – 10　　　　　信息技术能力和农产品供应链绩效变量的描述性统计

一级构念	二级构念（均值）	测量题项	均值	标准差
信息技术能力	信息技术人才能力（5.40）	ITHC1	5.35	1.455
		ITHC2	5.46	1.400
		ITHC3	5.34	1.396
		ITHC4	5.39	1.379
		ITHC5	5.45	1.377
	信息技术基础设施能力（5.80）	ITFC1	6.01	1.202
		ITFC2	5.89	1.315
		ITFC3	5.61	1.425
		ITFC4	5.64	1.462
		ITFC5	5.84	1.376
	信息技术内部沟通能力（5.35）	ITIC1	4.84	1.868
		ITIC2	5.45	1.621
		ITIC3	5.60	1.508
		ITIC4	5.36	1.612
		ITIC5	5.51	1.488
	信息技术外部沟通能力（5.55）	ITEC1	5.57	1.459
		ITEC2	5.49	1.454
		ITEC3	5.61	1.459
		ITEC4	5.59	1.472
		ITEC5	5.41	1.519
		ITEC6	5.65	1.429
农产品供应链绩效	农产品供应链财务绩效（4.67）	ASFP1	4.77	1.682
		ASFP2	4.64	1.757
		ASFP3	4.69	1.698
		ASFP4	4.59	1.698
	农产品供应链服务绩效（5.92）	ASSP1	5.93	1.213
		ASSP2	5.94	1.169
		ASSP3	5.97	1.150
		ASSP4	5.83	1.298

续表

一级构念	二级构念（均值）	测量题项	均值	标准差
农产品供应链绩效	农产品供应链战略绩效（5.62）	ASTP1	5.54	1.341
		ASTP2	5.60	1.298
		ASTP3	5.47	1.360
		ASTP4	5.39	1.390
		ASTP5	5.70	1.307
		ASTP6	6.04	1.150

如表 3 - 11 所示，从调研对象的职务看，有 83.3% 为董事长、总裁、总经理、CIO 等高层管理者，其余 16.7% 为供应链经理、采购经理、信息管理经理等中层管理者。调研对象的年龄方面，30 岁以上被访问人员占 73.4%。从受访者的特征上看，符合本书研究的要求。调研企业的员工规模方面，有 38.4% 的企业员工为 51～300 人，17.5% 的企业员工多于 300 人。营业额方面，年收入 1 亿元以上的企业占全部样本的 17.8%，年收入 501 万～1 亿元的企业占 49.2%。企业性质方面，82.5% 的被调研的企业为民营企业，其余企业为国有和中外合资。当前我国农产品供应链的核心企业往往是生产商、加工商或者是最下游的零售商，故本书调研的企业覆盖了我国农产品供应链的上中下游的各类主体，尤其生产、加工、零售商居多。以上统计特征均符合我国农产品供应链发展的现实情况。

表 3 - 11　　　　　　　　　　调查企业基本特征

分类	特征	样本数	比例（%）
企业规模（员工人数）	<20	112	18.6
	21～50	153	25.5
	51～100	110	18.3
	101～300	121	20.1
	>301	105	17.5
企业性质	民营企业（含民营控股）	496	82.5
	国有企业（含国有控股）	65	10.8
	中外合资	40	6.7

续表

分类	特征	样本数	比例（%）
企业类型（多选）	生产商	394	65.6
	加工商	226	37.6
	经销与批发商	324	53.9
	线下零售商	140	23.3
	电商平台企业（线上零售商）	184	30.6
	其他	78	13.0
营业额（单位：人民币万元）	<50	58	9.7
	51~500	140	23.3
	501~1000	109	18.1
	1001~5000	106	17.6
	5001~10000	81	13.5
	>10000	107	17.8
职务名称	董事长、总裁、总经理等高层管理者	416	69.2
	CIO	85	14.1
	中层管理者（供应链经理、采购经理、信息管理经理等）	100	16.7
被调查者年龄（岁）	<30	160	26.6
	31~40	256	42.6
	41~50	140	23.3
	>51	45	7.5

另外，本书收集了 601 份有效问卷，覆盖了中国 31 个省（区、市）（不含香港、澳门、台湾），样本来源广泛且具有代表性。

第 **4** 章

信息技术能力与农产品供应链
绩效影响关系分析

为了回答"信息技术能力是否对农产品供应链绩效产生影响"的问题，本章在不考虑伙伴关系和信息共享的作用下，通过理论分析与实证验证，初步研究总的和不同维度上信息技术能力对农产品供应链绩效的总体影响。本章内容组织如下：首先，基于资源基础论和前人的研究，构建信息技术能力对农产品供应链绩效影响的理论框架，并提出理论假设。

其次，为了保证实证结构方程模型构建的合理性和分析结果的稳定性，利用 SPSS 和 AMOS 工具，对调研的变量数据进行探索性和验证性因子分析来进行信度和效度检验，并进行多重共线性分析和共同方法偏差检验。

在此基础上，为了更详细分析总体上及细化的信息技术能力和农产品供应链绩效之间的影响关系，分别构建主模型和 3 个分解模型的结构方程模型，利用 AMOS 软件输出并对比分析主模型和分解模型路径结果，对总体上及各维度的信息技术能力与农产品供应链绩效之间的影响进行实证验证，以验证上节提出的理论假设。最后综合理论和实证分析结果，进行总结与讨论。

另外，本章研究内容是之后第 5 章～第 7 章寻求信息技术能力对农产品供应链绩效影响路径的研究基础，本章无法深入说明信息技术能力对农产品供应链绩效有直接还是间接影响，只会回答二者是否有影响，而之后第 5 章～第 7 章分析会逐步回答信息技术能力如何及通过哪些路径影响农产品供应链绩效。

 信息技术能力与农产品供应链绩效影响关系的理论分析

4.1.1　假设提出

基于章节 2.4 的分析，基于 RBV，信息技术能力在企业管理中价值已经被学者们充分认识到（Bharadwaj，2000；Bhatt and Grover，2005；Lu and Ramamurthy，2011；Hwang et al.，2015；Cai et al.，2016），可以有效促进企业绩效（Santhanarm and Hartono，2003；Mithas et al.，2011；Youn et al.，2014）。拥有优越信息技术能力的公司与同行相比，能够利用信息技术相关资源产生一种独特的和可持续性的信息技术能力，可以更有效地配置资源（陶俊等，2017），有利于企业整合生产管理流程，从而带来更高的利润和更低的成本，获得更卓越的绩效（Han et al.，2017）。

对于供应链管理而言，信息技术的有效应用可以在供应链管理中发挥重要价值（Vickery et al.，2010；Prajogo and Olhager，2012；Ye and Wang，2013；Jin et al.，2014；Tseng and Liao，2015；Oh et al.，2016；Kim，2017；Mendoza-Fong al.，2018）。而信息技术能力能帮助供应链节点企业利用信息技术将企业内外部的相关信息、人力及关系资源进行整合、协调和配置，从而形成独特的、可持续的且动态的内外部能力，从而提高整体供应链的竞争力及产出水平。信息技术能力是供应链流程管理能力中的重要组成和基础能力，可以增加组织流程管理能力和供应链管理能力，进而提高绩效，包含财务绩效、市场增长、服务创新和组织影响力等（Peng et al.，

2016）。信息技术能力中的信息技术基础设施能力和信息技术关系能力能积极促进供应链知识管理能力，从而提高供应链的运营和战略绩效（Niu，2010）。信息技术能力可以积极调解供应链协调对组织响应性的影响作用，信息技术能力越强，越能正向调节供应链协调的效果（Cai et al.，2016）。学者周驷华和万国华（2017）认为电子商务能力作为信息技术能力，其中的面向供应商的电子商务能力、外部电子商务协作能力和内部电子商务协作能力均对信息整合有正面影响，从而正向影响供应链绩效成本和服务绩效。

在农产品供应链管理中，有效的信息技术应用为农产品供应链的有效协调和整合提供了技术基础（Wu and Li，2010；Li et al.，2011；Saitone and Sexton，2017；但斌等，2018；Verdouw et al.，2018；Zeng and Lu，2020），也有利于及时记录和追溯农产品信息，降低农产品浪费及被污染风险，以保证农产品质量安全（Ding et al.，2014；Fu et al.，2017；孙传恒等，2021）。对于农产品供应链而言，纵向协调和整合是实现以市场为导向的农产品供应链管理的关键，上游的农户和生产企业可以有效参与供应链协调，通过信息共享和战略制定来获取价值增值（Bicer and Hagspiel，2016）。而有效信息技术的应用及信息技术能力的发挥，比如采用互联网信息技术，可以弱化传统中间商（批发商和经销商）的作用，取而代之的是现代零售商或者消费者直接与供应商合作，有效实现农产品供应链的协调和整合，缩短流程环节，有效满足消费者对质量安全的需求。如物联网信息技术是解决农产品供应链信息共享问题的有效途径之一，允许远程监控产品的质量和位置信息，可用于全链条的质量可追溯，以加强农产品质量和安全管理（Yan et al.，2016；Verdouw et al.，2018）。而基于移动电话的信息技术的有效应用对于农产品产业链上的食品安全信息的传递和共享发挥重要作用，最终会影响到消费者的食品营养与安全（Huggins and Valverde，2018）。

基于以上的分析，本书认为总的及四种维度的信息技术能力可以作为涉农企业的能力资源优势：信息技术基础设施能力是信息技术能力发挥的基础能力，能为涉农企业及供应链管理提供可靠信息服务的软硬件基础设施资源和能力，能为涉农企业提供信息获取和沟通协调关系的渠道；信息技术人才能力是信息技术及相关资源转化为信息技术能力的关键，也是农产品供应链运营和管理成功的保证；信息技术内部沟通能力，能将企业的各个业务部门联结在一起，提高组织运作管理流程，以更快更好适应农产品供应链管理和外界环境变化；信息技术外部沟通能力，能帮助实现农产品供应链成员间紧密的协调和沟通，促进信息共享，加强伙伴关系，实现高效合作。四种维度的信息技术能力相互依赖，共同作用，一方面，能帮助涉农企业有效利用和整合内外部分散的信息，促进成员内部及之间信息交流与共享，改善伙伴关系；另一方面，提高内外部运作效率，降低运营和交易成本，保障农产品全程质量安全，从而获得涉农企业及整个供应链绩效改进。

综上所述，总的和四种维度的信息技术能力（信息技术人才能力、信息技术基础设施能力、信息技术内部沟通能力、信息技术外部沟通能力）能正向影响综合和三种维度的农产品供应链绩效（财务、服务和战略绩效），特提出本章理论概念框架如图 4-1 所示，具体假设如下：

H1. 信息技术能力正向直接影响农产品供应链绩效

H1-1-1. 信息技术能力正向直接影响财务绩效

H1-1-2. 信息技术能力正向直接影响服务绩效

H1-1-3. 信息技术能力正向直接影响战略绩效

H1-2-1. 信息技术人才能力正向直接影响农产品供应链绩效

H1-2-2. 信息技术基础设施能力正向直接影响农产品供应链绩效

H1-2-3. 信息技术内部沟通能力正向直接影响农产品供应链绩效

H1-2-4. 信息技术外部沟通能力正向直接影响农产品供应链绩效

H1-3-1. 信息技术人才能力正向直接影响财务绩效

H1-3-2. 信息技术人才能力正向直接影响服务绩效

H1-3-3. 信息技术人才能力正向直接影响战略绩效

H1-4-1. 信息技术基础设施能力正向直接影响财务绩效

H1-4-2. 信息技术基础设施能力正向直接影响服务绩效

H1-4-3. 信息技术基础设施能力正向直接影响战略绩效

H1 - 5 - 1. 信息技术内部沟通能力正向直接影响财务绩效

H1 - 5 - 2. 信息技术内部沟通能力正向直接影响服务绩效

H1 - 5 - 3. 信息技术内部沟通能力正向直接影响战略绩效

H1 - 6 - 1. 信息技术外部沟通能力正向直接影响财务绩效

H1 - 6 - 2. 信息技术外部沟通能力正向直接影响服务绩效

H1 - 6 - 3. 信息技术外部沟通能力正向直接影响战略绩效

4.1.2 本章理论框架

本章根据研究内容，构建了概括性的理论模型（见图 4 - 1），覆盖了以上提出的主要假设，详细的子假设不再一一标注。由于以上假设无法共同在一个结构方程模型里构建和检验，因此本章在下面的实证分析中分别设置 1 个主模型和 3 个分解模型的结构方程模型，以检验以上所有假设。三个控制变量（营业额、员工人数和企业性质）的影响在主模型和分解模型中均会被检验。

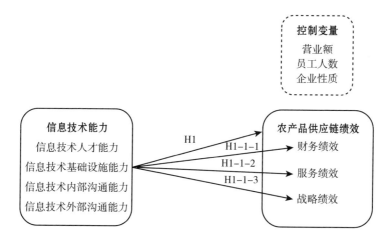

图 4 - 1 本章理论框架

注：只标注部分假设。

（1）主模型是验证假设 H1，研究总体的信息技术能力对综合的农产品供应链绩效的影响；

（2）分解模型 1 是验证假设 H1 - 2 - 1 至假设 H1 - 2 - 4，细化了信息技术能力，研究四种维度的信息技术能力分别对综合的农产品供应链绩效的影响；

（3）分解模型 2 是验证假设 H1 - 1 - 1、假设 H1 - 1 - 2 和假设 H1 - 1 - 3，细化了农产品供应链绩效，研究总体的信息技术能力分别对三种维度的农产品供应链绩效的影响；

（4）分解模型 3 是验证其他假设，同时细化了信息技术能力和农产品供应链绩效，研究四种维度的信息技术能力分别对三种维度的农产品供应链绩效的影响。

后续实证分析里会详细地讲解主模型和 3 个分解模型的构建与路径分析，以逐步验证以上提出的理论框架与所有假设，以分析在伙伴关系和信息共享均不存在下总体和细化的信息技术能力对农产品供应链绩效的影响。

本章接下来基于上面理论分析，实证分析总的和四种维度的信息技术能力（信息技术人才能力、信息技术基础设施能力、信息技术内部沟通能力、信息技术外部沟通能力）对综合和三种维度的农产品供应链绩效（财务、服务和战略绩效）的影响。为了保证 SEM 构建的合理性和分析结果的稳定性，本节首先通过 SPSS 与 AMOS 工具进行探索性和验证性因子分析，对相应的变量数据来进行信度、效度、多重共线性分析和共同方法偏差等检验。在此基础上采用 AMOS 对主模型和 3 个分解模型进行影响路径分析，并总结对比二者间总体和细化的影响，以验证上节提出的理论假设。

因子分析与多重共线性检验

4.2.1　探索性因子分析

在结构方程模型分析之前，需要分析设计变量及所得数据的信度和效度。

效度方面，本书进行了内容效度和结构效度评价。内容效度又称逻辑效度（logical validity），是指测量量表能否有效衡量某一构念或潜变量。如前面所述，本书变量的选取有相关理论和前人研究作为支撑，且均采用国内外成熟量表，并结合我国的实际情况、专家访谈和预调研结果做了适当修正，比如信息技术能力中把题项"企业内部有完善的信息技术方案/计划以便于内部各人员使用信息系统"改为"我们有完整信息技术或 IS 资料以便各部门员工学习和使用"，题项"我们有完善的供应商或采购商关系管理的相关信息系统"改为"我们有完备的信息技术和系统进行供应商关系管理（如供应商选择、合同管理、订单管理、原材料管理等）"。综上所述，本书总量表具有较好的内容效度。结构效度，是指设计的可观测题项能够衡量出潜在变量或者理论构念的程度。

本书主要利用探索性和验证性因子分析进行结构效度评价。本书采用 SPSS 对预试量表的条目进行探索性因子分析（explore factor analysis，EFA），主要运用主成分分析法（principal component analysis，PCA），采用方差最大化正交旋转，根据估计的因子载荷和累计方差贡献率来确定各测量题项的效度。该方法可以把多个复杂的测量变量降维成潜在变量因子，以估计数据的潜在特征。

在探索性因子分析之前对调研数据进行样本充分性检验（Kaiser-Meyer-Olkin，KMO）和巴特利特球形检验（Bartlett's test of sphericity，Bartlett's）。依据凯赛（Kaiser，1974）关于 KMO 的判断标准（见表 4–1），KMO 需要大于 0.5 标准，而且 Bartlett's 球形检验显著，才可以进行下一步的因子分析。

表 4–1 KMO 判断标准

KMO 水平	$[0, 0.5)$	$[0.5, 0.6)$	$[0.6, 0.7)$	$[0.7, 0.8)$	$[0.8, 0.9)$	$[0.9, 1)$
建议	拒绝	差	较差	一般	较好	很好

信度分析方面，本书利用 SPSS 计算各变量的相关系数（corrected item-total correlation，CITI）以及 Cronbach's α 系数，来评价变量度量的信度，及衡量量表的一致性程度。参考农纳利（Nunnally，1978）的研究，

信度分析的评价标准为：CITI 值大于 0.5，Cronbach's α 系数大于 0.7。

(1) 信息技术能力

经过 KMO 和 Bartlett's 球形检验（见表 4 - 2），最终信息技术能力的 KMO 值为 0.947，Bartlett's 球形检验也显著，均符合以上参考标准，可以进行因子分析。结果如表 4 - 3 所示，特征值大于 1 的因子被提取后，信息技术能力测量题项聚合成了 4 个因子，而累计解释率为 79.218%。经过分析，信息技术能力量表可以进行下一步因子分析。

表 4 - 2   **KMO 值和 Bartlett 球形检验结果**

构建	KMO 值	Bartlett's 球形检验		
		检验值	自由度	Sig.
信息技术能力	0.947	10386.188	171	0.000
农产品供应链绩效	0.892	6288.628	66	0.000

注：该分析剔除了因子载荷小于 0.5 的 4 个题项，分别为信息技术能力中的"企业拥有完备的网络通信服务（如局域网、无线网、宽带、可靠性等）"和"企业各级员工均可根据自身级别访问和使用信息系统和技术"，农产品供应链绩效中的"资源利用率高"和"优先推广质量安全的农产品"。

表 4 - 3   **信息技术能力各维度的方差解释度**

维度	解释变异量	累计解释变异量	提取因素	特征值
信息技术人才能力	23.590	23.590		4.482
信息技术基础设施能力	21.354	44.943	4	4.057
信息技术内部沟通能力	17.254	62.198		3.278
信息技术外部沟通能力	17.020	79.218		3.234

注：该分析剔除了因子载荷小于 0.5 的 2 个题项，为 ITFC5 和 ITIC5。

主成分分析结果如表 4 - 4 所示，信息技术能力量表中 2 个题项的因子载荷小于 0.5，分别是"企业拥有完备的网络通信服务（如局域网、无线网、宽带、可靠性等）"和"企业各级员工均可根据自身级别访问和使用信息系统和技术"。本书选择剔除这两个题项，除此之外其余条目的因子载荷为 0.715~0.840，表明信息技术能力的测量量表具有较高的结构效度。

表4－4 信息技术能力的描述性统计和探索性因子分析结果

变量	题项	因子载荷	CITI	Cronbach's α if Item Deleted	Cronbach's α
信息技术 人才能力	ITHC1	0.825	0.650	0.952	0.936
	ITHC2	0.759	0.721	0.951	
	ITHC3	0.840	0.687	0.952	
	ITHC4	0.802	0.741	0.951	
	ITHC5	0.824	0.686	0.952	
信息技术 基础设施 能力	ITFC1	0.802	0.705	0.951	0.917
	ITFC2	0.795	0.689	0.952	
	ITFC3	0.813	0.677	0.952	
	ITFC4	0.797	0.668	0.952	
	ITFC5 *	0.481	0.474	0.954	
信息技术 内部沟通 能力	ITIC1	0.759	0.698	0.951	0.925
	ITIC2	0.810	0.741	0.951	
	ITIC3	0.771	0.718	0.951	
	ITIC4	0.781	0.782	0.950	
	ITIC5 *	0.468	0.458	0.956	
信息技术 外部沟通 能力	ITEC1	0.736	0.734	0.951	0.934
	ITEC2	0.790	0.704	0.951	
	ITEC3	0.777	0.722	0.951	
	ITEC4	0.790	0.715	0.951	
	ITEC5	0.715	0.755	0.951	
	ITEC6	0.813	0.729	0.951	

注：Cronbach's α 值剔除了因子载荷小于0.5的2个题项，为 ITFC5 "企业拥有完备的网络通信服务（如局域网、无线网、宽带、可靠性等）" 和 ITIC5 "企业各级员工均可根据自身级别访问和使用信息系统和技术"。

根据信度分析结果（见表4－4），除了删除的两个题项 ITFC5（企业拥有完备的网络通信服务（如局域网、无线网、宽带、可靠性等）和 IT-IC5（企业各级员工均可根据自身级别访问和使用信息系统和技术）的 CITC 小于0.5外，其余题项的 CITC 均高于0.5（范围为0.650~0.782）。删除这2个题项后，其余题项的 Cronbach's α 值提高。信息技术能力整体的 Cronbach's α 系数为0.956，四种维度的信息技术能力构念的 Cronbach's α

（范围为 0.917 ~ 0.936）均高于农纳利（Nunnally，1978）提出临界值 0.7。

综上可知，信息技术能力最终包含 4 个二级构念共 19 个题项衡量，整体和各构念的效度和信度均较高，测量量表具有较高的有效性和内部一致性。

（2）农产品供应链绩效

KMO 和 Bartlett's 球形检验结果如表 4 - 2 所示，农产品供应链绩效变量的 KMO 值为 0.947，且 Bartlett's 球形检验结果也显著。如表 4 - 5 所示，特征值大于 1 的因子被提取后，农产品供应链绩效的测量题项聚合成了 3 个因子，而累计解释率为 76.895%。以上结果均符合标准，表明农产品供应链绩效的测量量表可以进行下一步因子分析。

表 4 - 5　　　　　　　农产品供应链绩效各维度的方差解释度

维度	解释变异量	累计解释变异量	提取因素	特征值
农产品供应链财务绩效	26.202	26.202		3.668
农产品供应链服务绩效	26.065	52.267	3	3.649
农产品供应链战略绩效	24.628	76.895		3.448

注：该分析剔除因子载荷小于 0.5 的题项：ASTP5 "资源利用率高" 和 ASTP6 "优先推广质量安全农产品"。

主成分分析结果如表 4 - 6 所示，本书删除因子载荷小于 0.5 的两个题项，分别是 ASTP5 "资源利用率高" 和 ASTP6 "优先推广质量安全的农产品"。除了上述两个被剔除的条目，其余测量题项的因子载荷为 0.793 ~ 0.914，均符合标准，表明农产品供应链绩效的测量量表具有较高的结构效度。

表 4 - 6　　　　　农产品供应链绩效的描述性统计和探索性因子分析结果

变量	题项	因子载荷	CITI	Cronbach's α if Item Deleted	Cronbach's α
农产品供应链财务绩效	ASFP1	0.904	0.604	0.902	0.939
	ASFP2	0.885	0.559	0.904	
	ASFP3	0.917	0.617	0.901	
	ASFP4	0.894	0.630	0.900	

续表

变量	题项	因子载荷	CITI	Cronbach's α if Item Deleted	Cronbach's α
农产品供应链服务绩效	ASSP1	0.887	0.604	0.901	0.917
	ASSP2	0.817	0.622	0.901	
	ASSP3	0.914	0.627	0.901	
	ASSP4	0.811	0.629	0.900	
农产品供应链战略绩效	ASTP1	0.869	0.665	0.899	0.927
	ASTP2	0.793	0.656	0.899	
	ASTP3	0.895	0.705	0.897	
	ASTP4	0.881	0.664	0.899	
	ASTP5 *	0.477	0.405	0.903	
	ASTP6 *	0.469	0.390	0.904	

注：Cronbach's α 值剔除了因子载荷小于 0.5 的 2 个题项：ASTP5 "资源利用率高" 和 ASTP6 "优先推广质量安全的农产品"。

根据信度分析结果（见表 4 - 6），除了删除的两个题项 ASTP5 "资源利用率高" 和 ASTP6 "优先推广质量安全的农产品" 的 CITC 小于 0.5 外，其余题项的 CITC 均高于 0.5（范围为 0.559 ~ 0.705）。而且在剔除上述题项后，各测量题项所属构念的 Cronbach's α 均有提高。三种维度的农产品供应链绩效构念的 Cronbach's α 分别为 0.939、0.917 和 0.927，均高于农纳利（Nunnally，1978）提出的临界值 0.7。

综上可知，农产品供应链绩效最终包含 3 个二级构念共 12 个题项，整体和各构念的效度和信度均较高，测量量表具有较高的有效性和内部一致性。

4.2.2 验证性因子分析

验证性因子分析（confirmatory factor analysis，CFA）是验证相关测量题项与潜在变量之间关系是否符合理论关系，只研究测量模型，而不关注结构模型。研究者需要构建反映变量之间关系的理论概念模型，基于该模型界定变量并获取数据，采用验证性因子分析来验证该模型的合理性，进而做之后的研究。相对于探索性因子分析关注于多少因子可以用于解释一组指标，CFA 则更加关注参数的估计及假设的检验。本书采用 AMOS 软件进行 CFA 分析，并进行结构方程的建模与拟合，根据整体模型的拟合结果进行进一步的修正，以使模型的整体拟合度达到标准。

（1）信息技术能力的验证性因子分析

本部分在信息技术能力探索性因子分析基础上，进一步对四种维度信息技术能力构念（信息技术人才能力、信息技术基础设施能力、信息技术内部沟通能力、信息技术外部沟通能力）进行验证性因子分析。整体测量模型的拟合结果如表 4-7 所示，标准化路径图如图 4-2 所示。

表 4-7　　　　　　　　信息技术能力的验证性因子分析结果

路径			标准化路径系数	路径系数	S. E.	C. R.	AVE
ITHC1	←	信息技术人才能力	0.830 ***	1.000			
ITHC2	←	信息技术人才能力	0.840 ***	0.974	0.039		
ITHC3	←	信息技术人才能力	0.876 ***	1.012	0.037	0.936	0.746
ITHC4	←	信息技术人才能力	0.900 ***	1.027	0.037		
ITHC5	←	信息技术人才能力	0.871 ***	0.992	0.037		
ITFC1	←	信息技术基础设施能力	0.876 ***	1.000			
ITFC2	←	信息技术基础设施能力	0.856 ***	1.060	0.039	0.918	0.736
ITFC3	←	信息技术基础设施能力	0.860 ***	1.092	0.040		
ITFC4	←	信息技术基础设施能力	0.840 ***	1.004	0.037		
ITIC1	←	信息技术内部沟通能力	0.803 ***	1.000			
ITIC2	←	信息技术内部沟通能力	0.900 ***	1.043	0.041	0.927	0.761
ITIC3	←	信息技术内部沟通能力	0.853 ***	1.057	0.043		
ITIC4	←	信息技术内部沟通能力	0.928 ***	1.061	0.040		
ITEC1	←	信息技术外部沟通能力	0.829 ***	1.000			
ITEC2	←	信息技术外部沟通能力	0.830 ***	0.998	0.040		
ITEC3	←	信息技术外部沟通能力	0.834 ***	1.006	0.041	0.935	0.705
ITEC4	←	信息技术外部沟通能力	0.843 ***	1.025	0.041		
ITEC5	←	信息技术外部沟通能力	0.838 ***	1.052	0.042		
ITEC6	←	信息技术外部沟通能力	0.862 ***	1.018	0.039		

$\chi^2 = 413.184$，df = 142，$\chi^2/df = 2.910$，RMSEA = 0.056，GFI = 0.931，
CFI = 0.974，TLI = 0.968，NFI = 0.961

注：1. *** p < 0.001；2. S. E.（Standard Error）是标准差；C. R.（Composite Reliabilities）是组合信度；AVE（Average Variance Extracted）是平均提取方差值。

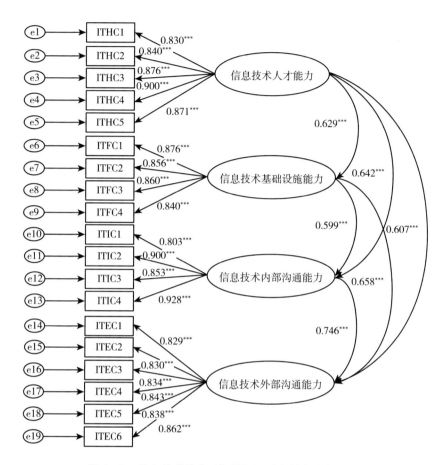

图4-2 信息技术能力验证性因子分析的标准化路径

如表4-7所示，卡方值（χ^2）为413.184（P<0.001），自由度（df）为142，卡方自由度比值（χ^2/df）为2.910（小于3），RMSEA为0.056（小于0.08），GFI、CFI、TLI和NFI均大于0.9，可见信息技术能力测量模型整体拟合度较好。四种维度信息技术能力构念对各题项的标准化回归系数取值范围为0.830～0.900，均显著且大于0.6，说明各测量题项选取质量较好。四种维度信息技术能力构念的组合信度C. R.（Composite Reliabilities）分别为0.936、0.918、0.927和0.935，均高于学者（Diamantopoulos and Siguaw，2000）提出的0.6标准，说明各构念信度很好。平均提取方差值AVE（Average Variance Extracted）分别为0.746、0.736、0.761

和 0.705，说明同一个构念的题项一致度较为显著。如图 4-2 所示，信息技术能力的结构方程模型中有 4 个潜变量和 19 个观测变量。上述结果均说明关于信息技术能力测量模型构建拟合度较好，调研的数据具有较好的聚合效度，且内部一致性较好。

（2）农产品供应链绩效的验证性因子分析

本部分在农产品供应链绩效探索性因子分析基础上，进一步对三种维度农产品供应链绩效构念（财务绩效、服务绩效、战略绩效）进行验证性因子分析，模型拟合分析与标准化路径分析结果如图 4-3 和表 4-8 所示。

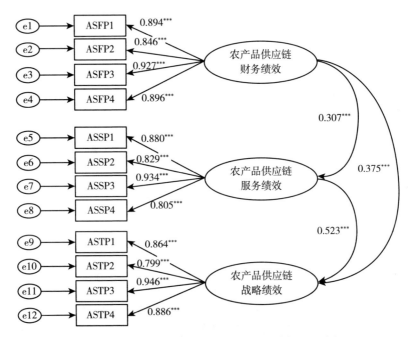

图 4-3　农产品供应链验证性因子分析的标准化路径

表 4-8　　　　　　　　　农产品供应链绩效的验证性因子分析结果

路径			标准化路径系数	路径系数	S. E.	C. R.	AVE
ASFP1	←	农产品供应链财务绩效	0.894 ***	1.000			
ASFP2	←	农产品供应链财务绩效	0.846 ***	0.989	0.034	0.939	0.794
ASFP3	←	农产品供应链财务绩效	0.927 ***	1.047	0.030		
ASFP4	←	农产品供应链财务绩效	0.896 ***	1.013	0.031		

续表

路径			标准化路径系数	路径系数	S. E.	C. R.	AVE
ASSP1	←	农产品供应链服务绩效	0.880 ***	1.000			
ASSP2	←	农产品供应链服务绩效	0.829 ***	0.908	0.034	0.921	0.746
ASSP3	←	农产品供应链服务绩效	0.934 ***	1.006	0.030		
ASSP4	←	农产品供应链服务绩效	0.805 ***	0.978	0.038		
ASTP1	←	农产品供应链战略绩效	0.864 ***	1.000			
ASTP2	←	农产品供应链战略绩效	0.799 ***	0.895	0.036	0.929	0.766
ASTP3	←	农产品供应链战略绩效	0.946 ***	1.110	0.033		
ASTP4	←	农产品供应链战略绩效	0.886 ***	1.063	0.035		

$$\chi^2 = 146.456,\ df = 51,\ \chi^2/df = 2.872,\ RMSEA = 0.056,\ GFI = 0.961,$$
$$CFI = 0.985,\ TLI = 0.980,\ NFI = 0.977$$

注：1. *** $p < 0.001$；2. S. E.（Standard Error）是标准差；C. R.（Composite Reliabilities）是组合信度；AVE（Average Variance Extracted）是平均提取方差值。

拟合结果显示，农产品供应链绩效测量模型的卡方值（χ^2）为 146.456（$P < 0.001$），自由度（df）为 151，卡方自由度比值（χ^2/df）为 2.872（小于 3），RMSEA 为 0.056（小于 0.08），GFI、CFI、TLI 和 NFI 均大于 0.9，可见农产品供应链绩效测量模型整体拟合度较好。三种维度农产品供应链绩效构念对各题项的标准化回归系数为 0.799~0.946，均显著且大于 0.6 标准，说明各测量题项选取质量较好。三种维度农产品供应链绩效构念的组合信度 C. R.（Composite Reliabilities）分别为 0.939、0.921 和 0.929，均大于 0.6 标准，说明各构念信度很好。平均提取方差值 AVE 分别为 0.794、0.746 和 0.766，说明同一个构念的测量题项一致度较为显著。农产品供应链绩效标准化回归路径如图 4 - 3 所示，测量模型有 3 个潜在变量、12 个观测变量和 12 个测量误差。上述结果均说明关于农产品供应链绩效测量模型构建拟合度较好，调研的数据具有较好的聚合效度，且内部一致性较好。

4.2.3 多重共线性和共同方法偏差检验

本书采用 SPSS 进行多重共线性（Multicollinearity）检验，以分析两个或多个解释变量之间出现相关性，检验依据是方差膨胀因子 VIF 值。一般而言，VIF 的临界值为 10，本书采用美娜德（Menard，1995）提出的较为严格的标准 5。如表 4-9 所示，可以看出，所有二级潜变量的 VIF 均远小于 5，表明调研数据不存在严重的多重共线性。

表 4-9 多重共线性分析

因变量	自变量	非标准化系数		标准系数	t	Sig.	共线性统计量	
		B	Std. Error	Beta			Tolerance	VIF
农产品供应链绩效	常数项	2.604	0.179	—	14.525	0.000	—	—
	信息技术人才平均	0.074	0.037	0.093	2.003	0.046	0.537	1.863
	信息技术基础平均	0.107	0.037	0.135	2.904	0.004	0.537	1.863
	信息技术内部沟通平均	0.164	0.036	0.232	4.559	0.000	0.446	2.244
	信息技术外部沟通平均	0.153	0.040	0.196	3.800	0.000	0.437	2.289

共同方法偏差是因为同样的数据来源或评分者、同样的测量环境、项目语境以及项目本身特征所造成的预测变量与效标变量之间人为的共变。这种人为的共变对研究结果产生严重的混淆并对结论有潜在的误导，是一种系统误差。本书采用两种共同方法偏差检验方法（选择程序控制方法和统计检验控制方法）。程序控制上，本书在问卷设计和测量上设置合理文字、长度和顺序，调研对象选择企业供应链管理和信息管理熟悉的中高层管理者，尽量在问卷设计和程序控制上减少共同方法偏差的来源。在统计检验控制上，根据波得萨可夫等（Podsakoff et al.，2003）建议的哈曼单因素检验（Harman's One-factor Test），发现农产品供应链绩效和信息技术能力未经旋转的主成分因素分析表明：共有 7 个因子的特征值大于 1，最大因子解释的变异量为 26.202%，未超过 40%。因此，本次搜集的数据不存在严重的共同方法偏差。

4.3 主模型的影响路径分析

4.3.1 主模型构建

本书采用 AMOS 作为结构方程模型路径分析工具，为了保证结构方程模型构建的合理性和结果的稳定性，上面对 601 份有效问卷进行详细的探索性因子分析、验证性因子分析、多重共线性和共同方法偏差。最终确定了信息技术能力包含 4 个二级构念共 19 个测量题项，农产品供应链绩效包含 3 个二级构念共 12 个测量题项。前面分析结果均表明所选取的测量题项、样本的数量、效度与信度均达到结构方程模型的要求，可以进行接下来的主模型和分解模型的结构模型路径分析。

本节首先考察总体层面的信息技术能力和农产品供应链绩效之间的影响路径关系，利用 AMOS 构建主模型的结构方程模型如图所示，主要验证章节 4.2 提出的假设 H1。主模型中，最终设置了 19 个外生观测变量（题项）来测量 1 个一级潜变量（信息技术能力）和 4 个外生二级潜变量（信息技术人才能力、信息技术基础设施能力、信息技术内部沟通能力、信息技术外部沟通能力），12 个内生观测变量（题项）来测量 3 个内生二级潜变量（农产品供应链财务绩效、农产品供应链服务绩效、农产品供应链战略绩效）和 1 个一级潜变量（农产品供应链绩效），3 个外生观测变量来测量控制变量（企业规模、营业额、经营年限），测量误差等变量。

4.3.2 主模型适配度检验

在分析详细的路径结果之前，应该首先评价模型的适配度指标。适配度（或拟合度、适合度）指标是判断结构方程模型是否合理，检验模型的路径分析结果与调研数据吻合情况的依据。如果结构方程模型的适配度指标符合评价标准，说明该假设的理论模型比较符合实际数据的现状。如果不理想，还需要进一步地调整和修正。评价结构方程模型的适配度有绝对适配统计量、增值适配统计量和简约适配统计量等指标（吴明隆，2010），具体如下：

（1）绝对适配统计量，一般主要有卡方自由度比 χ^2/df、GFI、RMSEA 等指标。如果模型估计参数越多，自由度 df 会越小；而样本越多，卡方值 χ^2 会越大。而同时考虑卡方和自由度二者的比值 χ^2/df 是评价模型适配度的重要指标。χ^2/df 值越小，表示假设模型的协方差矩阵和样本数据越适配。一般来说，当 χ^2/df 值小于 1 时，模型过度适配；当 χ^2/df 值大于 3 时，模型契合度不佳，无法反映真实观察数据；当 χ^2/df 值介于 1 至 3 之间，则表示假设模型与数据的拟合度能够被接受。而近似均方根误差（standardized root mean squared error of approximation，RMSEA）为近似残差均方根，其值愈小，表示模型的适配度愈理想。一般而言，RMSEA 值高于 0.1 则说明模型的适配度欠佳；数值范围为 0.08~0.1 时，说明模型具有普通适配，尚可接受；数值范围为 0.05~0.08 时表示模型适配良好；如果其值小于 0.05，则说明模型的适配度非常理想。拟合优度检验（goodness of fit index，GFI）为适配度指标，GFI 数值介于 0 与 1 之间，其数值越靠近 1，说明模型的适配度越优。通常采用 GFI 值高于 0.9，表示假设模型与实际数据有较好的拟合度。综上所述，本书以 χ^2/df 值介于 1 与 3 之间、RMSEA 值小于 0.08、GFI 值大于 0.9 作为检验适配度的标准。

（2）增值适配统计量，主要包括 TLI、CFI、NFI、IFI 等指标。其中，TLI 为 Tucker-lewis 指标，用于对比两个对立模型间的拟合程度，或用于对比假设模型和虚无模型间的拟合程度；CFI 为比较适配指标，代表在测量从最限制模型到最饱和模型时，非集中参数的改善情形；NFI 称为基准化适配指标，IFI 是增值适配指标。以上指标的数值介于 0 与 1 之间，越接近 1 表示模型的适配度越好，数值越小表示模型适配度越差。综上所述，本书选择的增值适配统计量指标数量参考标准都在 0.9 以上。

（3）简约适配统计量，主要选取 PNFI 和 PCFI 来检验模型的简约适配度。PNFI 是简约性已调整基准化适配指标，主要用于对不同自由度的模型进行比较，数值越高越好。PCFI 是指简约性 PNFI 已调整比较适配度指标，其性质与 PNFI 相同，值介于 0 和 1 之间，值越大，模型的适配度越好。一般两个指标大于 0.5 是可接受的范围，表明假设模型是可以被接受的。

综上所述，本书采用 χ^2/df、RMSEA、GFI、TLI、CFI、NFI、IFI、PN-FI 和 PCFI 9 个指标来检验结构方程模型的适配度，适配标准主要依据前人研究（Anderson and Gerbing，1988；Bagozzi et al.，1991；邱皓政和林碧芳，2003）。主模型整体的检验结果如表 4 - 10 所示，卡方值 χ^2 为 1217.626（P < 0.0001），自由度 df 为 518，χ^2/df 为 2.351，达到显著水平，卡方检验效果可以通过，除了 GFI 略低于 0.9 外，其他适配度指标也均达到标准要求。因此可以认为，构建的主模型拥有良好的适配度，可用于下一步的路径分析。

表 4 - 10 主模型适配度检验结果

指标		适配标准	检验值	适配结果
绝对适配统计量	χ^2/df	< 3	2.351	好
	RMSEA	< 0.08	0.047	好
	GFI	大于或接近 0.9	0.891	符合
增值适配统计量	CFI	大于或接近 0.9	0.959	好
	IFI	大于或接近 0.9	0.959	好
	TLI	大于或接近 0.9	0.956	好
	NFI	大于或接近 0.9	0.932	好
简约适配统计量	PNFI	大于或接近 0.5	0.860	好
	PCFI	大于或接近 0.5	0.886	好

注：$\chi^2 = 1217.626$；df = 518。

4.3.3 主模型路径分析

本书利用 AMOS 进行主模型的路径分析，考察总体层面的信息技术能力和农产品供应链绩效之间的影响路径关系，详细路径检验结果如图 4 - 4 和表 4 - 11 所示。主模型路径和结构模型检验结果均显示信息技术能力对农产品供应链绩效的标准化影响系数为 0.755（p < 0.001），说

明该路径显著成立。即在不考虑其他因素（伙伴关系和信息共享）的情况下，信息技术能力对农产品供应链绩效有影响，支持了章节4.2提出的理论假设，验证了其中假设 H1。

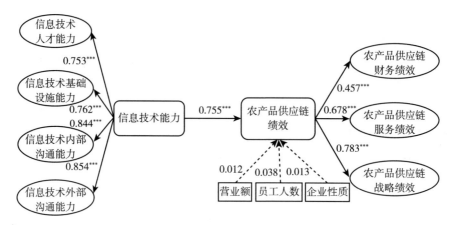

图 4 - 4   主模型标准化路径

表 4 - 11   主模型路径检验结果

	路径			标准化路径系数	路径系数	S. E.	C. R.	结论
结构模型	信息技术能力	—>	农产品供应链绩效	0.755 ***	0.570	0.068	8.410	支持
	总营业额	—>	农产品供应链绩效	0.012	0.005	0.018	0.279	拒绝
	企业性质	—>	农产品供应链绩效	0.038	0.018	0.017	1.040	拒绝
	员工人数	—>	农产品供应链绩效	0.013	0.005	0.018	0.300	拒绝
测量模型	信息技术能力	—>	信息技术人才能力	0.753 ***	1.000	—	—	支持
	信息技术能力	—>	信息技术基础设施能力	0.762 ***	0.965	0.065	14.795	支持
	信息技术能力	—>	信息技术内部沟通能力	0.844 ***	1.207	0.081	14.978	支持
	信息技术能力	—>	信息技术外部沟通能力	0.854 ***	1.135	0.075	15.163	支持
	农产品供应链绩效	—>	财务绩效	0.457 ***	1.000	—	—	支持
	农产品供应链绩效	—>	服务绩效	0.678 ***	1.055	0.122	8.610	支持
	农产品供应链绩效	—>	战略绩效	0.783 ***	1.123	0.147	8.977	支持

注: 1. *** 代表 $p < 0.001$; 2. S. E. (Standard Error) 标准差, C. R. (临界比, Critical Ratio) 检验统计量。

另外，测量模型检验结果表明一级潜变量（信息技术能力和农产品供应链绩效）能否由其二级潜变量所反映和衡量。表 4 - 11 和图 4 - 4 中测量模型结果显示主模型的一级和二级构念间的测量路径均显著，具体表明：
①信息技术能力一级潜变量可以由四种维度信息技术能力二级潜变量（信息技术基础设施能力、信息技术人才能力、信息技术内部沟通能力、信息技术外部沟通能力）来反映和衡量，即四种维度的信息技术能力共同构成了总的信息技术能力；②农产品供应链绩效可以由 3 个农产品供应链绩效二级潜变量（农产品供应链财务绩效、农产品供应链服务绩效、农产品供应链战略绩效）来反映和衡量，即三种维度的农产品供应链绩效共同构成了总的农产品供应链绩效；③再次验证了章节 4.3.1 和章节 4.4.2 的内容，即 19 个内生观测变量（题项）可以用来测量四种维度的信息技术能力，12 个内生观测变量（题项）可以用来测量三种维度的农产品供应链绩效。此外，本书的三个控制变量营业额、企业性质和员工人数的路径系数均不显著，说明控制变量未对研究产生影响。

 ## 4.4 3 个分解模型的影响路径分析

4.4.1 3 个分解模型构建

上面主模型路径分析重点考察了总体层面的信息技术能力和农产品供应链绩效之间的影响路径关系，即分析了两个一级构念之间的路径关系。为了更深层次分析信息技术能力和农产品供应链绩效之间细化的影响关系，本节在主模型的基础上，逐步构建与分析 3 个分解模型，细化研究四种维度及总的信息技术能力和三种维度及总的农产品供应链绩效之间的影响关系，构建的分解模型如图 4-5、图 4-6 和图 4-7 所示。

分解模型 1 在主模型的基础上，细化了信息技术能力一级构念，重点研究四种维度信息技术能力（信息技术基础设施能力、信息技术人才能力、信息技术内部沟通能力、信息技术外部沟通能力）和总的农产品供应链绩效之间的关系，以验证章节 4.2 提出假设 H1-2-1 至假设 H1-2-4。模型设置了 19 个外生观测变量（题项）来测量 4 个外生一级潜变量（信息技术基础设施能力、信息技术人才能力、信息技术内部沟通能力、信息技术外部沟通能力），12 个内生观测变量（题项）来测量 3 个内生一级潜变量（农产品供应链财务绩效、农产品供应链服务绩效、农产品供应链战略绩效）和 1 个二级潜变量（农产品供应链绩效），3 个外生观测变量来测量控制变量（企业规模、营业额、经营年限），测量误差等变量。

分解模型 2 在主模型的基础上，细化了农产品供应链绩效一级构念，重点考察总信息技术能力和三种维度农产品供应链绩效（农产品供应链财务绩效、农产品供应链服务绩效、农产品供应链战略绩效）之间的影响路径关系，分析总信息技术能力对三种农产品供应链绩效的分别影响，以验证章节 4.2 提出的假设 H1－1－2、假设 H1－1－2 和假设 H1－1－3。分解模型 2 的其余详细设置与分解模型 1 一致。

分解模型 3 在分解模型 1 和分解模型 2 的基础上，同时细化了信息技术能力和农产品供应链绩效一级构念，重点研究四种维度信息技术能力和三种维度的农产品供应链绩效之间细化的影响路径关系，分析单项信息技术能力分别对三种农产品供应链绩效的不同影响，以验证章节 4.2 提出的其他假设。分解模型 3 的其余详细设置与分解模型 1 和模型 2 一致。

4.4.2　3 个分解模型适配度检验

3 个分解模型的适配度检验结果如表 4－12 所示。

表 4－12　　　　　　　　　　分解模型适配度检验结果

指标	χ^2	df	绝对适配统计量			增值适配统计量				简约适配统计量	
			χ^2/df	RMSEA	GFI	CFI	NFI	TLI	IFI	PNFI	PCFI
参考值	—	—	<3	<0.08	大于或接近 0.9					大于 0.5	
模型 1 检测值	1353.173	514	2.633	0.052	0.883	0.951	0.924	0.947	0.951	0.847	0.872
模型 2 检测值	1137.008	427	2.663	0.053	0.890	0.958	0.935	0.955	0.958	0.859	0.880
模型 3 检测值	1141.961	416	2.745	0.054	0.889	0.957	0.935	0.952	0.957	0.836	0.856
适配结果	—	—	好	好	符合	好	好	好	好	好	好

（1）对于分解模型1，绝对适配统计量方面，卡方值 χ^2 为1353.173（P<0.0001），自由度 df 为514，χ^2/df 为2.633，均达到显著水平；RMSEA 为0.052（小于0.08），GFI 为0.883（接近0.9）；增值适配统计量方面，模型的 TLI、CFI、NFI、IFI 均大于0.9的适配标准。简约适配统计量方面，PNFI 为0.847和 PCFI 为0.872，均大于0.5的适配标准。整体上，除了 GFI 略低于0.9外，其他适配度指标均达到标准要求。

（2）分解模型2的适配度检验结果：绝对适配统计量方面，卡方值 χ^2 为1137.008，自由度 df 为427，卡方自由度之比 χ^2/df 为2.663（P<0.0001），RMSEA 为0.053（小于0.08），GFI 为0.890（接近0.9）；增值适配统计量方面，模型的 TLI、CFI、NFI、IFI 均大于0.9的适配标准；简约适配统计量方面，PNFI 为0.859和 PCFI 为0.880，均大于0.5的适配标准。整体上来说，除了 GFI 略低于0.9外，其他适配度指标均达到标准要求。

（3）分解模型3的适配度检验结果：绝对适配统计量方面，卡方值 χ^2 为1141.961，自由度 df 为416，卡方自由度之比 χ^2/df 为2.745（P<0.0001），RMSEA 为0.054（小于0.08），GFI 为0.889（接近0.9）；增值适配统计量方面，TLI、CFI、NFI、IFI 均大于0.9的适配标准；简约适配统计量方面，PNFI 为0.836和 PCFI 为0.856，均大于0.5的适配标准。整体上来说，除了 GFI 略低于0.9外，其他适配度指标均达到标准要求。

综上所述，构建的分解模型1、模型2和模型3均拥有良好的适配度，可用于进一步的路径分析。

4.4.3　3个分解模型路径分析

（1）分解模型1的路径分析

重点考察四种维度信息技术能力和总的农产品供应链绩效之间的影响路径关系，得到的标准化路径模型如图4-5所示，路径检验结果如表4-13所示。路径检验结果显示，四种维度的信息技术能力对总农产品供应链绩效均有显著的正向影响，标准化路径系数分别为 0.156（p < 0.05）、0.216（p < 0.01）、0.288（p < 0.001）和 0.247（p < 0.01），说明影响路径均显著成立。即在不考虑其他因素（伙伴关系和信息共享）的情况下，四种维度的信息技术能力对总的农产品供应链绩效均有显著影响，支持了章节4.2 提出的理论假设 H1 - 2 - 1 至假设 H1 - 2 - 4。同时，四种维度的信息技术能力产生的单独影响（路径系数）均小于总的信息技术能力对农产品供应链绩效产生的总体影响（0.755，p < 0.001），说明总的信息技术能力更能带来更多的绩效产出。和主模型结果一致，本书的三个控制变量营业额、企业性质和员工人数的路径系数均不显著，说明这些控制变量未对研究产生影响。

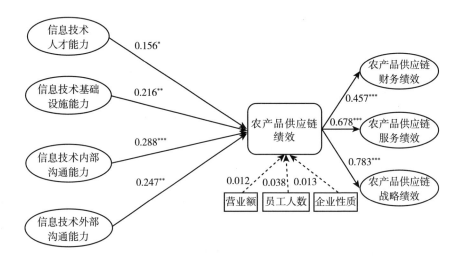

图 4 - 5　分解模型 1 的标准化路径

（2）分解模型 2 的路径分析

重点考察总信息技术能力和三种维度农产品供应链绩效之间的影响路径关系，得到的标准化路径模型如图 4 - 6 所示，路径检验结果如表 4 - 13 所示。路径检验结果显示：总的信息技术能力对三种维度的农产品供应链绩效均有显著的正向影响，标准化路径系数分别为 0.369、0.556 和 0.626

（均 p < 0.001），说明影响路径均显著成立。即在不考虑其他因素（伙伴关系和信息共享）的情况下，总的信息技术能力对三种维度的农产品供应链绩效均有显著影响，支持了章节 4.2 提出的理论假设 H1 - 1 - 1、假设 H1 - 1 - 2 和假设 H1 - 1 - 3。同时，总的信息技术能力对三种维度的农产品供应链绩效产生的单独影响（路径系数）均小于总的信息技术能力对农产品供应链绩效产生的总体影响（0.755，p < 0.001），说明总的信息技术能力更能带来综合的绩效产出。

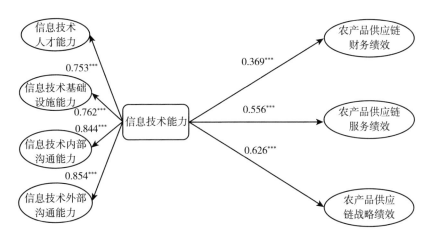

图 4 - 6　分解模型 2 的标准化路径

（3）分解模型 3 的路径分析

重点考察四种维度信息技术能力和三种维度农产品供应链绩效之间的影响路径关系，得到的标准化路径模型如图 4 - 7 所示，路径检验结果如表 4 - 13 所示。

路径检验结果显示：信息技术人才能力均不对三种维度农产品供应链绩效产生影响，即信息技术人才能力不会单独促进单方面的绩效产出，即拒绝了章节 4.2 提出的理论假设 H1 - 3 - 1、假设 H1 - 3 - 2 和假设 H1 - 3 - 3；信息技术基础设施能力只对农产品供应链服务绩效和战略绩效产生显著正向影响，标准化路径系数分别为 0.152 和 0.149（均 p < 0.001），均小于其对总的农产品供应链服务绩效的影响（0.216，p < 0.001），也小

于总信息技术能力对单维度农产品供应链绩效产生的影响，且该能力对财务绩效不会有单独的影响，即支持了章节 4.2 提出的理论假设 H1 - 4 - 2 和假设 H1 - 4 - 3，拒绝了假设 H1 - 4 - 2；信息技术内部沟通能力对三种维度农产品供应链绩效均产生显著正向影响，标准化路径系数分别为 0.164、0.189 和 0.214（均 p < 0.001），均小于对总的农产品供应链服务绩效的影响（0.288，p < 0.001），也小于总信息技术能力对单维度农产品供应链绩效产生的影响，即支持了章节 4.2 提出的理论假设 H1 - 5 - 1、假设 H1 - 5 - 2 和假设 H1 - 5 - 3；信息技术外部沟通能力对农产品供应链服务绩效和战略绩效产生显著正向影响，标准化路径系数分别为 0.159 和 0.192（均 p < 0.001），均小于其对总的农产品供应链服务绩效的影响（0.247，p < 0.001），且对财务绩效不会有单独的影响，即支持了章节 4.2 提出的理论假设 H1 - 6 - 2 和假设 H1 - 6 - 4，拒绝了假设 H1 - 6 - 1。综上所述，不同维度的信息技术能力对三种维度农产品供应链绩效有不同的影响，但信息技术人才能力是不会对任何单方面的绩效产生影响的。

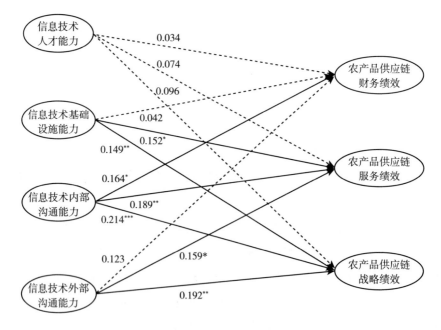

图 4 - 7　分解模型 3 的标准化路径

表4-13　　　　　　　　　分解模型路径检验结果

模型	路径			标准化路径系数	路径系数	S. E.	C. R.	结论
分解模型1	信息技术人才能力	—>	农产品供应链绩效	0.156 *	0.079	0.034	2.288	支持
	信息技术基础设施能力	—>	农产品供应链绩效	0.216 **	0.115	0.038	2.999	支持
	信息技术内部沟通能力	—>	农产品供应链绩效	0.288 ***	0.145	0.039	3.683	支持
	信息技术外部沟通能力	—>	农产品供应链绩效	0.247 **	0.133	0.042	3.156	支持
分解模型2	信息技术能力	—>	财务绩效	0.369 ***	0.614	0.078	7.915	支持
	信息技术能力	—>	服务绩效	0.556 ***	0.658	0.058	11.335	支持
	信息技术能力	—>	战略绩效	0.626 ***	0.806	0.065	12.465	支持
分解模型3	信息技术人才能力	—>	财务绩效	0.034	0.042	0.077	0.542	拒绝
	信息技术人才能力	—>	服务绩效	0.074	0.065	0.051	1.272	拒绝
	信息技术人才能力	—>	战略绩效	0.096	0.092	0.053	1.730	拒绝
	信息技术基础设施能力	—>	财务绩效	0.042	0.055	0.084	0.658	拒绝
	信息技术基础设施能力	—>	服务绩效	0.152 *	0.141	0.055	2.537	支持
	信息技术基础设施能力	—>	战略绩效	0.149 **	0.151	0.058	2.609	支持
	信息技术内部沟通能力	—>	财务绩效	0.164 *	0.190	0.083	2.282	支持
	信息技术内部沟通能力	—>	服务绩效	0.189 **	0.155	0.055	2.815	支持
	信息技术内部沟通能力	—>	战略绩效	0.214 ***	0.192	0.057	3.335	支持
	信息技术外部沟通能力	—>	财务绩效	0.123	0.153	0.092	1.665	拒绝
	信息技术外部沟通能力	—>	服务绩效	0.159 *	0.140	0.061	2.310	支持
	信息技术外部沟通能力	—>	战略绩效	0.192 **	0.185	0.063	2.912	支持

注：1. 关于信息技术能力、农产品供应链绩效的测量模型结果以及三个控制变量的检验结果与主模型检验结果相同，不再显示；2. * 代表 $p < 0.05$， ** 代表 $p < 0.01$， *** 代表 $p < 0.001$，S. E. （Standard Error）是标准差，C. R. （临界比，Critical Ratio）是检验统计量。

 ## 主模型与分解模型路径分析结果对比

　　基于以上分析，除了分解模型3中个别单维度假设（假设H1-3-1、假设H1-3-2、假设H1-3-3、假设H1-4-2、假设H1-6-1）和控制变量影响以未得到支持，其他假设均得到支持。进一步综合比较主模型与3个分解模型的路径分析结果，总结如下：

（1）对比主模型和分解模型 1 分析结果，发现四种信息技术能力（信息技术基础设施能力、信息技术人才能力、信息技术内部沟通能力、信息技术外部沟通能力）均会单独对总的农产品供应链绩效产生积极影响，且影响系数均小于主模型中总信息技术能力对总绩效产生的总体影响。

（2）对比主模型和分解模型 2 分析结果，发现总的信息技术能力对三种维度的农产品供应链绩效（财务绩效、服务绩效、战略绩效）均产生正向影响，且影响系数均小于主模型中总信息技术能力对总绩效产生的总体影响。

（3）对比主模型和分解模型 3 分析结果，发现信息技术基础设施能力、信息技术内部沟通能力和信息技术外部沟通能力均会对单项非财务绩效（战略和服务绩效）产生积极正向影响，但影响系数均小于分解模型 1 中单维度信息技术能力对总的农产品供应链绩效产生的影响，也小于分解模型 2 中总信息技术能力对单维度农产品供应链绩效产生的影响。另外，信息技术基础设施能力和信息技术外部沟通能力均不会单独对财务绩效产生影响。

综上所述，无论是总的还是单维度信息技术能力均会对综合的农产品供应链绩效产生影响，且总的信息技术能力也会促进单维度的绩效产出，但并不是每项信息技术能力都能单独对单项农产品供应链绩效产生影响。总体上而言，相比较单维度的信息技术能力，全面的信息技术能力提升更能带来综合的农产品供应链绩效产出。

4.6 本章小结

本章通过理论分析与实证验证，分别构建主模型和 3 个分解模型的结构方程模型，初步在不考虑伙伴关系和信息共享的作用下，研究了总体和不同维度上信息技术能力对农产品供应链绩效的影响。其中，主模型主要考察总体层面的信息技术能力和农产品供应链绩效之间的影响路径关系；分解模型 1 细化了信息技术能力一级构念，重点研究四种维度信息技术能力（信息技术基础设施能力、信息技术人才能力、信息技术内部沟通能力、信息技术外部沟通能力）分别对总的农产品供应链绩效的影响；分解模型 2 细化了农产品供应链绩效一级构念，重点考察总信息技术能力和三种维度农产品供应链绩效（财务绩效、服务绩效、战略绩效）之间的影响路径关系；分解模型 3 在分解模型 1 和分解模型 2 的基础上，同时细化了信息技术能力和农产品供应链绩效一级构念，重点研究四种维度的信息技术能力和三种维度的农产品供应链绩效之间细化的影响路径关系。

在验证了所选取的测量题项、样本数量、效度与信度均达到 SEM 要求的基础上，进一步利用 AMOS 软件逐步得到了主模型和分解模型路径分析结果，对比分析了 SEM 模型的路径结果（总体和细化影响的结果对比），从而在不考虑其他因素作用下对总的及各维度信息技术能力对农产品供应链绩效的影响进行实证验证。

通过以上分析，得到以下主要结论：

（1）总的信息技术能力对综合的农产品供应链绩效产生积极正向影响。

（2）总的信息技术能力对三种维度的农产品供应链绩效（财务绩效、服务绩效、战略绩效）产生正面影响。

（3）四种维度信息技术能力（信息技术人才能力、信息技术基础设施能力、信息技术内部沟通能力、信息技术外部沟通能力）均会单独对综合的农产品供应链绩效产生正向影响。

（4）信息技术基础设施能力、信息技术内部沟通能力和信息技术外部沟通能力均会对单项非财务绩效（战略和服务绩效）产生积极正向影响。

（5）信息技术基础设施能力和信息技术外部沟通能力均不会单独对财务绩效产生正向影响。

（6）营业额、员工人数和企业性质等三个控制变量未对绩效产生影响。

综上所述，除了分解模型 3 中个别单维度假设（假设 H1 - 3 - 1、假设 H1 - 3 - 2、假设 H1 - 3 - 3、假设 H1 - 4 - 2、假设 H1 - 6 - 1）和控制变量影响未得到支持，其余假设均得到了验证，说明本章的分析达到了预期的研究目标，即无论是总的还是单维度信息技术能力均会对综合的农产品供应链绩效产生影响，且总的信息技术能力也会促进单维度的绩效产出。总体上而言，相比较单维度的信息技术能力，全面的信息技术能力提升更能带来综合的绩效产出。但并不是每项信息技术能力都能单独对单项农产品供应链绩效产生影响。例如信息技术人才能力未对任何单维度的绩效产生影响，但对综合的农产品供应链绩效产生正向影响，说明该项能力不会单独促进单方面的绩效产出，需要和其他能力共同作用才能合力带来绩效产出。

另外，本章没有考虑伙伴关系和信息共享因素的影响，只能分析四种维度及总的信息技术能力对三种维度及总的农产品供应链绩效是否存在影响，无法深入说明这些影响是直接还是间接影响，以及无法说明伙伴关系和信息共享在其中发挥何种路径作用。之后第 5 章～第 7 章会逐步解答这些问题，并进一步分析信息技术能力对农产品供应链绩效的影响机理。

第 5 章

伙伴关系在信息技术能力与农产品供应链绩效间的路径作用分析

第 5 章～第 7 章逐步解决"信息技术能力如何影响农产品供应链绩效"的问题。第 5 章在第 4 章研究的基础上考虑伙伴关系单独作用下，通过理论分析与实证验证，研究伙伴关系单独作用下总体和不同维度信息技术能力对农产品供应链绩效的影响机理，并重点分析伙伴关系在总的及四种维度信息技术能力和农产品供应链绩效之间发挥的路径作用，即主要扩充并分析路径假设 H1、假设 H2、假设 H3、假设 H7。本章内容组织如下：

首先基于关系理论和前人的研究，构建信息技术能力（信息技术基础设施能力、信息技术人才能力、信息技术内部沟通能力和信息技术外部沟通能力）、伙伴关系（信任、承诺、契约、权利和相互依赖关系）和农产品供应链绩效（财务、服务和战略绩效）之间相互影响的理论框架，并进一步扩充章节 2.5 的假设 H1、假设 H2、假设 H3、假设 H7 的基本假设，提出详细的研究假设。

其次，为了保证实证分析中结构方程模型构建的合理性和分析结果的稳定性，利用 SPSS 和 AMOS 工具，对调研的伙伴关系变量数据进行探索性和验证性因子分析来进行信度和效度检验，并进行多重共线性分析和共同方法偏差检验。

在此基础上，为了更详细分析伙伴关系作用下总体及细化的信息技术能力和农产品供应链绩效之间的影响关系，分别构建主模型和 4 个分解模型的结构方程模型，利用 AMOS 软件输出并综合对比分析主模型和分解模型路径结果，并进一步分析伙伴关系发挥的中介路径作用，从而对三个构念之间的影响机理进行实证验证，以验证上节提出的理论假设。最后综合理论和实证分析结果，进行总结与讨论。

5.1 伙伴关系路径作用的理论分析

本章在第 4 章的基础上，进一步回答和解决伙伴关系作用下总的和四种维度的信息技术能力是否以及如何影响农产品供应链绩效。因此，根据本章的研究目标，接下来详细梳理与分析信息技术能力与伙伴关系、伙伴关系与农产品供应链绩效，及伙伴关系在二者之间发挥的中介路径作用等影响关系，进一步提出研究假设和理论模型，以描述了总的和四种维度的信息技术能力、伙伴关系和农产品供应链绩效三者之间相互影响的理论关系。

5.1.1 信息技术能力与伙伴关系

企业之间跨组织的沟通和关系治理可以通过强的信息技术能力来实现，例如信息技术能力中的信息技术信息整合能力（Ye and Wang，2013），及信息技术能力中的内外部协调能力等。信息技术的应用和提升能促进业务流程重组，积极影响供应链整合，并帮助企业更容易改进彼此的伙伴关系（Tseng and Liao，2015；Vaio and Varriale，2020），尤其信任的伙伴关系（Fu et al.，2017；Lee and Ha，2018）。有效信息技术应用，例如微信、电子商务、电子数据交换（EDI）、物联网等，突破时间和地点限制，促进供应链伙伴之间实时的交流与沟通，有利于改进伙伴关系（Gaurav and Anbanandam，2016）。一些学者已经发现了有效利用信息技术可以增强供应链成员间的关系。例如，于等（Yu et al.，2001）认为外部环境的复杂性促使企业倾向于应用信息技术去与上下游合作伙伴保持紧密的沟通与协作。严等（Yan et al.，2016）也指出物联网作为信息技术的应用，可以实现农产品供应链上的信息共享并增强伙伴关系。曾等（Zeng et al.，2017）基于中国广东省的调研数据，发现信息技术能力会积极正向影响供应商和客户的信任水平。

尽管目前学者还未深入探讨在农产品供应链上信息技术能力和伙伴关系的关系，但基于关系理论和前人相关的研究，本书认为总的及四种维度信息技术能力不仅是企业的竞争优势，也是促进农产品供应链成员之间密切沟通协作、增强伙伴关系的有效策略，可以促进伙伴间的及时交流和沟通，降低双方机会主义行为的风险，实现供应链稳定而长期合作关系。因此，提出以下假设：

H2. 信息技术能力正向影响伙伴关系

H2－1－1. 信息技术人才能力正向影响伙伴关系

H2－1－2. 信息技术基础设施能力正向影响伙伴关系

H2－1－3. 信息技术内部沟通能力正向影响伙伴关系

H2－1－4. 信息技术外部沟通能力正向影响伙伴关系

H2－2－1. 信息技术能力正向影响信任

H2－2－2. 信息技术能力正向影响承诺

H2－2－3. 信息技术能力正向影响契约

H2－2－4. 信息技术能力正向影响权利

H2－2－5. 信息技术能力正向影响相互依赖

5.1.2 伙伴关系与农产品供应链绩效

基于章节 2.4.2 提出的 RV 理论，充分解释了伙伴关系是企业稀缺而重要的资本。社会网络理论（SNT）也认为，供应链成员间好的伙伴关系不仅有益于单个企业绩效，更有助于整体供应链绩效提升（Mesic，2018），也可以抵御各种供应链风险，如环境、供应、生产、需求、金融和物流等（Daghar et al.，2021）。企业可持续的竞争力取决于和其合作成员之间的关系质量（Cooper et al.，1997；Dyer and Singh，1998；Lee and Ha，2018），如和供应商、生产商、分销商、零售商等供应链成员。一般企业与上下游伙伴关系越好，经营业绩越好，越容易促进供应链整合（Wang et al.，2018），整体绩效也越高（Srinivasan et al.，2011；Jain et al.，2014）。学者们已认识到供应链中牢靠的伙伴关系的价值，但大多数集中在单维度关系的价值。例如，一些学者发现信任的关系会积极影响供应链绩效（叶飞和徐学军，2009；Kuhne et al.，2013；Odongo et al.，2016）。丁等（Ding et al.，2014）发现在澳大利亚牛肉加工业中，信任和承诺的伙伴关系显著影响食品质量绩效。特本德和克鲁斯（Terpend and Krause，2015）认为供应链参与者之间的依赖关系受到彼此合作特定环境的影响，高度的相互依赖会导致 SCP 的改善。奥东戈等（Odongo et al.，2017）发现玉米供应链上的对称性权利和非对称性权利会对供应链的效率、质量和协调性产生不同的影响。付等（Fu et al.，2017）收集 282 份中国农产品供应链上游农户数据，发现提高农户对涉农企业的相互依赖度能增强彼此之间的信任和承诺关系，从而促进成员间的信息沟通与共享。

在农产品供应链管理中，整体绩效的改进主要依赖于管理上下游合作伙伴关系。有效管理农产品供应链伙伴间关系的能力是涉农企业在复杂和多变环境中竞争和生存的关键。成员间可持续的伙伴关系可以带来长久回报，如更低的产品生产和服务成本、更低的交易成本、更安全的农产品质量、更高的企业综合绩效（Odongo et al.，2016）。基于 SNT，当农产品供应链成员的彼此利益能够实现时候，才会选择合作并建立紧密的伙伴关系（Uddin，2017；Park et al.，2017）。而伙伴关系质量通常取决于信任、承诺、相互依赖、非强制性和强制性权力、契约等水平，是涉农企业间稀缺、有价值和不可替代资本，能促进企业间的信息沟通与共享，降低交易成本，从而显著影响传统农产品供应链的财务和非财务绩效（传统性、效率、响应性、质量和供应链的协调性）（Mesic et al.，2018；Zeng and Lu，

2020)。

综上所述，基于 RV 理论、SNT 理论和前人相关研究，伙伴关系增强能够提高农产品供应链绩效。主要表现在：首先，伙伴之间的信任、承诺、契约、权利和相互依赖等关系的提升，会减少机会主义行为，减少冲突，降低交易成本，从而提高合作绩效。其次，长期且牢靠的关系容易使伙伴之间对相互文化价值和信念的认同感较强，有利于农产品供应链成员间的深入的沟通、合作和协同，共同努力实现供应链目标，进而提高供应链绩效。

因此，本书认为农产品供应链成员间强的伙伴关系，包含信任、承诺、契约、权利和相互依赖关系，不仅有益于单个企业绩效的提高，更有利于整个供应链财务和非财务（服务和战略）绩效的改进，即总的及各维度伙伴关系会正向影响综合和三种维度的农产品供应链绩效。故提出以下假设：

H3. 伙伴关系正向影响农产品供应链绩效

H3 - 1 - 1. 伙伴关系正向影响财务绩效

H3 - 1 - 2. 伙伴关系正向影响服务绩效

H3 - 1 - 3. 伙伴关系正向影响战略绩效

H3 - 2 - 1. 信任正向影响农产品供应链绩效

H3 - 2 - 2. 承诺正向影响农产品供应链绩效

H3 - 2 - 3. 契约正向影响农产品供应链绩效

H3 - 2 - 4. 权利正向影响农产品供应链绩效

H3 - 2 - 5. 相互依赖正向影响农产品供应链绩效

5.1.3 伙伴关系在信息技术能力与农产品供应链绩效之间发挥的中介作用

当前部分学者已经探讨了信息技术和供应链管理中的中介因素，例如信息共享（Ye and Wang，2013），市场定位（Tseng and Liao，2015），信息整合（Zhou and Wan，2017），供应链集成（Sundram et al.，2018）等。

个别学者也初步探讨了关系管理在供应链管理的中介作用，例如，牛（Niu，2010）认为供应链信息技术基础设施能力对供应链绩效有直接和间接影响，其中关系管理起部分中介作用。李和陈（Li and Chen，2010）指出信息技术会间接影响 SCP，通过增强合作伙伴之间的关系。伙伴关系中，学者们更多发现信任关系在供应链管理中的中介作用，如信任在管理联结和信息共享之间的中介作用（Wang et al.，2014），及在非强制性权利和战略绩效之间的中介作用（Jain et al.，2014）。库琅格尔等（Kulangara et al.，2016）也提出供应商信任在结构资本（社会化和信息共享）和创新能力中发挥着中介作用。帕娜等（Panahifar et al.，2018）发现信任作为协同的因素，在安全的信息共享对供应链协同的影响路径中发挥着中介作用。信任关系也在不确定性和供应链可持续性中发挥着关键中介作用（Khan et al.，2018）。然而，学者们还未探讨过伙伴关系在信息技术能力和农产品供应链绩效之间发挥的中介路径作用。

在农产品供应链上，信息技术能力可以促进伙伴间的交流和沟通，有效地开发、协调和增强伙伴关系，减少双方机会主义行为，降低谈判和监督成本，实现农产品供应链成员间稳定而长期合作，从而形成整条供应链的竞争优势，提高供应链综合绩效（Yan et al.，2016；Huggins and Valverde，2018）。

综合上面的讨论，基于 RV 和 RBV 理论，本书认为信息技术能力作为企业可持续性竞争优势，能够增强农产品供应链成员之间的伙伴关系，从而共同改进农产品供应链绩效。信息技术能力对农产品供应链绩效的间接影响路径可以通过伙伴关系这一中介因素发挥作用，即伙伴关系作用下，总的和四种维度信息技术能力也会间接影响农产品供应链绩效，而伙伴关系会在二者间接影响之间发挥着中介作用，故提出以下假设：

H7. 伙伴关系在信息技术能力与农产品供应链绩效间发挥着中介作用

H7 – 1. 伙伴关系在信息技术人才能力与农产品供应链绩效间发挥着中介作用

H7 – 2. 伙伴关系在信息技术基础设施能力与农产品供应链绩效间发挥着中介作用

H7 – 3. 伙伴关系在信息技术内部沟通能力与农产品供应链绩效间发挥

着中介作用

H7 – 4. 伙伴关系在信息技术外部沟通能力与农产品供应链绩效间发挥着中介作用

另外，假设 H1 及相关子假设的理论关系已经在第 4 章理论分析部分详细介绍，本章不再重复进行理论分析，只罗列如下。但根据研究目标，本章会继续在实证分析里探讨这些假设能否成立，对比分析伙伴关系存在下信息技术能力对农产品供应链绩效的直接与间接影响。

H1. 伙伴关系存在下，信息技术能力正向直接影响农产品供应链绩效

H1 – 1 – 1. 伙伴关系存在下，信息技术能力正向直接影响财务绩效

H1 – 1 – 2. 伙伴关系存在下，信息技术能力正向直接影响服务绩效

H1 – 1 – 3. 伙伴关系存在下，信息技术能力正向直接影响战略绩效

H1 – 2 – 1. 伙伴关系存在下，信息技术人才能力正向直接影响农产品供应链绩效

H1 – 2 – 2. 伙伴关系存在下，信息技术基础设施能力正向直接影响农产品供应链绩效

H1 – 2 – 3. 伙伴关系存在下，信息技术内部沟通能力正向直接影响农产品供应链绩效

H1 – 2 – 4. 伙伴关系存在下，信息技术外部沟通能力正向直接影响农产品供应链绩效

H1 – 3 – 1. 伙伴关系存在下，信息技术人才能力正向直接影响财务绩效

H1 – 3 – 2. 伙伴关系存在下，信息技术人才能力正向直接影响服务绩效

H1 – 3 – 3. 伙伴关系存在下，信息技术人才能力正向直接影响战略绩效

H1 – 4 – 1. 伙伴关系存在下，信息技术基础设施能力正向直接影响财务绩效

H1 – 4 – 2. 伙伴关系存在下，信息技术基础设施能力正向直接影响服务绩效

H1 - 4 - 3. 伙伴关系存在下，信息技术基础设施能力正向直接影响战略绩效

H1 - 5 - 1. 伙伴关系存在下，信息技术内部沟通能力正向直接影响财务绩效

H1 - 5 - 2. 伙伴关系存在下，信息技术内部沟通能力正向直接影响服务绩效

H1 - 5 - 3. 伙伴关系存在下，信息技术内部沟通能力正向直接影响战略绩效

H1 - 6 - 1. 伙伴关系存在下，信息技术外部沟通能力正向直接影响财务绩效

H1 - 6 - 2. 伙伴关系存在下，信息技术外部沟通能力正向直接影响服务绩效

H1 - 6 - 3. 伙伴关系存在下，信息技术外部沟通能力正向直接影响战略绩效

5.1.4　本章理论框架

本章融合了第4章的理论分析，构建了概括性的理论框架（见图5 - 1），覆盖了以上提出的4个主要假设，详细的子假设不再一一标注。该理论模型主要描述了信息技术能力、伙伴关系和农产品供应链绩效三个构念之间相互影响的理论关系。类似于第4章的设置，以上众多假设无法共同在一个结构方程模型里构建和检验，为了检验与分析以上所有假设，本章在下文实证分析中分别构建并分析1个主模型和4个分解模型。

（1）主模型主要验证假设 H1、假设 H2、假设 H3 和假设 H7，研究总体的信息技术能力对综合的农产品供应链绩效的影响；

（2）分解模型1细化了信息技术能力，主要验证假设 H1 - 2 - 1 至假设 H1 - 2 - 4、假设 H2 - 1 至假设 H2 - 4 和假设 H7 - 1 至假设 H7 - 4，研究伙伴关系作用下四种维度的信息技术能力分别对综合的农产品供应链绩效的影响；

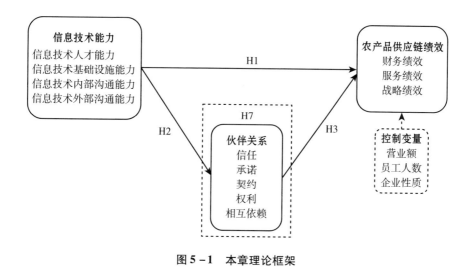

图 5 - 1   本章理论框架

（3）分解模型 2 细化了伙伴关系，主要验证假设 H2 - 2 - 1 至假设 H2 - 2 - 5、假设 H3 - 2 - 1 至假设 H3 - 2 - 5，研究各维度伙伴关系（信任、承诺、契约、相互依赖和权利）作用下总体的信息技术能力对综合的农产品供应链绩效的影响；

（4）分解模型 3 细化了农产品供应链绩效，主要验证假设 H1 - 1 - 1 至假设 H1 - 1 - 3、假设 H3 - 1 - 1 至假设 H3 - 1 - 3，研究伙伴关系作用下总体的信息技术能力分别对三种维度的农产品供应链绩效的影响；

（5）分解模型 4 同时细化了信息技术能力和农产品供应链绩效，主要验证假设 H1 - 3 - 1 至假设 H3 - 6 - 3，研究伙伴关系作用下四种维度的信息技术能力分别对三种维度的农产品供应链绩效的影响。

本章后续实证分析里会详细地讲解以上模型的构建与路径分析，以逐步验证以上提出的理论框架与所有假设，以研究伙伴关系作用下总体和细化的信息技术能力对农产品供应链绩效的直接和间接影响及影响的效应量。

本章接下来基于上面的理论分析，采用结构方程模型路径分析和中介效应模型的方法，实证分析伙伴关系作用下信息技术能力对农产品供应链绩效的影响。为了保证 SEM 构建的合理性和分析结果的稳定性，接下来首先通过 SPSS 与 AMOS 工具进行探索性和验证性因子分析，对相应的变量数据来进行信度、效度、多重共线性分析和共同方法偏差等检验。在此基础上，采用 AMOS 对主模型和 4 个分解模型进行影响路径分析与对比，并分别检验伙伴关系的在总的和 4 种维度信息技术能力和农产品供应链绩效间发挥的中介路径作用，以验证上节提出的理论假设。

5.2 因子分析与多重共线性检验

5.2.1 探索性因子分析

本节继续采用 SPSS 对伙伴关系的预试量表的条目进行探索性因子分析，在探索性因子分析之前，首先对伙伴关系数据进行 Bartlett's 球形检验和样本充分性检验（Kaiser-Meyer-Olkin，KMO）以判断变量的题项是否适合进行因子分析，KMO > 0.5 是判断能否进行因子分析的标准（见章节 4.3.1 中的表 4 - 1）。与此同时，Bartlett's 球形检验也应显著，否则也不宜进行因子分析。

经过 KMO 和 Bartlett's 球形检验（见表 5 - 1），最终伙伴关系的 KMO 值为 0.866，Bartlett's 球形检验也显著，均符合标准，表明伙伴关系适合进行因子分析。如表 5 - 2 所示，特征值大于 1 的因子被提取后，所有题项聚合成了 5 个因子（信任、承诺、契约、相互依赖和权利），且累计解释率为 85.935%。因此，本书认为伙伴关系量表具备因子分析的条件，下面对其进行因子分析。

表 5 - 1 　　　　伙伴关系的 KMO 值和 Bartlett's 球形检验结果

构建	KMO 值	Bartlett's 球形检验		
		检验值	自由度	Sig.
伙伴关系	0.866	7567.098	105	0.000

注：该分析剔除了因子载荷小于 0.5 的 2 个题项，为"我们愿意在主要合作伙伴遇到资金困难时向其提供资金帮助"和"我们需要与合作伙伴之间一起努力并做出调整来应对不断改变的状况"。

表 5 - 2   伙伴关系各维度的方差解释度

维度	解释变异量	累计解释变异量	提取因素	特征值
信任	17.709	17.709		2.656
承诺	17.682	35.392		2.652
契约	17.207	52.598	5	2.581
相互依赖	17.058	69.657		2.559
权利	16.278	85.935		2.442

注：该分析剔除了因子载荷小于0.5的2个题项，为"我们愿意在主要合作伙伴遇到资金困难时向其提供资金帮助"和"我们需要与合作伙伴之间一起努力并做出调整来应对不断改变的状况"。

根据主成分分析结果（见表 5 - 3），本书拟将因子载荷小于 0.5 的题项剔除，分别是 IRC4 "我们愿意在主要合作伙伴遇到资金困难时向提供资金帮助"和 IRI4 "我们需要与合作伙伴之间一起努力并做出调整来应对不断改变的状况"。除了上述两个被剔除的条目，其余条目的因子载荷都较高（范围为 0.758 ~ 0.939），方差解释率也较高，且在同一主概念内部不存某一因子交叉加载多种维度的现象。以上分析表明伙伴关系量表具有较高的结构效度。

表 5 - 3   伙伴关系的描述性统计和探索性因子分析结果

变量	题项	因子载荷	CITI	Cronbach's α if Item Deleted	Cronbach's α
信任	IRT1	0.873	0.632	0.893	
	IRT2	0.758	0.660	0.892	0.907
	IRT3	0.821	0.651	0.892	
承诺	IRC1	0.897	0.621	0.893	
	IRC2	0.856	0.645	0.893	
	IRC3	0.839	0.604	0.894	0.927
	IRC4 *	0.360	0.357	0.901	
契约	IRQ1	0.864	0.610	0.894	
	IRQ2	0.871	0.620	0.894	0.924
	IRQ3	0.860	0.525	0.896	
相互依赖	IRI1	0.917	0.613	0.893	
	IRI2	0.939	0.603	0.893	
	IRI3	0.883	0.692	0.899	0.909
	IRI4 *	0.411	0.371	0.905	

续表

变量	题项	因子载荷	CITI	Cronbach's α if Item Deleted	Cronbach's α
权利	IRP1	0.882	0.620	0.893	0.907
	IRP2	0.828	0.643	0.893	
	IRP3	0.850	0.610	0.893	

注：Cronbach's α 值剔除了因子载荷小于 0.5 的 2 个题项，为 IRC4 "我们愿意在主要合作伙伴遇到资金困难时向提供资金帮助"和 IRI4 "我们需要与合作伙伴之间一起努力并做出调整来应对不断改变的状况"。

根据信度分析结果（见表 5 - 3），除了删除的两个题项 IRC4 和 IRI4 的 CITC 小于 0.5 外，其余题项的 CITC 均高于 0.5（范围为 0.525 ~ 0.692）。而且在剔除上述题项后，各测量题项所属构念的 Cronbach's α 均有提高。五种维度的伙伴关系构念的 Cronbach's α 分别为 0.907、0.927、0.924、0.909 和 0.907，均高于农纳利（Nunnally，1978）提出的临界值 0.7。

综上可知，伙伴关系构念整体和各构念的效度和信度均较高，测量量表具有较高的有效性和内部一致性。

5.2.2 验证性因子分析

本部分在伙伴关系探索性因子分析基础上，进一步对五种维度伙伴关系构念进行验证性因子分析，整体测量模型的拟合结果如表 5 - 4 所示，标准化路径图如图 5 - 2 所示。卡方值（χ^2）为 220.156（P < 0.001），自由度（df）为 80，卡方自由度比值（χ^2/df）为 2.752（小于 3），RMSEA 为 0.054（小于 0.08），GFI、CFI、TLI 和 NFI 均大于 0.9，可见伙伴关系测量模型整体拟合度较好。

表 5 - 4　　　　　　　　　　伙伴关系的验证性因子分析结果

路径			标准化路径系数	路径系数	S. E.	C. R.	AVE
IRT1	←	信任	0.922 ***	1.000		0.910	0.772
IRT2	←	信任	0.849 ***	0.854	0.029		
IRT3	←	信任	0.863 ***	0.934	0.030		

续表

路径			标准化路径系数	路径系数	S. E.	C. R.	AVE
IRC1	←—	承诺	0.933 ***	1.000			
IRC2	←—	承诺	0.898 ***	0.960	0.027	0.929	0.813
IRC3	←—	承诺	0.873 ***	0.869	0.026		
IRQ1	←—	契约	0.929 ***	1.000			
IRQ2	←—	契约	0.967 ***	1.011	0.023	0.930	0.847
IRQ3	←—	契约	0.806 ***	0.954	0.034		
IRI1	←—	相互依赖	0.862 ***	1.000			
IRI2	←—	相互依赖	0.942 ***	1.072	0.036	0.911	0.774
IRI3	←—	相互依赖	0.831 ***	0.912	0.035		
IRP1	←—	权利	0.899 ***	1.000			
IRP2	←—	权利	0.864 ***	0.923	0.032	0.908	0.766
IRP3	←—	权利	0.862 ***	0.957	0.033		

$\chi^2 = 220.156$，df $= 80$，$\chi^2/df = 2.752$，RMSEA $= 0.054$，GFI $= 0.954$，
CFI $= 0.981$，TLI $= 0.976$，NFI $= 0.971$

注：1. *** $p < 0.001$；2. S. E.（Standard Error）是标准差，C. R.（Composite Reliabilities）是组合信度，AVE（Average Variance Extracted）是平均提取方差值。

五种维度伙伴关系（信任、承诺、契约、相互依赖和权利）对各题项的标准化回归系数为 $0.806 \sim 0.967$，均显著且大于 0.6 标准，说明各测量题项选取质量较好。五种维度伙伴关系构念的组合信度 C. R.（Composite Reliabilities）分别为 0.910、0.929、0.930、0.911 和 0.908，均大于 0.6 标准，说明各构念信度很好。平均提取方差值 AVE（average variance extracted）分别为 0.772、0.813、0.847、0.774 和 0.766，说明同一个构念的题项一致度较为显著。伙伴关系变量的标准化回归路径图如图 5 - 2 所示，模型之中存在 5 个潜在变量（信任、承诺、契约、相互依赖和权利）、15 个观测变量和 15 个测量误差。上述结果均说明关于伙伴关系变量的测量模型构建拟合度较好，调研的数据具有较好的聚合效度，且内部一致性较好。

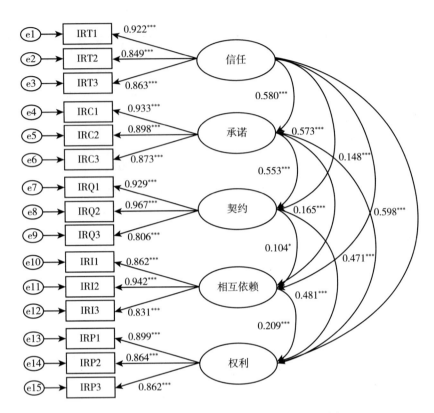

图5-2 伙伴关系验证性因子分析的标准化路径

5.2.3 多重共线性和共同方法偏差

正如章节4.3.3多重共线性和共同方法偏差部分所述，农产品供应链绩效和信息技术能力不存在严重的多重共线性和共同方法偏差。本节继续采用SPSS分析在增加伙伴关系变量的研究是否存在多重共线性和共同方法偏差。

依据梅纳德（Menard，1995）研究，通过观察方差膨胀因子VIF是否大于5作为判断是否存在严重的多重共线性的依据。如表5-5所示，无论是四种维度信息技术能力对伙伴关系还是五种维度伙伴关系对农产品供应链绩效的回归分析，发现所有的VIF均远小于5，说明增加伙伴关系变量的研究不存在严重的多重共线性。

表 5 - 5　　　　　　　　　　　多重共线性分析

因变量	自变量	非标准化系数		标准系数	t	Sig.	共线性统计量	
		B	Std. Error	Beta			Tolerance	VIF
伙伴关系	常数项	3.215	0.147	—	21.942	0.000	—	—
	信息技术人才平均	0.094	0.030	0.142	3.109	0.002	0.537	1.863
	信息技术基础平均	0.094	0.030	0.141	3.103	0.002	0.537	1.863
	信息技术内部沟通平均	0.070	0.029	0.119	2.388	0.017	0.446	2.244
	信息技术外部沟通平均	0.183	0.033	0.281	5.567	0.000	0.437	2.289
农产品供应链绩效	常数项	1.371	0.235	—	5.843	0.000	—	—
	信任	0.191	0.040	0.218	4.819	0.000	0.525	1.906
	承诺	0.101	0.038	0.110	2.646	0.008	0.617	1.621
	契约	0.083	0.041	0.084	2.033	0.042	0.623	1.604
	相互依赖	0.081	0.020	0.136	4.069	0.000	0.952	1.051
	权利	0.240	0.036	0.275	6.661	0.000	0.630	1.588

注：自变量是四种维度信息技术能力，因变量是农产品供应链的多重共线性的分析结果见章节 4.3.3。

在伙伴关系统计检验控制上，本书继续采用学者波得萨可夫（Podsakoff，2003）建议的 Harman 单因素检验来判断调查结果是否存在共同方法偏差。经过分析（见表 5 - 2），伙伴关系未经旋转的主成分因素分析表明：共有 5 个因子的特征值大于 1，最大因子解释的变异量为 17.709%，未超过 40%。因此，可以认为，伙伴关系数据不存在严重的共同方法偏差。

5.3 主模型的影响路径分析

5.3.1　主模型构建

本章节在第 4 章的基础上，为了保证结构方程模型构建的合理性和结果的稳定性，上面对增加伙伴关系的调研模型进行详细的探索性因子分析、验证性因子分析、多重共线性和共同方法偏差，最终确定了伙伴关系一级构念包含 5 个二级构念共 15 个测量题项。前面分析结果表明增加伙伴关系的测量题项、效度与信度均达到结构方程模型的要求，可以进行接下来主模型和分解模型的结构方程模型 SEM 路径分析。

基于本章研究目标，本节首先构建主模型的结构方程模型如图 5-2 所示，重点考察总体层面的信息技术能力、伙伴关系和农产品供应链绩效之间的影响路径关系，主要验证章节 5.2 提出的假设 H1、假设 H2、假设 H3 和假设 H7。主模型中，设置了 19 个外生观测变量（题项）来测量 1 个一级潜变量（信息技术能力）和 4 个外生二级潜变量（信息技术人才能力、信息技术基础设施能力、信息技术内部沟通能力、信息技术外部沟通能力），15 个内生观测变量（题项）来测量 1 个一级潜变量（伙伴关系）和 5 个二级潜变量（信任、承诺、契约、相互依赖和权利），12 个内生观测变量（题项）来测量 3 个内生一级潜变量（农产品供应链财务绩效、农产品供应链服务绩效、农产品供应链战略绩效）和 1 个二级潜变量（农产品供应链绩效），3 个外生观测变量来测量控制变量（企业规模、营业额、经营年限）变量。

5.3.2　主模型适配度检验

参考前人的研究（Anderson and Gerbing, 1988；Bagozzi et al., 1991；邱皓政和林碧芳，2003），本节首先评价主模型的适配度，选取的适配度指标为 χ^2/df、RMSEA、GFI、TLI、CFI、NFI、IFI、PNFI 和 PCFI，覆盖了绝对适配统计量、增值适配统计量和简约适配统计量，具体如表 5-6 所示。绝对适配统计量方面，卡方值 χ^2 为 2485.867（$P < 0.0001$），自由度 df 为 1111，χ^2/df 为 2.238，均达到显著水平；RMSEA 为 0.045（小于 0.08 标准），GFI 为 0.852（接近 0.9）。增值适配统计量方面，CFI、IFI、TLI、NFI 均大于 0.9 的适配标准。简约适配统计量方面，PNFI 为 0.857 和 PCFI 为 0.894，均大于 0.5。整体上来说，除了 GFI 略低于 0.9 外，其他适配度指标均达到标准要求。综上所述，本节构建的主模型拥有良好的适配度，可以进行详细路径分析。

表 5 - 6   主模型适配度检验结果

指标		适配标准	检验值	适配结果
绝对适配统计量	χ^2/df	<3	2.238	好
	RMSEA	<0.08	0.045	好
	GFI	大于或接近0.9	0.852	符合
增值适配统计量	CFI	大于或接近0.9	0.946	好
	IFI	大于或接近0.9	0.947	好
	TLI	大于或接近0.9	0.943	好
	NFI	大于或接近0.9	0.920	好
简约适配统计量	PNFI	大于或接近0.5	0.857	好
	PCFI	大于或接近0.5	0.894	好

5.3.3 主模型路径分析

本节利用 AMOS 工具，首先进行主模型的路径分析，考察伙伴关系存在的情况下总体层面的信息技术能力和农产品供应链绩效之间的影响路径关系，得到的标准化路径结果如图 5 - 3 所示，详细路径检验结果如表 5 - 7 所示。主模型路径图和结构模型检验结果表均显示：伙伴关系单独存在情况下，信息技术能力对农产品供应链绩效有直接影响，标准化路径系数为 0.264（p < 0.001），说明该路径显著成立，支持本章的理论假设 H1；同时，信息技术能力影响伙伴关系，标准化路径系数为 0.732（p < 0.001），支持本章的理论假设 H2；伙伴关系也影响农产品供应链绩效，标准化路径系数为 0.671（p < 0.001），支持本章的理论假设 H3。即在考虑伙伴关系单独作用情况下，信息技术能力、伙伴关系和农产品供应链绩效三者之间有显著正向影响路径存在，支持了章节 5.2 提出的理论假设 H1、假设 H2 和假设 H3。至于假设 H7 及假设 H7 - 1 至假设 H7 - 4（伙伴关系在信息技术能力和农产品供应链绩效之间发挥着中介路径作用）的验证在章节 5.3.6 详细的分析。

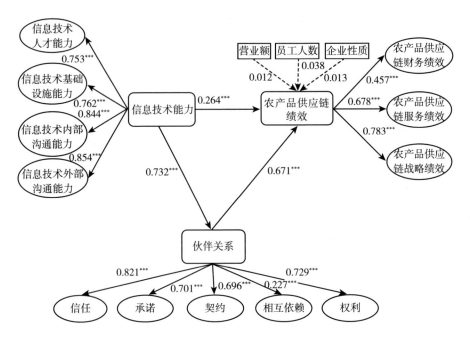

图 5 - 3　主模型的标准化路径

表 5 - 7　　　　　　　　　主模型路径检验结果

	路径			标准化路径系数	路径系数	S. E.	C. R.	结论
结构模型	信息技术能力	⟶	伙伴关系	0.732 ***	0.767	0.059	12.916	支持
	信息技术能力	⟶	农产品供应链绩效	0.264 ***	0.180	0.053	3.430	支持
	伙伴关系	⟶	农产品供应链绩效	0.671 ***	0.438	0.064	6.820	支持
	总营业额	⟶	农产品供应链绩效	0.012	0.005	0.018	0.279	拒绝
	企业性质	⟶	农产品供应链绩效	0.038	0.018	0.017	1.040	拒绝
	员工人数	⟶	农产品供应链绩效	0.013	0.005	0.018	0.300	拒绝
测量模型	伙伴关系	⟶	信任	0.821 ***	1.000			支持
	伙伴关系	⟶	承诺	0.701 ***	0.819	0.052	15.637	支持
	伙伴关系	⟶	契约	0.696 ***	0.716	0.046	15.468	支持
	伙伴关系	⟶	相互依赖	0.227 ***	0.380	0.078	4.876	支持
	伙伴关系	⟶	权利	0.729 ***	0.858	0.055	15.736	支持

　　注：1. 关于信息技术能力和农产品供应链绩效的测量模型结果见第 4 章的主模型路径检验，如表 4 - 11 所示；2. *** 代表 p < 0.001；3. S. E. （Standard Error）是标准差，C. R. （临界比，Critical Ratio）是检验统计量。

表 5 - 7 和图 5 - 3 中测量模型结果显示增加伙伴关系的主模型的一级和二级构念间的路径均显著，表明：①伙伴关系二级潜变量可以由 5 个伙伴关系一级潜变量（信任、承诺、契约、相互依赖和权利）来反映，即五种维度伙伴关系共同构成了总的伙伴关系质量；②验证了章节 5.3.1 和章节 5.3.2 因子分析的合理性即 15 个内生观测变量（题项）可以用来测量五种维度的伙伴关系；③本章主模型关于信息技术能力和农产品供应链绩效的测量模型结果与第 4 章的主模型中测量模型结果相同，即信息技术能力和农产品供应链绩效一级与二级构念间路径均成立，结果见第 4 章主模型路径检验结果表 4 - 11。

5.4 4 个分解模型的影响路径分析

5.4.1 4 个分解模型构建

上面主模型路径分析重点考察了伙伴关系存在情况下总体层面的信息技术能力和农产品供应链绩效之间的影响路径关系，即分析了三个构念之间总体和细化的路径关系。为了更深层次分析伙伴关系存在情况下信息技术能力和农产品供应链绩效之间细化的影响关系，本节在主模型的基础上，逐步构建与分析 4 个分解模型，深入研究四种维度及总信息技术能力（信息技术人才能力、信息技术基础设施能力、信息技术内部沟通能力、信息技术外部沟通能力）、五种维度及总伙伴关系（信任、承诺、契约、相互依赖和权利）和三种维度及总的农产品供应链绩效（财务绩效、服务绩效、战略绩效）之间总的和分解的影响关系，即一级构念和二级构念间的详细的路径关系，构建的 4 个分解模型分别如图 5 - 4、图 5 - 5、图 5 - 6 和图 5 - 7 所示（图中不显示具体测量题项）。

（1）分解模型 1 在主模型的基础上，进一步细化了信息技术能力一级构念，重点研究四种维度信息技术能力、总的伙伴关系和总的农产品供应链绩效之间的关系，分析伙伴关系存在下四种维度信息技术能力单独对总的农产品供应链绩效的影响机理，主要验证假设 H1 – 2 – 1 至假设 H1 – 2 – 4、假设 H2 – 1 至假设 H2 – 4 和假设 H7 – 1 至假设 H7 – 4。模型主要设置了 19 个外生观测变量（题项）来测量 4 个外生二级潜变量（信息技术人才能力、信息技术基础设施能力、信息技术内部沟通能力、信息技术外部沟通能力），15 个内生观测变量（题项）来测量 1 个一级潜变量（伙伴关系）和 5 个二级潜变量（信任、承诺、契约、相互依赖和权利），12 个内生观测变量（题项）来测量 1 个一级潜变量（农产品供应链绩效）和 3 个二级潜变量（财务绩效、服务绩效、战略绩效），3 个外生观测变量来测量控制变量（企业规模、营业额、经营年限），测量误差等变量。

（2）分解模型 2 在主模型的基础上，进一步细化了伙伴关系一级构念，重点研究总信息技术能力、五种维度伙伴关系（信任、承诺、契约、相互依赖和权利）和总的农产品供应链绩效之间的关系，主要验证假设 H2 – 2 – 1 至假设 H2 – 2 – 5、假设 H3 – 2 – 1 至假设 H3 – 2 – 5，分别分析五种维度伙伴关系在二者中发挥的路径作用。分解模型 3 其余设置与分解模型 1 一致。

（3）分解模型 3 在主模型的基础上，进一步细化了农产品供应链绩效一级构念，重点研究总信息技术能力、总的伙伴关系和三种维度农产品供应链绩效（农产品供应链财务绩效、农产品供应链服务绩效、农产品供应链战略绩效）之间的关系，主要验证假设 H1 – 1 – 1 至假设 H1 – 1 – 3、假设 H3 – 1 – 1 至假设 H3 – 1 – 3，分析总信息技术能力和总的伙伴关系分别对三种维度农产品供应链绩效的影响。分解模型 2 的其余详细设置与分解模型 1 一致。

（4）分解模型 4 在分解模型 3 的基础上，进一步细化了信息技术能力和农产品供应链绩效一级构念，重点研究四种维度信息技术能力、总伙伴关系和三种维度农产品供应链绩效之间的关系，主要验证假设 H1 – 3 – 1 至假设 H3 – 6 – 3 和其他子假设，分别分析总的伙伴关系在细化的信息技术能力和细化的农产品供应链绩效之间中发挥的路径作用，其中模型中只有伙伴关系是一级构念。分解模型 4 的其余详细设置与分解模型 1 一致。

下面详细介绍 4 个分解模型的适配度检验和路径分析结果。

5.4.2 4个分解模型适配度检验

在分析详细的路径结果之前，本节选取绝对适配统计量、增值适配统计量和简约适配统计量中的9个适配度指标（χ^2/df、RMSEA、GFI、TLI、CFI、NFI、IFI、PNFI和PCFI），来评价4个分解模型的适配度，具体如表5－8所示。

表5－8　　　　　　　　　　分解模型适配度检验结果

指标	χ^2	df	绝对适配统计量			增值适配统计量				简约适配统计量	
			χ^2/df	RMSEA	GFI	CFI	NFI	TLI	IFI	PNFI	PCFI
参考值	—	—	< 3	< 0.08	大于或接近0.9					大于0.5	
模型1检测值	2456.588	1103	2.227	0.045	0.853	0.947	0.909	0.944	0.947	0.852	0.889
模型2检测值	2587.724	1106	2.340	0.047	0.847	0.942	0.904	0.939	0.942	0.850	0.886
模型3检测值	2276.582	973	2.340	0.047	0.856	0.949	0.914	0.946	0.949	0.859	0.892
模型4检测值	2245.631	959	2.342	0.047	0.857	0.949	0.915	0.945	0.950	0.848	0.880
适配结果	—	—	好	好	符合	好	好	好	好	好	好

（1）对于分解模型1的适配度检验：绝对适配统计量方面，卡方值 χ^2 为2456.588，自由度df为1103，χ^2/df 为2.227（小于3，P < 0.0001），RMSEA为0.045（小于0.08），GFI为0.853（接近0.9）；增值适配统计量方面，CFI、IFI、TLI、NFI均大于0.9的适配标准；简约适配统计量方面，PNFI为0.852和PCFI为0.889，均大于0.5。整体上来说，除了GFI略低于0.9外，其他适配度指标均达到标准要求。

（2）对于分解模型2的适配度检验：绝对适配统计量方面，卡方值 χ^2 为2587.724，自由度df为1106，χ^2/df 为2.340（小于3，P < 0.0001），RMSEA为0.047（小于0.08），GFI为0.847（接近0.9）；增值适配统计量方面，CFI、IFI、TLI、NFI均大于0.9的适配标准；简约适配统计量方面，PNFI为0.850和PCFI为0.886，均大于0.5。

（3）对于分解模型3的适配度检验：绝对适配统计量方面，卡方值 χ^2 为2276.582，自由度df为973，χ^2/df 为2.340（小于3，P < 0.0001），

RMSEA 为 0.047（小于 0.08），GFI 为 0.856（接近 0.9）；增值适配统计量方面，CFI、IFI、TLI、NFI 均大于 0.9 的适配标准；简约适配统计量方面，PNFI 为 0.859 和 PCFI 为 0.892，均大于 0.5。整体上来说，除了 GFI 略低于 0.9 外，其他适配度指标均达到标准要求。

（4）对于分解模型 4 的适配度检验：绝对适配统计量方面，卡方值 χ^2 为 2245.631，自由度 df 为 959，χ^2/df 为 2.342（小于 3，P < 0.0001），RMSEA 为 0.047（小于 0.08），GFI 为 0.857（接近 0.9）；增值适配统计量方面，CFI、IFI、TLI、NFI 均大于 0.9 的适配标准；简约适配统计量方面，PNFI 为 0.848 和 PCFI 为 0.880，均大于 0.5。

综上所述，4 个分解模型除了 GFI 略低于 0.9 外，其他适配度指标均达到标准要求，表明构建的 4 个分解模型均拥有良好的适配度，可用于下文进一步的路径分析。

5.4.3　4 个分解模型的路径分析

（1）分解模型 1 的路径分析

在主模型的基础上，重点考察伙伴关系存在下四种维度信息技术能力（信息技术基础设施能力、信息技术人才能力、信息技术内部沟通能力、信息技术外部沟通能力）和总的农产品供应链绩效之间的影响路径关系，得到的标准化路径模型如图 5 - 4 所示，路径检验结果如表 5 - 9 所示。路径检验结果显示：除了信息技术内部沟通能力，其他三种维度的信息技术能力均对伙伴关系有显著的正向影响，标准化路径系数分别为 0.153（p < 0.01）、0.288（p < 0.001）和 0.342（均 p < 0.001），均小于主模型中总的信息技术能力对伙伴关系的影响（标准系数为 0.732，p < 0.001），即支持了章节 5.2 提出的假设 H2 - 1 - 1、假设 H2 - 1 - 2 和假设 H2 - 1 - 4；在伙伴关系存在情况下，只有信息技术内部沟通能力依然对农产品供应链绩效有显著直接影响，标准化影响系数为 0.188（p < 0.01），小于主模型中总的信息技术能力对农产品供应链绩效的影响（系数为 0.264，p <

0.001），但其他三种维度的信息技术能力对农产品供应链绩效均没有显著影响，即支持了章节5.2提出的假设 H1 – 2 – 3；另外，总的伙伴关系显著影响农产品供应链绩效，标准化影响系数为 0.723（p < 0.001），大于主模型中二者的影响（标准系数为 0.671，p < 0.001），与主模型结果一致均支持了假设 H3。

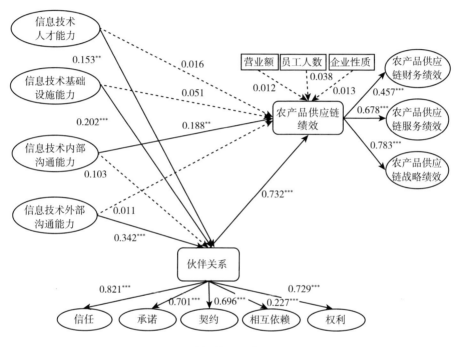

图 5 – 4 分解模型 1 的标准化路径

综上所述，在考虑伙伴关系因素的情况下，除了信息技术内部沟通能力，其他三种维度的信息技术能力对总的农产品供应链绩效均没有显著的直接影响，但通过伙伴关系有间接影响。同时，这三种维度的信息技术能力对伙伴关系产生的单独影响，均小于总的信息技术能力对伙伴关系产生的影响，表明总的信息技术能力更能增进成员间的伙伴关系。

（2）分解模型 2 的路径分析

重点考察在五种维度伙伴关系（信任、承诺、契约、相互依赖和权利）存在情况下，总的信息技术能力和总的农产品供应链绩效之间的影响路径关系，得到的标准化路径模型如图5-5所示，路径检验结果如表5-9所示。路径检验结果显示：多维度伙伴关系存在情况下，信息技术能力对农产品供应链绩效均有显著的正向直接影响，标准化路径系数为0.442（p＜0.01），大于主模型中信息技术能力对农产品供应链绩效的直接影响（系数为0.264，p＜0.01），和主模型结果一致均支持了假设H1；信息技术能力对五种维度伙伴关系有显著正向影响，标准化影响系数分别为0.643、0.571、0.559、0.186和0.568（均p＜0.001），均小于主模型中总信息技术能力对总伙伴关系的影响（0.723，p＜0.001），支持了章节5.2提出的假设H2-2-1至假设H2-2-5；只有信任和权利关系显著影响总的农产品供应链绩效，标准化影响系数分别为0.189（p＜0.01）和0.288（p＜0.001），小于主模型中总伙伴关系对农产品供应链绩效的影响（0.671，p＜0.001），也小于分解模型1中二者的总体影响（0.723，p＜0.001），即支持了假设H3-2-1和假设H3-2-4。

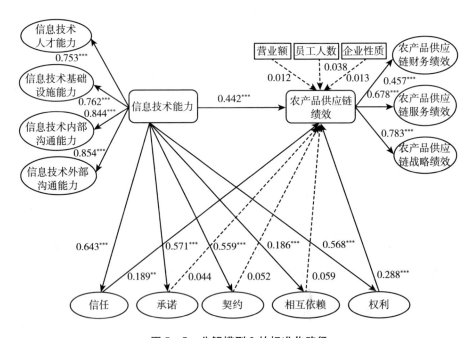

图5-5　分解模型2的标准化路径

表 5-9   分解模型 1 和 2 的路径检验结果

模型	路径			标准化路径系数	路径系数	S. E.	C. R.	结论
分解模型 1	信息技术人才能力	—>	农产品供应链绩效	0.016	0.008	0.030	0.287	拒绝
	信息技术基础设施能力	—>	农产品供应链绩效	0.051	0.028	0.033	0.848	拒绝
	信息技术内部沟通能力	—>	农产品供应链绩效	0.188**	0.090	0.033	2.741	支持
	信息技术外部沟通能力	—>	农产品供应链绩效	0.011	0.006	0.036	0.160	拒绝
	信息技术人才能力	—>	伙伴关系	0.153**	0.121	0.044	2.733	支持
	信息技术基础设施能力	—>	伙伴关系	0.202***	0.167	0.048	3.500	支持
	信息技术内部沟通能力	—>	伙伴关系	0.103	0.076	0.047	1.621	拒绝
	信息技术外部沟通能力	—>	伙伴关系	0.342***	0.269	0.053	5.101	支持
	伙伴关系	—>	农产品供应链绩效	0.723***	0.473	0.064	7.393	支持
分解模型 2	信息技术能力	—>	农产品供应链绩效	0.442***	0.308	0.057	5.407	支持
	信息技术能力	—>	信任	0.643***	0.835	0.064	12.993	支持
	信息技术能力	—>	承诺	0.571***	0.708	0.060	11.766	支持
	信息技术能力	—>	契约	0.559***	0.608	0.053	11.485	支持
	信息技术能力	—>	相互依赖	0.186***	0.331	0.082	4.038	支持
	信息技术能力	—>	权利	0.568***	0.708	0.061	11.551	支持
	信任	—>	农产品供应链绩效	0.189**	0.101	0.033	3.057	支持
	承诺	—>	农产品供应链绩效	0.044	0.025	0.028	0.871	拒绝
	契约	—>	农产品供应链绩效	0.052	0.033	0.032	1.046	拒绝
	相互依赖	—>	农产品供应链绩效	0.059	0.023	0.016	1.474	拒绝
	权利	—>	农产品供应链绩效	0.288***	0.161	0.033	4.843	支持

注：1. 关于信息技术能力、农产品供应链绩效、伙伴关系的测量模型结果以及三个控制变量的检验结果与第 4 章和第 5 章的主模型检验结果相同；2. * 代表 $p < 0.05$，** 代表 $p < 0.01$，*** 代表 $p < 0.001$；3. S. E. (Standard Error) 是标准差，C. R. (临界比，Critical Ratio) 是检验统计量。

综上所述，表明信息技术能力对单项的伙伴关系影响力下降；单项伙伴关系中只有信任和权利才能进一步促进总的绩效产出，其他维度关系并不能均影响绩效。

（3）分解模型 3 的路径分析

在主模型的基础上，重点考察伙伴关系存在下总的信息技术能力和三种维度农产品供应链绩效（财务绩效、服务绩效、战略绩效）之间的影响路径关系，得到的标准化路径模型如图 5-6 所示，路径检验结果如表 5-10 所示。

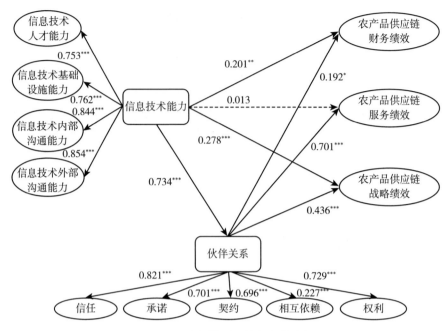

图 5 - 6 分解模型 3 的标准化路径

表 5 - 10 分解模型 3 的路径检验结果

模型	路径			标准化 路径系数	路径 系数	S. E.	C. R.	结论
分解 模型 3	信息技术能力	—>	财务绩效	0. 201 **	0. 333	0. 126	2. 648	支持
	信息技术能力	—>	服务绩效	0. 013	0. 015	0. 078	0. 196	拒绝
	信息技术能力	—>	战略绩效	0. 278 ***	0. 356	0. 085	4. 175	支持
	信息技术能力	—>	伙伴关系	0. 734 ***	0. 766	0. 059	12. 920	支持
	伙伴关系	—>	财务绩效	0. 192 *	0. 304	0. 122	2. 494	支持
	伙伴关系	—>	服务绩效	0. 701 ***	0. 789	0. 084	9. 394	支持
	伙伴关系	—>	战略绩效	0. 436 ***	0. 535	0. 086	6. 256	支持

注：1. 关于信息技术能力、农产品供应链绩效、伙伴关系的测量模型结果以及三个控制变量的检验结果与第 4 章和第 5 章的主模型检验结果相同；2. * 代表 $p < 0.05$，** 代表 $p < 0.01$，*** 代表 $p < 0.001$；3. S. E. （Standard Error）是标准差，C. R. （临界比，Critical Ratio）是检验统计量。

路径检验结果显示：伙伴关系存在情况下，信息技术能力对财务和战略绩效均有显著的正向直接影响，标准化路径系数分别为 0. 201 （p < 0. 01）和 0. 278 （p < 0. 001），小于分解模型 2 中信息技术能力对农产品供应链绩效的直接影响（系数为 0. 442，p < 0. 001），支持了章节 5. 2 提出的

假设 H1－1－1 和假设 H1－1－3；和主模型结果一致支持了假设 H2，信息技术能力对伙伴关系有显著正向影响，标准化影响系数为 0.734（p＜0.001），均大于分解模型 1 中单项信息技术能力对伙伴关系的影响；总的伙伴关系显著直接影响三种维度的农产品供应链绩效，标准化影响系数分别为 0.192（p＜0.05）、0.701（p＜0.001）、0.436（p＜0.001），小于分解模型 1 中伙伴关系对农产品供应链绩效的总体影响（0.723，p＜0.001），支持章节 5.2 提出的假设 H3－1－1 至假设 H3－1－3。综上所述，在考虑伙伴关系因素的情况下，信息技术能力对农产品供应链的财务和战略绩效均有显著的正向直接影响；同时，在伙伴关系的路径作用下，信息技术能力对三种维度农产品供应链均有间接影响，但对服务绩效的间接作用更大。

（4）分解模型 4 的路径分析

进一步重点考察在总的伙伴关系存在情况下，四种维度信息技术能力和三种维度农产品供应链绩效之间的影响路径关系，得到的标准化路径模型如图 5－7 所示，路径检验结果如表 5－11 所示。

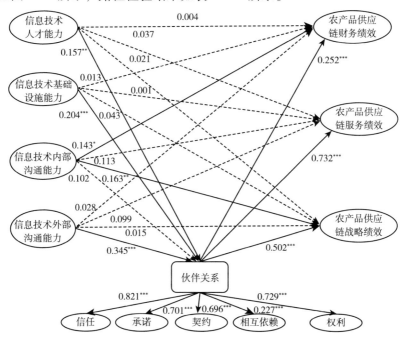

图 5－7　分解模型 4 的标准化路径

表 5 – 11 分解模型 4 的路径检验结果

路径			标准化 路径系数	路径 系数	S. E.	C. R.	结论
信息技术人才能力	⟶	财务绩效	0.004	0.004	0.078	0.056	拒绝
信息技术基础设施能力	⟶	财务绩效	0.013	0.018	0.085	0.205	拒绝
信息技术内部沟通能力	⟶	财务绩效	0.143 *	0.165	0.083	1.993	支持
信息技术外部沟通能力	⟶	财务绩效	0.028	0.034	0.096	0.359	拒绝
信息技术人才能力	⟶	服务绩效	0.037	0.032	0.047	0.685	拒绝
信息技术基础设施能力	⟶	服务绩效	0.001	0.001	0.052	0.015	拒绝
信息技术内部沟通能力	⟶	服务绩效	0.113	0.093	0.050	1.854	拒绝
信息技术外部沟通能力	⟶	服务绩效	0.099	0.087	0.059	1.485	拒绝
信息技术人才能力	⟶	战略绩效	0.021	0.020	0.052	0.388	拒绝
信息技术基础设施能力	⟶	战略绩效	0.043	0.044	0.057	0.771	拒绝
信息技术内部沟通能力	⟶	战略绩效	0.163 **	0.146	0.055	2.650	支持
信息技术外部沟通能力	⟶	战略绩效	0.015	0.014	0.064	0.219	拒绝
信息技术人才能力	⟶	伙伴关系	0.157 **	0.123	0.044	2.793	支持
信息技术基础设施能力	⟶	伙伴关系	0.204 ***	0.167	0.047	3.528	支持
信息技术内部沟通能力	⟶	伙伴关系	0.102	0.074	0.047	1.590	拒绝
信息技术外部沟通能力	⟶	伙伴关系	0.345 ***	0.270	0.053	5.125	支持
伙伴关系	⟶	财务绩效	0.252 ***	0.401	0.108	3.718	支持
伙伴关系	⟶	服务绩效	0.732 ***	0.825	0.076	10.887	支持
伙伴关系	⟶	战略绩效	0.502 ***	0.618	0.078	7.938	支持

注：1. 关于信息技术能力、农产品供应链绩效、伙伴关系的测量模型结果以及三个控制变量的检验结果与第 4 章和第 5 章的主模型检验结果相同；2. * 代表 $p < 0.05$，** 代表 $p < 0.01$，*** 代表 $p < 0.001$；3. S. E.（Standard Error）是标准差，C. R.（临界比，Critical Ratio）是检验统计量。

路径检验结果显示：除了信息技术内部沟通能力，其他三种维度的信息技术能力均对伙伴关系有显著的正向影响，标准化路径系数分别为 0.157（$p < 0.01$）、0.204（$p < 0.001$）和 0.345（$p < 0.001$），均小于主模型中总的信息技术能力对伙伴关系的影响（系数为 0.732，$p < 0.001$），与分解模型 1 结果一致，均支持了章节 5.2 提出的假设 H2 – 1 – 1、假设 H2 – 1 – 2 和假设 H2 – 1 – 4；在伙伴关系存在情况下，只有信息技术内部沟通能力依然对农产品供应链财务绩效和战略绩效有显著直接影响，标准化影响系数分别为 0.143（$p < 0.05$）和 0.163（$p < 0.01$），且小于主模型中总的信息技术能力对农产品供应链绩效的影响（系数为 0.264，$p < 0.001$），也小于分解模型 1 中信息技术内部沟通能力对总的农产品供应链

绩效的影响（标准系数为 0.188，p < 0.01），且小于分解模型 3 中总的信息技术能力对财务绩效和战略绩效的影响，即支持了假设 H1 - 5 - 1 和假设 H1 - 5 - 3；总的伙伴关系显著影响 3 种维度的农产品供应链绩效，标准化影响系数分别为 0.252、0.732 和 0.502（均 p < 0.001），小于主模型和分解模型 1 中总的伙伴关系对总的农产品供应链绩效的影响，与分解模型 3 结果一致均支持了假设 H3 - 1 - 1 至假设 H3 - 1 - 3。

综上所述，在考虑伙伴关系因素的情况下，除了信息技术内部沟通能力，其他三种维度的信息技术能力对三种维度的农产品供应链的绩效均没有显著的直接影响，但通过伙伴关系有间接影响。伙伴关系存在下，信息技术内部沟通能力仍然对财务绩效和战略绩效有显著直接影响，而对三种维度绩效均没有间接影响。

5.5 主模型与分解模型路径分析结果对比

进一步综合比较主模型与 4 个分解模型的路径分析结果，发现如下：

（1）伙伴关系的作用下，主模型和分解模型 2 中综合信息技术能力对总的农产品供应链绩效有显著的正向直接影响，分解模型 3 中信息技术能力对财务和战略绩效均有正向直接影响，但信息技术能力对单项绩效的直接影响小于对总体绩效的直接影响。说明考虑信息共享因素的情况下，信息技术能力更能直接来带综合的绩效产出。

（2）多维度伙伴关系存在情况下，分解模型 2 中总的信息技术能力对五种维度伙伴关系有显著正向影响，但均小于主模型中总信息技术能力对总伙伴关系的影响。说明总信息技术能力更能增强供应链合作伙伴之间综合伙伴关系，而综合的伙伴关系需要综合起来才能共同发挥更大的中介路径作用，从而带来更大的绩效产出。

（3）主模型和分解模型 1、模型 3 和模型 4 中总的伙伴关系会正向显著影响总的和三种维度的农产品供应链绩效，但分解模型 2 中只有信任和权利关系显著影响总的农产品供应链绩效，小于主模型和分解模型 1 中总伙伴关系对农产品供应链绩效的影响。说明只有整体的伙伴关系程度才能促进单项的绩效产出，从而带来更大的综合的绩效，进而在信息技术能力和绩效之间发挥中介路径作用。

（4）分解模型1中除了信息技术内部沟通能力，三种维度的信息技术能力（信息技术基础设施能力、信息技术人才能力、信息技术外部沟通能力）对总的伙伴关系会产生积极正向影响，且均小于总的信息技术能力对伙伴关系产生的影响。说明总的信息技术能力更能增进供应链上下游之间的总体的伙伴关系。

（5）伙伴关系存在情况下，并不是每项信息技术能力都能单独直接对农产品供应链绩效产生影响。分解模型1和模型4中只有信息技术内部沟通能力依然对总的农产品供应链绩效和其中的财务及战略绩效有显著直接影响，影响系数小于主模型中总的信息技术能力对农产品供应链绩效的直接影响，且小于分解模型3中总的信息技术能力对财务绩效和战略绩效的影响。而除了信息技术内部沟通能力，分解模型1和模型4中其他三种维度信息技术能力（信息技术人才能力、信息技术基础设施能力、信息技术外部沟通能力）对总的和三种维度的农产品供应链绩效均没有显著的直接影响，但通过伙伴关系有间接影响。说明伙伴关系无论是否存在，信息技术内部沟通能力一定程度上都能带来直接的绩效产出；但另外三种维度信息技术能力并不能直接带来绩效产出，需要伙伴关系在发挥中介路径作用。

5.6 伙伴关系中介路径作用检验

本章依据巴伦和肯尼（Baron and Kenny，1986）中介模型原理（详见章节3.4.2），用 AMOS 软件结构方程模型分析在伙伴关系存在情况下总的信息技术能力及四种维度信息技术能力对农产品供应链绩效的影响路径及伙伴关系在信息技术能力及各维度和农产品供应链绩效之间发挥的路径作用，并采用索贝尔（Sobel，1982）的 Z 检验对中介路径进行验证，并计算中介效应对总效应解释度 VAF（Iacobucci and Duhachek，2003）。

该部分验证伙伴关系的中介路径作用的具体步骤如下（见图5-8）：第一，自变量对因变量的影响（模型中中介变量不参与分析），即检验信息技术能力及各维度对农产品供应链绩效的影响（模型（5-1）），该影响在第四章已经得到验证，即a路径均显著成立；第二，自变量对中介变量的影响（模型中因变量不参与分析），即检验信息技术能力及各维度对伙伴关系的影响（模型（5-2））；第三，自变量和中介变量对因变量的影响，即检验信息技术能力和伙伴关系同时存在对农产品供应链绩效（模型（5-3））的影响。如果模型（5-1）、模型（5-2）和模型（5-3）中的a、b、d路径同时成立，即可验证伙伴关系在信息技术能力及各维度和农产品供应链绩效之间发挥中介作用；在a、b、d路径同时成立情况下，如果c同时成立，代表伙伴关系在二者之间发挥部分中介作用；在a、b、d路径同时成立情况下，如果c不成立，代表伙伴关系在二者之间发挥完全中介作用。如果b或者d路径有一个不成立，可以采用索贝尔（Sobel，1982）的Z检验进行验证，如果显著则证明中介效应显著，否则就是不显著。

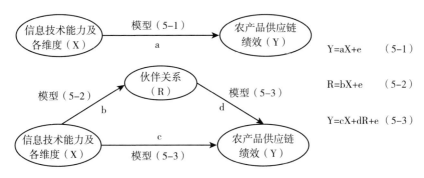

图5-8 伙伴关系的中介作用分析

注：a，b，c，d表示变量之间影响的标准化路径系数。

针对以上分析步骤，软件AMOS可以联立运行以上模型并输出各变量之间的总体影响/效应、直接影响/效应及间接影响/效应（见表5-12），以此来分析中介模型中各个路径是否成立及影响程度，并验证伙伴关系是否在总的信息技术能力及四种维度信息技术能力与农产品供应链绩效之间发挥中介路径作用及中介效应量，具体结果如下。

5.6.1 伙伴关系在总的信息技术能力和农产品供应链绩效之间的中介作用

在总的信息技术能力、伙伴关系和农产品供应链绩效之间直接和间接路径分析结果如表 5 – 12 所示，以此得出：在伙伴关系存在情况下，信息技术能力对农产品供应链绩效的直接影响路径成立（直接效应量是 0.264，p < 0.001），二者的间接影响也成立（间接效应量是 0.491，p < 0.001），且其间接影响大于直接影响，总效应量为 0.755（与章节 4.4.3 得到二者标准化路径系数相同）；信息技术能力直接影响伙伴关系，直接效应量是 0.732（p < 0.001）；伙伴关系直接影响农产品供应链绩效，直接效应量是 0.671（p < 0.001）。在以上分析基础上，采用索贝尔（Sobel，1982）的 Z 检验对伙伴关系中介效应进行进一步验证，发现 Z 检验结果显著。

表 5 – 12 伙伴关系作用下直接效应与间接效应

效应类型	从	到	
		伙伴关系	农产品供应链绩效
直接效应	信息技术能力	0.732	0.264
	伙伴关系	—	0.671
	信息技术人才能力	0.153	—
	信息技术基础设施能力	0.202	—
	信息技术内部沟通能力	—	0.188
	信息技术外部沟通能力	0.342	—
	伙伴关系		0.723
间接效应	信息技术能力	—	0.491
	伙伴关系	—	
	信息技术人才能力	—	0.111
	信息技术基础设施能力	—	0.146
	信息技术内部沟通能力	—	
	信息技术外部沟通能力	—	0.247
	伙伴关系	—	—

注：本表只显示路径成立的直接和间接效应，其中—代表效应不存在。

如表 5 - 13 所示，分析结果与前文主模型路径图所示一致，主模型模型（5 - 1）、模型（5 - 2）、模型（5 - 3）中 a、b、c、d 路径影响同时成立，可验证总信息技术能力对农产品供应链绩效有直接影响和间接影响，伙伴关系在信息技术能力和农产品供应链绩效中发挥部分中介作用，伙伴关系的中介效应对总效应的解释度 VAF 为 65%，即支持了章节 5.2 提出的假设 H4。

表 5 - 13　　　　　　　　　　伙伴关系的中介效应分析

自变量	中介变量	因变量	b	c	d	中介效应	VAF	结论
信息技术能力	伙伴关系	农产品供应链绩效	0.732 ***	0.264 ***	0.671 ***	0.491	65%	支持
信息技术人才能力	伙伴关系	农产品供应链绩效	0.153 **	—	0.723 ***	0.111	100%	支持
信息技术基础设施能力			0.202 ***	—	0.723 ***	0.146	100%	支持
信息技术内部沟通能力			—	0.188 **	0.723 ***	—		拒绝
信息技术外部沟通能力			0.342 ***	—	0.723 ***	0.247	100%	支持

注：1. ** 代表 $p < 0.01$，*** 代表 $p < 0.001$；2. VAF 中介效应解释度；3. "—" 代表路径系数不显著。

5.6.2　伙伴关系在四种维度信息技术能力和农产品供应链绩效之间的中介作用

在 4 种信息技术能力、伙伴关系和农产品供应链绩效之间直接和间接路径分析结果如表 5 - 12 所示，以此得出：在直接影响方面，信息技术人才能力、信息技术基础设施和信息技术外部沟通能力均对伙伴关系有直接影响，直接效应量分别为 0.153、0.202、0.342，且均小于总信息技术能力对伙伴关系的直接影响（直接效应为 0.732），而信息技术内部沟通能力对农产品供应链绩效有直接影响（直接效应为 0.188）；在间接影响方面，除了信息技术内部沟通能力，其他三种信息技术能力均只对农产品供应链绩效有间接（中介）影响，间接效应量分别为 0.111、0.146 和 0.247，且均小于总信息技术能力对农产品供应链绩效的间接影响（间接效应为

0.491）。在以上分析基础上，采用索贝尔（Sobel，1982）的 Z 检验对伙伴关系中介效应进行进一步检验：伙伴关系在三种维度信息技术能力（信息技术人才能力、信息技术基础设施能力和信息技术外部沟通能力）和农产品供应链绩效之间的中介效应的 Z 检验均显著；但对于信息技术内部沟通能力来说，b 路径不成立，且 Z 检验不显著，表明伙伴关系在信息技术内部沟通能力和农产品供应链绩效中不发挥中介作用。

如表 5 - 13 所示，分析结果与前面分解模型（5 - 1）路径图所示一致，模型（5 - 1）、模型（5 - 2）、模型（5 - 3）中 a、b、d 路径影响同时成立，而 c 不成立，可验证伙伴关系在三种维度信息技术能力（信息技术人才能力、信息技术基础设施能力和信息技术外部沟通能力）和农产品供应链绩效中发挥完全中介作用（VAF 为 100%），即验证了章节 5.2 提出的假设 H7 - 1、假设 H7 - 2 和假设 H7 - 4；路径 b 不成立，说明信息技术内部沟通能力会直接影响农产品供应链绩效，伙伴关系在其中不发挥中介作用，拒绝了假设 H7 - 3。

综上所述，本节的伙伴关系发挥的中介作用分析，支持了假设 H7、假设 H7 - 1、假设 H7 - 2 和假设 H7 - 4，拒绝了假设 H7 - 3。即在伙伴关系存在的情况下，总信息技术能力对农产品供应链绩效有直接和间接影响，且伙伴关系发挥的间接影响大于直接影响，也即是伙伴关系在总信息技术能力和农产品供应链绩效中发挥部分中介作用；同时，除了信息技术内部沟通能力，伙伴关系在三种维度信息技术能力（信息技术人才能力、信息技术基础设施能力和信息技术外部沟通能力）和农产品供应链绩效中发挥完全中介作用。

5.7 本章小结

本章通过理论分析与实证验证，考虑伙伴关系的作用下，研究了总体和不同维度上信息技术能力对农产品供应链绩效的影响，重点分析伙伴关系在信息技术能力和农产品供应链绩效之间发挥的路径作用。本章基于伙伴关系作用下信息技术能力对农产品供应链绩效影响的理论框架，分别构建主模型和4个分解模型的结构方程模型。其中，主模型主要考察综合的伙伴关系作用下总体层面的信息技术能力和农产品供应链绩效之间的影响路径关系；分解模型1细化了信息技术能力一级构念，重点研究在综合的伙伴关系作用下，四种维度信息技术能力（信息技术人才能力、信息技术基础设施能力、信息技术内部沟通能力、信息技术外部沟通能力）分别对总的农产品供应链绩效的影响；分解模型2细化了伙伴关系一级构念，重点研究在五种维度的伙伴关系（信任、承诺、契约、相互依赖和权利）作用下，总的信息技术能力对总的农产品供应链绩效的影响；分解模型3细化了农产品供应链绩效一级构念，重点考察在综合的伙伴关系作用下，总的信息技术能力和三种维度农产品供应链绩效（财务绩效、服务绩效、战略绩效）之间的影响路径关系；分解模型4在分解模型1和分解模型2的基础上，同时细化了信息技术能力和农产品供应链绩效一级构念，重点研究在综合的伙伴关系作用下，四种维度信息技术能力和三种维度的农产品供应链绩效之间细化的影响路径关系。

在验证了所选取的测量题项、效度与信度均达到结构方程模型要求的基础上，进一步利用AMOS工具逐步得到了主模型和分解模型路径分析结果，对比分析了5个SEM模型的路径结果（总体和细化影响的结果对比），从而对伙伴关系作用下总的及各维度信息技术能力对农产品供应链绩效的影响进行实证验证。

综上所述，通过以上分析得出以下主要结论：

（1）在伙伴关系作用下，总的信息技术能力对综合的农产品供应链绩效均产生正向直接和间接影响，且直接影响大于间接影响；

（2）在伙伴关系的作用下，信息技术能力对财务绩效和战略绩效均有显著的正向直接影响，对三种维度农产品供应链均有间接影响，同时对服务绩效的间接作用更大；

（3）总的信息技术能力对总的和五种维度伙伴关系有正向直接影响；

（4）总的伙伴关系会正向直接影响总的和三种维度的农产品供应链绩效；

（5）只有信任和权利的伙伴关系会显著正向直接影响综合的农产品供应链绩效；

（6）除了信息技术内部沟通能力，三种维度的信息技术能力（信息技术人才能力、信息技术基础设施能力、信息技术外部沟通能力）对总的伙伴关系会产生积极正向直接影响；

（7）伙伴关系存在情况下，只有信息技术内部沟通能力依然对总的农产品供应链绩效和其中的财务及战略绩效有显著直接影响；

（8）伙伴关系存在情况下，信息技术人才能力、信息技术基础设施能力、信息技术外部沟通能力对总的和三种维度的农产品供应链绩效均没有显著的直接影响，但通过伙伴关系有完全间接影响。

另外，本章重点考虑伙伴关系在信息技术能力和农产品供应链绩效之间的作用，发现伙伴关系在总的和四种维度信息技术能力与总的和三种维度的农产品供应链绩效之间发挥着不同的中介路径作用，所发挥的中介效应量不同。伙伴关系无论是否存在，信息技术内部沟通能力一定程度上都能带来直接的绩效产出；但另外三种维度信息技术能力并不能直接带来绩效产出，均需要伙伴关系在其中发挥完全中介路径作用。

综上所述，除了4个分解模型中个别单维度假设未得到支持，其余假设均得到了验证，说明本章的分析达到了预期的研究目标，即伙伴关系在总的和四种维度信息技术能力与总的和三种维度的农产品供应链绩效之间发挥着重要而不同的中介路径作用，而且总的信息技术能力更能增进供应链上下游之间的总体的伙伴关系，而只有整体的伙伴关系加强才能促进单项的绩效产出，从而带来更大的综合的绩效，进而在信息技术能力和绩效之间发挥路径作用。

第6章

信息共享在信息技术能力与农产品供应链绩效间的路径作用分析

为了回答"信息共享作用下，信息技术能力如何对农产品供应链绩效产生影响"的问题，本章在第 4 章的基础上考虑信息共享的单独作用下，通过理论分析与实证验证，进一步研究总体和不同维度信息技术能力对农产品供应链绩效的影响机理，并重点分析信息共享在信息技术能力和农产品供应链绩效之间发挥的路径作用，即主要扩充并分析路径假设 H1、假设 H4、假设 H5、假设 H8。本章内容组织如下：

首先，基于前人的研究构建信息技术能力（含信息技术基础设施能力、信息技术人才能力、信息技术内部沟通能力和信息技术外部沟通能力）、信息共享（信息共享的层次、内容和质量）和农产品供应链绩效（含财务、服务和战略绩效）的三个构念之间相互影响的理论框架，并进一步扩充章节 2.5 的假设 H1、假设 H4、假设 H5、假设 H8 的基本假设，提出详细的研究假设。

其次，为了保证实证分析中结构方程模型构建的合理性和分析结果的稳定性，利用 SPSS 和 AMOS 工具，对调研的变量数据进行探索性和验证性因子分析来进行信度和效度检验，并进行多重共线性分析和共同方法偏差检验。

在此基础上，为了更详细分析信息共享作用下总体及细化的信息技术能力和农产品供应链绩效之间的影响关系，分别构建主模型和4个分解模型的结构方程模型，利用AMOS软件输出并综合对比分析主模型和分解模型路径结果，并进一步分析信息共享发挥的中介路径作用，从而对三个构念之间的影响机理进行实证验证，以验证上节提出的理论假设。最后，综合理论和实证分析结果，进行总结与讨论。

6.1 信息共享路径作用的理论分析

根据本章的研究目标，基于第2章和第4章的理论分析，接下来详细梳理与分析信息技术能力与信息共享、信息共享与农产品供应链绩效，及信息共享在二者之间发挥的中介路径作用等影响关系，提出详细的研究假设和理论模型，以描述了总的和各维度的信息技术能力、信息共享和农产品供应链绩效三者之间相互影响的理论关系。

6.1.1 信息技术能力与信息共享

信息不对称是供应链管理中面临的一个关键问题，会导致供应链的不确定性，带来"牛鞭效应"（Sahin and Topal，2019）。为了应对不确定性，提高供应链上信息的透明度和加强企业间的信息共享渠道具有重要的战略意义（Pu et al.，2020）。而先进有效的信息技术应用为合作伙伴间沟通和协作提供渠道，有利于促进供应链成员间的信息共享（Oh et al.，2019），而不先进和低效率的信息技术很难帮助企业从合作伙伴那里获得所需的且可靠完整的信息。有效信息技术的应用可以帮助供应链上下游的供应商、制造商、分销商和零售商实现及时在线交流和信息共享，不受时间和地点的限制（Baihaqi and Sohal，2013）。越敏捷的信息技术，越能增强供应链成员间及时的信息交流与共享（Ye and Wang，2013）。当信息技术高效在供应链企业间应用时，双方的信息交换和共享能够实现（Lee and ha，2018），也可用于信息跟踪和监控，加强农产品质量和安全管理（Yan et al.，2016）。

在农产品供应链中，基于资源基础论和交易成本理论，信息技术能力的有效发挥可以帮助涉农企业方便与上游供应商和下游客户进行信息传输与共享，并及时做出合理的管理决策。供应商可以了解提供的原材料如何应用到农产品生产中，及时调整供应；客户可以监控他们订单农产品的生产流程，实时跟踪与互动。对于整个农产品供应链的参与企业，信息技术能力，例如电子商务、微信、物联网、可追溯系统等现代信息技术与企业内外部管理的有效结合，可以帮助伙伴间实现高效的信息共享，帮助涉农企业在供应链合作中及时处理各种信息，追踪农产品信息，实现农产品供应链的全程可追溯。

因此，本书认为涉农企业整体和各维度信息技术能力（含信息技术基础设施能力、信息技术人才能力、信息技术内部沟通能力和信息技术外部沟通能力）的高低会影响到农产品供应链成员间信息共享的内容、层次和质量，信息技术能力的提升会有效促进成员间的信息交流与共享。综上所述，提出以下假设：

H4. 信息技术能力正向影响信息共享

H4－1－1. 信息技术人才能力正向影响信息共享

H4－1－2. 信息技术基础设施能力正向影响信息共享

H4－1－3. 信息技术内部沟通能力正向影响信息共享

H4－1－4. 信息技术外部沟通能力正向影响信息共享

H4－2－1. 信息技术能力正向影响信息共享层次

H4－2－2. 信息技术能力正向影响信息共享质量

H4－2－3. 信息技术能力正向影响信息共享内容

6.1.2　信息共享与农产品供应链绩效

信息共享是供应链管理关键因素，对供应链绩效改进发挥重要的价值

（Kakhki and Gargeya，2019；Lei et al.，2019；Shen et al.，2019）。供应链上的信息共享和协调能降低信息不对称带来的"牛鞭效应"（Verdouw et al.，2018；Topal and Sahin，2018；Sahin and Topal，2019），及时适应订单需求变化（Ojha et al.，2019），提高供应链柔性和供应链能力（冯华和梁亮亮，2016），也可以支持供应链的流程整合与改造，提高供应链管理水平（Zhou and Wan，2017；Panahifar et al.，2018），提高供应链的运营绩效（叶飞和薛运普，2011；Ye and Wang，2013；Ding et al.，2014）。信息共享允许供应链上的供应商、制造商和零售商共同预测需求，协调库存，同步生产与交付，并达成对整体绩效目标的共识（Lee and Whang，2000）。信息共享可以有效支持供应链运作层和战略层的整合，以改进供应链流程（Prajogo and Olhager，2012），也可以促进不同类型的供应链学习，如内部学习、供应商学习和客户学习，从而提高供应链柔性绩效（Huo et al.，2021）。制造供应链中核心企业与其他供应链企业间信息共享（含信息共享层次、内容、质量）对供应链绩效（可靠性、柔性、资产利用）具有正向影响作用，在这种影响关系中信息共享的内容和质量是至关重要的因素（邓明荣和蒋兴良，2013）。信息共享的内容和质量可以提高供应链管理中的响应性（Li et al.，2014；Kulangara et al.，2016），带来环境效益（Lai et al.，2015）。信息共享水平（包括信息技术水平和信息交流水平）会影响到企业的社会控制和供应链能力（冯华等，2016）。社会交换理论也认为，成员间互动和信息共享的水平与企业净利润成正比，可以实现服务型供应链的可持续绩效（Khan et al.，2018）。吴等（Wu et al.，2014）通过调查 177 个制造企业的供应链，也发现成员间的信息共享程度会直接影响到供应链财务绩效（库存水平、利润率、市场份额和成本结构）和非财务绩效（灵活性和综合产出）。

　　个别学者已经尝试探讨农产品供应链管理中信息共享的价值。例如，吉拉萨特等（Jraisat et al.，2013）发现在农产品出口型供应链管理中信息共享和出口产出相关。丁等（Ding et al.，2014）认为，信息共享是一项供应链合作伙伴之间为了提高牛肉供应链绩效而进行的组织内或组织间的管理实践。郑晶莹（2016）调研新疆特色农产品供应链，发现信息共享及其各维度信息共享内容、层次和质量均显著正向影响供应链敏捷性。袁等（Yuan et al.，2019）表示，农产品供应链中充分的信息共享可以减少运输距离，提高运输设备的利用率，并提高服务水平。

综上所述，基于前人的研究，本书认为信息共享是农产品供应链企业间协调与合作的重要内容，信息共享的内容、层次和质量是影响农产品供应链协作水平至关重要的因素，在库存缩减、成本降低、降低信息不对称性、提高资源利用率、提高供应链效率、加强凝聚力、监测农产品质量安全以及快速响应等方面对农产品供应链绩效有积极的促进作用。而信息技术能力的提升可以有效促进农产品供应链伙伴间的信息共享，能够促进供应链上物流、资金流的高效流动，实现伙伴间有效合作与协同，减少信息不对称，降低交易成本和农产品损耗，改善服务水平，有效保障农产品质量安全，从而提高农产品供应链绩效（含财务绩效、服务绩效和战略绩效）。据此，假设如下：

H5. 信息共享正向影响农产品供应链绩效

H5 – 1 – 1. 信息共享正向影响财务绩效

H5 – 1 – 2. 信息共享正向影响服务绩效

H5 – 1 – 3. 信息共享正向影响战略绩效

H5 – 2 – 1. 信息共享层次正向影响农产品供应链绩效

H5 – 2 – 2. 信息共享质量正向影响农产品供应链绩效

H5 – 2 – 3. 信息共享内容正向影响农产品供应链绩效

6.1.3 信息共享在信息技术能力与农产品供应链绩效之间发挥的中介作用

目前个别学者已经探讨了信息共享在供应链管理中发挥的中介作用，而还未清晰地研究该因素在信息技术能力和农产品供应链绩效之间的中介作用。如普拉约戈和奥尔哈格（Prajogo and Olhager，2012）认为信息共享在供应链长期伙伴关系和供应链整合中发挥着中介作用。白奇和索贝尔（Baihaqi and Sohal，2013）调研了 150 个制造企业供应链，发现信息共享在整合的信息技术和供应链伙伴间协同实践中发挥着间接作用，从而进一步影响组织绩效改进。叶和王（Ye and Wang，2013）研究中国141个制造企业供应链，发现信息技术应用水平对成本和顾客响应性有间接影响，而信息共享在其中发挥着积极的中介作用。有吴等（Wu et al.，2014）基于社会交换理论，也指出信息共享在信任和供应链绩效之间发挥着部分中介作用。王等（Wang et al.，2014）利用272家中国制造企业的数据，发现信息共享的程度和质量在供应链信任关系与供应商机会主义行为中发挥着重要的中介作用。冯华和梁亮亮（2016）发现企业关系资本与供应链柔性和能力之间存在着较为显著的间接相关关系，需要借助于信息共享能力的中介效用来搭建起它们之间的关联性。普等（Pu et al.，2020）探讨了信息共享在依赖结构与电子供应链管理系统采用意愿之间发挥的中介作用。

正如章节6.2.1和章节6.2.2的分析，信息技术能力能积极正向促进农产品供应链成员间的信息共享，而信息共享能进一步提高农产品供应链绩效。基于资源基础论和交易成本理论，对于农产品供应链来说，信息技术能力在农产品供应链中发挥信息流管理的作用，能实现企业间的信息共享，通过信息有效共享来显著解决链条上供给端和需求端信息不对称的问题，减少供应链的信息失真和信息风险的问题，降低"牛鞭效应"，提高流程管理和运作效率，从而提高农产品供应链绩效。因此，本书认为信息共享在总的各维度信息技术能力对农产品供应链绩效的间接影响上发挥着重要的中介作用，特提出以下假设。

H8. 信息共享在信息技术能力与农产品供应链绩效间发挥着中介作用

H8 – 1. 信息共享在信息技术人才能力与农产品供应链绩效间发挥着中介作用

H8 – 2. 信息共享在信息技术基础设施能力与农产品供应链绩效间发挥着中介作用

H8 – 3. 信息共享在信息技术内部沟通能力与农产品供应链绩效间发挥着中介作用

H8 – 4. 信息共享在信息技术外部沟通能力与农产品供应链绩效间发挥着中介作用

另外，假设 H1 及相关子假设的理论关系已经在第 4 章理论分析部分详细介绍，本章不再重复进行理论分析，只罗列如下。但根据研究目标，本章会继续在实证分析里探讨第 4 章的如下假设是否成立，对比分析信息共享存在下信息技术能力对农产品供应链绩效的直接与间接影响。

H1. 信息共享存在下，信息技术能力正向直接影响农产品供应链绩效

H1 – 1 – 1. 信息共享存在下，信息技术能力正向直接影响财务绩效

H1 – 1 – 2. 信息共享存在下，信息技术能力正向直接影响服务绩效

H1 – 1 – 3. 信息共享存在下，信息技术能力正向直接影响战略绩效

H1 – 2 – 1. 信息共享存在下，信息技术人才能力正向直接影响农产品供应链绩效

H1 – 2 – 2. 信息共享存在下，信息技术基础设施能力正向直接影响农产品供应链绩效

H1 – 2 – 3. 信息共享存在下，信息技术内部沟通能力正向直接影响农产品供应链绩效

H1 – 2 – 4. 信息共享存在下，信息技术外部沟通能力正向直接影响农产品供应链绩效

H1 – 3 – 1. 信息共享存在下，信息技术人才能力正向直接影响财务绩效

H1 – 3 – 2. 信息共享存在下，信息技术人才能力正向直接影响服务绩效

H1 – 3 – 3. 信息共享存在下，信息技术人才能力正向直接影响战略绩效

H1 – 4 – 1. 信息共享存在下，信息技术基础设施能力正向直接影响财务绩效

H1 – 4 – 2. 信息共享存在下，信息技术基础设施能力正向直接影响服务绩效

H1 – 4 – 3. 信息共享存在下，信息技术基础设施能力正向直接影响战略绩效

H1 – 5 – 1. 信息共享存在下，信息技术内部沟通能力正向直接影响财务绩效

H1 – 5 – 2. 信息共享存在下，信息技术内部沟通能力正向直接影响服务绩效

H1 - 5 - 3. 信息共享存在下，信息技术内部沟通能力正向直接影响战略绩效

H1 - 6 - 1. 信息共享存在下，信息技术外部沟通能力正向直接影响财务绩效

H1 - 6 - 2. 信息共享存在下，信息技术外部沟通能力正向直接影响服务绩效

H1 - 6 - 3. 信息共享存在下，信息技术外部沟通能力正向直接影响战略绩效

6.1.4 本章理论框架

本章融合了第 4 章的理论分析，构建了概括性的理论框架（见图 6 - 1），覆盖了以上提出的 4 个主要假设，详细的子假设不再一一标注。该理论框架主要描述了信息技术能力、信息共享和农产品供应链绩效三个一级构念之间相互影响的理论关系。类似第 4 章和第 5 章结构方程模型的设置，以上众多假设无法共同在一个结构方程模型里构建和检验，为了检验与分析以上所有假设，本章在下面的实证分析中分别设置 1 个主模型和 4 个分解模型的结构方程模型，并详细检验与分析这些模型。

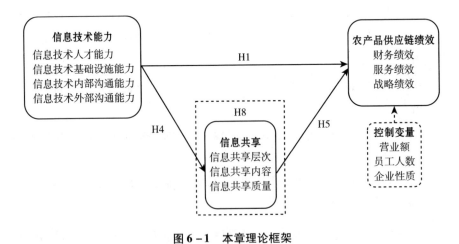

图 6 - 1 本章理论框架

（1）主模型主要验证假设 H1、假设 H4、假设 H5、假设 H8，研究信息共享作用下总体的信息技术能力对综合的农产品供应链绩效的影响；

（2）分解模型 1 细化了信息技术能力一级构念，主要验证假设 H1 – 2 – 1 至假设 H1 – 2 – 4、假设 H4 – 1 至假设 H4 – 4 和假设 H8 – 1 至假设 H8 – 4，研究信息共享作用下四种维度的信息技术能力（含信息技术基础设施能力、信息技术人才能力、信息技术内部沟通能力和信息技术外部沟通能力）分别对综合的农产品供应链绩效的影响；

（3）分解模型 2 细化了信息共享一级构念，主要验证假设 H4 – 2 – 1 至假设 H4 – 2 – 3、假设 H5 – 2 – 1 至假设 H5 – 2 – 3，研究各维度信息共享（含信息共享的层次、内容、质量）作用下总体的信息技术能力对综合的农产品供应链绩效的影响；

（4）分解模型 3 细化了农产品供应链绩效一级构念，主要验证假设 H1 – 1 – 1 至假设 H1 – 1 – 3、假设 H5 – 1 – 1 至假设 H5 – 1 – 3，研究信息共享作用下总体的信息技术能力分别对三种维度的农产品供应链绩效（含财务绩效、服务绩效和战略绩效）的影响；

（5）分解模型 4 同时细化了信息技术能力和农产品供应链绩效，主要验证假设 H1 – 3 – 1 至假设 H1 – 6 – 3，研究信息共享作用下四种维度的信息技术能力分别对三种维度的农产品供应链绩效的影响。

本章后续实证分析里会详细地讲解以上模型的构建与路径分析，以逐步验证以上提出的理论框架与所有假设，以研究信息共享作用下总体和细化的信息技术能力对农产品供应链绩效的直接和间接影响及影响的效应量。

本章接下来基于上面理论分析，采用结构方程模型路径分析和中介效应模型的方法，实证分析信息共享作用下信息技术能力对农产品供应链绩效的影响。为了保证 SEM 构建的合理性和分析结果的稳定性，本章首先通过 SPSS 与 AMOS 工具进行探索性和验证性因子分析，对相应的变量数据来进行信度、效度、多重共线性分析和共同方法偏差等检验。在此基础上，采用 AMOS 对主模型和 4 个分解模型进行影响路径分析与对比，并分别检验信息共享的在总的和四种维度信息技术能力和农产品供应链绩效间发挥的中介路径作用，以验证上节提出的理论假设。

6.2 因子分析与多重共线性检验

6.2.1 探索性因子分析

本节继续采用 SPSS 对信息共享的预试量表的条目进行探索性因子分析，在探索性因子分析之前，首先对信息共享数据进行巴特利特球形检验（Bartlett's Test of Sphericity）和样本充分性检验（Kaiser-Meyer-Olkin，KMO）以判断变量的题项是否适合进行因子分析，KMO > 0.5 是判断能否进行因子分析的标准（见章节 4.3.1 中的表 4 – 1）。与此同时，Bartlett's 球形检验也应显著，否则也不宜进行因子分析。

经过 KMO 和 Bartlett's 球形检验（见表 6 – 1），最终信息共享的 KMO 值为 0.938，Bartlett's 球形检验也显著，均符合标准，表明信息共享适合进行因子分析。特征值大于 1 的因子被提取后，信息共享的测量题项聚合成了 3 个因子，而累计解释率为 78.346%。因此，本书认为信息共享量表具备因子分析的条件，下面对其进行因子分析。

表 6 – 1　　　　　**信息共享的 KMO 值和 Bartlett 球形检验结果**

构建	KMO 值	Bartlett's 球形检验		
		Approx. Chi-Square	df	Sig.
信息共享	0.938	6479.361	55	0.000

根据主成分分析结果（见表 6 – 2），信息共享所有测量题项的因子载荷都较高（范围为 0.771 ~ 0.865），方差解释率也较高，且在同一主概念内部不存某一因子交叉加载多种维度的现象。以上分析表明信息共享量表具有较高的结构效度。根据信度分析结果（见表 6 – 1），信息共享所有测量题项的 CITC 均高于 0.5（范围为 0.766 ~ 0.880）。信息共享总构念的 Cronbach's α 为 0.953，三种维度的信息共享构念的 Cronbach's α 分别为 0.933、0.939 和 0.921，均高于农纳利（Nunnally，1978）提出的临界值标准 0.7。

表6-2	信息共享的描述性统计和探索性因子分析结果				
变量	题项	因子载荷	CITI	Cronbach's α if Item Deleted	Cronbach's α
信息共享层次	ISL1	0.800	0.880	0.888	0.933
	ISL2	0.778	0.832	0.926	
	ISL3	0.826	0.874	0.893	
信息共享内容	ISC1	0.859	0.862	0.918	0.939
	ISC2	0.854	0.864	0.917	
	ISC3	0.848	0.851	0.921	
	ISC4	0.845	0.843	0.924	
信息共享质量	ISQ1	0.865	0.856	0.884	0.921
	ISQ2	0.826	0.830	0.892	
	ISQ3	0.816	0.818	0.896	
	ISQ4	0.771	0.766	0.915	

综上可知，信息共享构念整体和各构念的效度和信度均较高，测量量表具有较高的有效性和内部一致性。

6.2.2 验证因子分析

本部分在探索性因子分析基础上，进一步对三种维度信息共享二级构念进行验证性因子分析，整体测量模型的拟合结果如表6-3所示，标准化路径如图6-2所示。卡方值（χ^2）为94.455（P<0.001），自由度（df）为41，卡方自由度比值（χ^2/df）为2.304（小于3），RMSEA为0.047（小于0.08），GFI、CFI、TLI和NFI均大于0.9，可见信息共享测量模型整体拟合度较好。三种维度信息共享二级构念对各题项的标准化回归系数为0.800~0.924，均显著且大于0.6标准，说明各测量题项选取质量较好。三种维度信息共享构念的组合信度 C. R.（Composite Reliabilities）分别为0.934、0.921和0.939，均大于0.6标准，说明各构念信度很好。平均提取方差值 AVE（Average Variance Extracted）分别为0.825、0.746和0.794，说明同一个构念的题项一致度较为显著。信息共享标准化回归路径图如图6-2所示，模型之中存在个3潜在变量、11个观测变量和11个测

量误差。上述结果均说明信息共享测量模型构建的拟合度较好，调研的数据具有较好的聚合效度，且内部一致性较好。

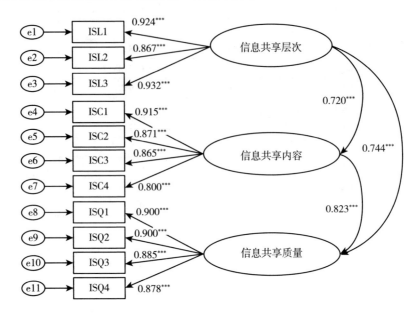

图 6 - 2　信息共享验证性因子分析的标准化路径

表 6 - 3　　　　　　　　　信息共享的验证性因子分析结果

路径			标准化路径系数	路径系数	S. E.	C. R.	AVE
ISL1	←	信息共享层次	0.924 ***	1.000	—		
ISL2	←	信息共享层次	0.867 ***	0.949	0.029	0.934	0.825
ISL3	←	信息共享层次	0.932 ***	1.022	0.026		
ISC1	←	信息共享内容	0.915 ***	1.000	—		
ISC2	←	信息共享内容	0.871 ***	1.015	0.030		
ISC3	←	信息共享内容	0.865 ***	0.948	0.029	0.921	0.746
ISC4	←	信息共享内容	0.800 ***	0.935	0.029		
ISQ1	←	信息共享质量	0.900 ***	1.000	—		
ISQ2	←	信息共享质量	0.900 ***	0.956	0.030		
ISQ3	←	信息共享质量	0.885 ***	0.972	0.031	0.939	0.794
ISQ4	←	信息共享质量	0.878 ***	0.925	0.035		

$\chi^2 = 94.455$，df $= 41$，$\chi^2/df = 2.304$，RMSEA $= 0.047$，GFI $= 0.972$，
CFI $= 0.992$，TLI $= 0.989$，NFI $= 0.986$

注：1. *** p < 0.001；2. S. E. (Standard Error) 是标准差，C. R. (Composite Reliabilities) 是组合信度，AVE (Average Variance Extracted) 是平均提取方差值。

6.2.3　多重共线性和共同方法偏差

正如章节 4.3.3 多重共线性和共同方法偏差部分所述，农产品供应链绩效、信息技术能力和伙伴关系不存在严重的多重共线性和共同方法偏差。本节继续采用 SPSS 分析在增加信息共享变量的研究模型是否存在多重共线性和共同方法偏差。

依据学者蒙纳德（Menard，1995）研究，通过观察方差膨胀因子 VIF 是否大于 5 作为判断是否存在严重的多重共线性的依据。如表 6 - 4 所示，无论是四种维度信息技术能力对信息共享还是三种维度信息共享对农产品供应链绩效的回归分析，发现所有的 VIF 均远小于 5，说明增加信息共享变量的研究不存在严重的多重共线性。

表 6 - 4　多重共线性分析

因变量	自变量	非标准化系数		标准系数	t	Sig.	共线性统计量	
		B	Std. Error	Beta			Tolerance	VIF
信息共享	常数项	1.290	0.196	—	6.595	0.000	—	—
	信息技术人才	0.117	0.040	0.121	2.921	0.004	0.537	1.863
	信息技术基础	0.128	0.040	0.132	3.168	0.002	0.537	1.863
	信息技术内部沟通	0.160	0.039	0.186	4.078	0.000	0.446	2.244
	信息技术外部沟通	0.327	0.044	0.344	7.464	0.000	0.437	2.289
农产品供应链绩效	常数项	2.826	0.150	—	18.829	0.000	—	—
	信息共享层次	0.031	0.034	0.044	0.911	0.362	0.469	2.131
	信息共享质量	0.255	0.043	0.334	5.969	0.000	0.354	2.823
	信息共享内容	0.186	0.040	0.249	4.616	0.000	0.383	2.614

在信息共享统计检验控制上，本书继续采用波得萨可夫等（Podsakoff et al.，2003）建议的哈曼（Harman）单因素检验来判断调查结果是否存在共同方法偏差。信息共享未经旋转的主成分因素分析表明：共有

3 个因子的特征值大于 1 ，最大因子解释的变异量为 23.410% ，未超过 40% 。因此，可以认为，信息共享变量数据不存在严重的共同方法偏差。

6.3 ● 主模型的影响路径分析

6.3.1 主模型构建

本章节在第 4 章的基础上，为了保证结构方程模型构建的合理性和结果的稳定性，上面对增加信息共享的模型进行详细的探索性因子分析、验证性因子分析、多重共线性和共同方法偏差，最终确定了信息共享一级构念包含 3 个二级构念共 11 个测量题项。前面分析结果表明增加信息共享的测量题项、效度与信度均达到结构方程模型的要求，可以进行接下来主模型和 4 个分解模型的路径分析。

基于本章研究目标，本节首先构建主模型的结构方程模型如图 6-3 所示，重点考察总体层面的信息技术能力、信息共享和农产品供应链绩效之间的影响路径关系，主要验证章节 6.2 提出的假设 H1、假设 H4、假设 H5、假设 H8。主模型中，设置了 19 个外生观测变量（题项）来测量 1 个一级潜变量（信息技术能力）和 4 个外生二级潜变量（信息技术人才能力、信息技术基础设施能力、信息技术内部沟通能力、信息技术外部沟通能力），11 个内生观测变量（题项）来测量 1 个内生一级潜变量（信息共享）和 3 个二级潜变量（信息共享层次、信息共享质量、信息共享内容），12 个内生观测变量（题项）来测量 1 个内生一级潜变量（农产品供应链绩效）和 3 个二级潜变量（农产品供应链财务绩效、服务绩效、战略绩效），3 个外生观测变量来测量控制变量（企业规模、营业额、经营年限），测量误差等变量。

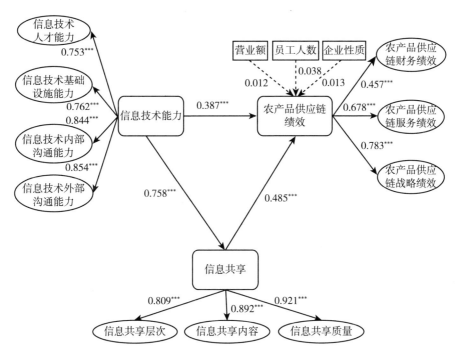

图 6 - 3　主模型的标准化路径

6.3.2　主模型适配度检验

在分析详细的路径结果之前，本书首先评价主模型的适配度指标。参考前人的研究（Anderson and Gerbing，1988；Bagozzi et al.，1991；邱皓政和林碧芳，2003），本节选取了绝对适配统计量、增值适配统计量和简约适配统计量，分别为 χ^2/df、RMSEA、GFI、TLI、CFI、NFI、IFI、PNFI 和 PCFI，具体统计结果如表 6 - 5 所示。绝对适配统计量方面，卡方值 χ^2 为 1878.412（P < 0.0001），自由度 df 为 931，χ^2/df 为 2018；RMSEA 为 0.041（小于 0.08），GFI 为 0.876（接近 0.9）。增值适配统计量方面，CFI、IFI、TLI、NFI 均大于 0.9 的适配标准。简约适配统计量方面，PNFI 为 0.871 和 PCFI 为 0.904，均大于 0.5。整体上来说，除了 GFI 略低于 0.9 外，其他适配度指标均达到标准要求。综上所述，本节构建的主模型拥有

良好的适配度，可进行下一步路径分析。

表 6 – 5　　　　　　　　　　主模型适配度检验结果

指标		适配标准	检验值	适配结果
绝对适配统计量	χ^2/df	<3	2.018	好
	RMSEA	<0.08	0.041	好
	GFI	大于或接近0.9	0.876	符合
增值适配统计量	CFI	大于或接近0.9	0.961	好
	IFI	大于或接近0.9	0.961	好
	TLI	大于或接近0.9	0.959	好
	NFI	大于或接近0.9	0.926	好
简约适配统计量	PNFI	大于或接近0.5	0.871	好
	PCFI	大于或接近0.5	0.904	好

注：$\chi^2 = 1878.412$；$df = 931$。

6.3.3　主模型路径分析

本章节利用 AMOS 工具首先进行主模型的路径分析，考察信息共享存在的情况下总体层面的信息技术能力和农产品供应链绩效之间的影响路径关系，得到的标准化路径结果如图 6 – 3 所示，详细路径检验结果如表 6 – 6 所示。主模型标准化路径图和路径检验结果表均显示：信息共享存在情况下，信息技术能力对农产品供应链绩效有显著影响，标准化路径系数为 0.387（$p < 0.001$），说明该路径显著成立，支持本章的理论假设 H1：信息技术能力显著影响信息共享，标准化路径系数为 0.758（$p < 0.001$），支持本章的理论假设 H4；信息共享也显著影响农产品供应链绩效，标准化路径系数为 0.485（$p < 0.001$），支持本章的理论假设 H5。即在考虑信息共享的情况下，信息技术能力、信息共享和农产品供应链绩效三者之间有影响路径存在，支持了章节 5.2 提出的理论假设 H1、假设 H4、假设 H5。至于假设 H8 和假设 H8 – 1 至假设 H8 – 4（信息共享在总的及各维度信息

技术能力和农产品供应链绩效之间发挥着中介路径作用）在章节 6.3.6 有
详细的分析。

表 6-6　　　　　　　　　　　主模型路径检验结果

路径			标准化路径系数	路径系数	S. E.	C. R.	结论
结构模型	信息技术能力 —→ 农产品供应链绩效		0.387***	0.292	0.061	4.796	支持
	信息技术能力 —→ 信息共享		0.758***	0.952	0.071	13.340	支持
	信息共享 —→ 农产品供应链绩效		0.485***	0.293	0.051	5.758	支持
	总营业额 —→ 农产品供应链绩效		0.012	0.005	0.018	0.279	拒绝
	企业性质 —→ 农产品供应链绩效		0.038	0.018	0.017	1.040	拒绝
	员工人数 —→ 农产品供应链绩效		0.013	0.005	0.018	0.300	拒绝
测量模型	信息共享 —→ 信息共享层次		0.809***	1.000			支持
	信息共享 —→ 信息共享质量		0.921***	1.052	0.050	20.864	支持
	信息共享 —→ 信息共享内容		0.892***	1.038	0.051	20.534	支持

注：1. 关于信息技术能力、农产品供应链绩效的测量模型结果见第 4 章的主模型路径表所示，后文同；2. * 代表 $p < 0.05$，** 代表 $p < 0.01$，*** 代表 $p < 0.001$；3. S. E. （Standard Error）代表标准差，C. R. （临界比，Critical Ratio）代表检验统计量。

另外，表 6-6 和图 6-3 中测量模型结果显示增加信息共享的主模型的一级和二级构念间的路径均显著，表明：①信息共享一级潜变量可以由三种维度信息共享二级潜变量（信息共享层次、信息共享质量、信息共享内容）来反映和衡量，即三种维度的信息共享共同构成了总的信息共享水平；②验证了章节 5.3.1 和章节 5.3.2 因子分析的合理性，即 11 个内生观测变量（题项）可以用来测量 3 种维度的信息共享；③本章主模型关于信息技术能力和农产品供应链绩效的测量模型结果与第 4 章的主模型中测量模型结果相同，即信息技术能力和农产品供应链绩效一级与二级构念间路径均成立，结果见第 4 章主模型路径检验结果表 4-11。此外，本书的三个控制变量营业额、企业性质和员工人数的路径系数均不显著，说明这些控制变量未对研究产生影响。

6.4 4 个分解模型的影响路径分析

6.4.1 4 个分解模型构建

前面主模型路径分析重点考察了信息共享存在情况下总体层面的信息技术能力和农产品供应链绩效之间的影响路径关系，即分析了 3 个一级构念之间的路径关系。为了更深层次分析信息共享存在情况下信息技术能力和农产品供应链绩效之间细化的影响关系，本节在主模型的基础上，逐步构建与分析 4 个分解模型，深入化研究四种维度及总信息技术能力（信息技术基础设施能力、信息技术人才能力、信息技术内部沟通能力、信息技术外部沟通能力）、三种维度及总信息共享（信息共享层次、信息共享质量、信息共享内容）和三种维度及总农产品供应链绩效（财务绩效、服务绩效、战略绩效）之间的影响关系，构建的 4 个分解模型。

（1）分解模型 1 在主模型基础上，重点研究四种维度信息技术能力、总的信息共享程度和总的农产品供应链绩效之间的关系，主要验证假设 H1-2-1 至假设 H1-2-4、假设 H4-1 至假设 H4-4 和假设 H8-1 至假设 H8-4，如图 6-4。模型设置了 19 个外生观测变量（题项）来测量 4 个二级潜变量（信息技术人才能力、信息技术基础设施能力、信息技术内部沟通能力、信息技术外部沟通能力），11 个内生观测变量（题项）来测量 1 个一级潜变量（信息共享）和 3 个内生二级潜变量（信息共享层次、信息共享质量、信息共享内容），12 个内生观测变量（题项）来测量 1 个一级潜变量（农产品供应链绩效）和 3 个内生二级潜变量（农产品供应链财务绩效、服务绩效、绩效），3 个外生观测变量来测量控制变量（企业规模、营业额、经营年限），测量误差等变量。

（2）分解模型 2 在主模型的基础上，进一步细化了信息共享一级构念，重点研究总的信息技术能力、三种维度信息共享（信息共享层次、信息共享质量、信息共享内容）和总的农产品供应链绩效之间的关系，主要验证假设 H4 - 2 - 1 至假设 H4 - 2 - 3、假设 H5 - 2 - 1 至假设 H5 - 2 - 3，其中模型中只有信息共享是二级构念，其他潜变量均为一级构念，如图 6 - 5。分解模型 2 的其余详细设置与分解模型 1 设置相同。

（3）分解模型 3 在主模型的基础上，进一步细化了农产品供应链绩效一级构念，重点研究总的信息技术能力、总的信息共享和三种维度农产品供应链绩效之间的关系，主要验证假设 H1 - 1 - 1 至假设 H1 - 1 - 3、假设 H5 - 1 - 1 至假设 H5 - 1 - 3，其中模型中只有农产品供应链绩效是二级构念，其他潜变量均为一级构念，如图 6 - 6。分解模型 3 的其余详细设置与分解模型 1 一致。

（4）分解模型 4 在分解模型 3 的基础上，进一步细化了信息技术能力和农产品供应链绩效一级构念，重点研究四种维度信息技术能力、总的信息共享程度和三种维度农产品供应链绩效之间的关系，主要验证假设 H1 - 3 - 1 至假设 H1 - 6 - 3，分别分析总的信息共享程度在细化的信息技术能力和细化的农产品供应链绩效之间中发挥的路径作用，其中模型中只有信息共享是一级构念，如图 6 - 7。分解模型 4 的其余详细设置与分解模型 1 一致。

下面详细介绍 4 个分解模型的适配度检验和路径分析结果。

6.4.2　4 个分解模型适配度检验

在分析详细的路径结果之前，本节选取绝对适配统计量、增值适配统计量和简约适配统计量中的 9 个适配度指标（χ^2/df、RMSEA、GFI、TLI、CFI、NFI、IFI、PNFI 和 PCFI），来评价 3 个分解模型的适配度，具体如表 6 - 7 所示。

表 6 - 7　　　　　　　　分解模型适配度检验结果

指标	χ^2	df	绝对适配统计量			增值适配统计量				简约适配统计量	
			χ^2/df	RMSEA	GFI	CFI	NFI	TLI	IFI	PNFI	PCFI
参考值	—	—	<3	<0.08	大于或接近 0.9					大于 0.5	
模型 1 检测值	1851.011	923	2.005	0.041	0.878	0.962	0.927	0.959	0.962	0.864	0.897
模型 2 检测值	2068.781	887	2.332	0.047	0.857	0.950	0.916	0.946	0.950	0.858	0.891

续表

指标	χ^2	df	绝对适配统计量			增值适配统计量				简约适配统计量	
			χ^2/df	RMSEA	GFI	CFI	NFI	TLI	IFI	PNFI	PCFI
模型3检测值	1646.532	765	2.152	0.044	0.882	0.962	0.932	0.960	0.962	0.869	0.898
模型4检测值	1718.079	791	2.172	0.044	0.879	0.962	0.931	0.958	0.962	0.855	0.883
适配结果	—	—	好	好	符合	好	好	好	好	好	好

（1）对于分解模型1的适配度检验：绝对适配统计量方面，卡方值 χ^2 为1851.011，自由度 df 为923，χ^2/df 为2.005（小于3，P < 0.0001），RMSEA 为0.041（小于0.08），GFI 为0.878（接近0.9）；增值适配统计量方面，CFI、IFI、TLI、NFI 均大于0.9的适配标准；简约适配统计量方面，PNFI 为0.864和PCFI 为0.897，均大于0.5。整体上来说，除了 GFI 略低于0.9外，其他适配度指标均达到标准要求。

（2）对于分解模型2的适配度检验：绝对适配统计量方面，卡方值 χ^2 为2068.78，自由度 df 为887，χ^2/df 为2.332（小于3，P < 0.0001），RMSEA 为0.047（小于0.08），GFI 为0.857（接近0.9）；增值适配统计量方面，CFI、IFI、TLI、NFI 均大于0.9的适配标准；简约适配统计量方面，PNFI 为0.858和PCFI 为0.891，均大于0.5。整体上来说，除了 GFI 略低于0.9外，其他适配度指标均达到标准要求。

（3）对于分解模型3的适配度检验：绝对适配统计量方面，卡方值 χ^2 为1646.532，自由度 df 为765，χ^2/df 为2.152（小于3，P < 0.0001），RMSEA 为0.044（小于0.08），GFI 为0.882（接近0.9）；增值适配统计量方面，CFI、IFI、TLI、NFI 均大于0.9的适配标准；简约适配统计量方面，PNFI 为0.869和PCFI 为0.898，均大于0.5。

（4）对于分解模型4的适配度检验：绝对适配统计量方面，卡方值 χ^2 为1718.079，自由度 df 为791，χ^2/df 为2.172（小于3，P < 0.0001），RMSEA 为0.044（小于0.08），GFI 为0.879（接近0.9）；增值适配统计量方面，CFI、IFI、TLI、NFI 均大于0.9的适配标准；简约适配统计量方面，PNFI 为0.855和PCFI 为0.883，均大于0.5。

综上所述，4个分解模型除了 GFI 略低于0.9外，其他适配度指标均达到标准要求，表明构建的4个分解模型均拥有良好的适配度，可用于下文进一步的路径分析。

6.4.3 4个分解模型路径分析

(1) 分解模型1的路径分析

在主模型的基础上，重点考察信息共享存在下四种维度信息技术能力（信息技术基础设施能力、信息技术人才能力、信息技术内部沟通能力、信息技术外部沟通能力）和总的农产品供应链绩效之间的影响路径关系，得到的标准化路径模型如图6-4所示，路径检验结果如表6-8所示。路径检验结果显示：四种维度的信息技术能力均对信息共享有显著的正向影响，标准化路径系数分别为 0.130 （$p < 0.01$）、0.119 （$p < 0.05$）、0.185 （$p < 0.001$）和 0.384 （$p < 0.001$），均小于主模型中总的信息技术能力对信息共享的影响（标准化系数为 0.758，$p < 0.001$），即支持了假设 H4-1-1 至假设 H4-1-4；在信息共享存在情况下，四种维度的信息技术能力对农

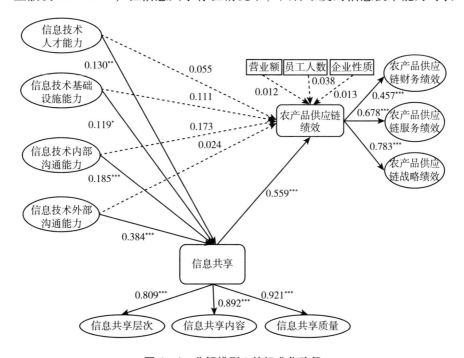

图6-4 分解模型1的标准化路径

产品供应链绩效均没有显著影响，拒绝了假设 H1 - 2 - 1 至假设 H1 - 2 - 4；另外，总的信息共享显著影响农产品供应链绩效，标准化影响系数为 0.559（p < 0.001），大于主模型中二者的影响（标准化系数为 0.485，p < 0.001），与主模型结果一致均即支持了假设 H5。

表 6 - 8 　　　　　　　　　分解模型 1、2 和 3 路径检验结果

模型	路径		标准化路径系数	路径系数	S. E.	C. R.	结论
分解模型 1	信息技术人才能力	—→ 农产品供应链绩效	0.055	0.031	0.033	0.951	拒绝
	信息技术基础设施能力	—→ 农产品供应链绩效	0.111	0.066	0.036	1.831	拒绝
	信息技术内部沟通能力	—→ 农产品供应链绩效	0.173	0.091	0.036	2.512	拒绝
	信息技术外部沟通能力	—→ 农产品供应链绩效	0.024	0.013	0.041	0.330	拒绝
	信息技术人才能力	—→ 信息共享	0.130 **	0.122	0.047	2.594	支持
	信息技术基础设施能力	—→ 信息共享	0.119 *	0.118	0.051	2.308	支持
	信息技术内部沟通能力	—→ 信息共享	0.185 ***	0.162	0.051	3.190	支持
	信息技术外部沟通能力	—→ 信息共享	0.384 ***	0.360	0.058	6.221	支持
	信息共享	—→ 农产品供应链绩效	0.559 ***	0.337	0.049	6.859	支持
分解模型 2	信息技术能力	—→ 农产品供应链绩效	0.781 ***	0.643	0.129	4.986	支持
	信息技术能力	—→ 信息共享层次	0.783 ***	1.313	0.092	14.203	支持
	信息技术能力	—→ 信息共享质量	0.834 ***	1.291	0.090	14.407	支持
	信息技术能力	—→ 信息共享内容	0.830 ***	1.300	0.091	14.360	支持
	信息共享层次	—→ 农产品供应链绩效	0.161	0.079	0.043	1.837	拒绝
	信息共享质量	—→ 农产品供应链绩效	0.165	0.088	0.047	1.868	拒绝
	信息共享内容	—→ 农产品供应链绩效	0.033	0.017	0.046	0.381	拒绝
分解模型 3	信息技术能力	—→ 财务绩效	0.172 *	0.286	0.126	2.269	支持
	信息技术能力	—→ 服务绩效	0.299 ***	0.352	0.084	4.200	支持
	信息技术能力	—→ 战略绩效	0.298 ***	0.381	0.085	4.462	支持
	信息技术能力	—→ 信息共享	0.758 ***	0.942	0.071	13.306	支持
	信息共享	—→ 财务绩效	0.232 **	0.310	0.100	3.084	支持
	信息共享	—→ 服务绩效	0.307 ***	0.291	0.066	4.391	支持
	信息共享	—→ 战略绩效	0.404 ***	0.415	0.068	6.107	支持

注：1. 关于信息技术能力、农产品供应链绩效的测量模型结果见第 4 章的主模型路径表所示，后文同；2. * 代表 p < 0.05，** 代表 p < 0.01，*** 代表 p < 0.001；3. S. E.（Standard Error）代表标准差，C. R.（临界比，Critical Ratio）代表检验统计量。

综上所述，在考虑信息共享因素的情况下，四种维度的信息技术能力对总的农产品供应链绩效均没有显著的直接影响，但通过信息共享有间接影响。同时，四种维度的信息技术能力对信息共享产生的单独影响，均小于总的信息技术能力对信息共享产生的影响，表明总的信息技术能力更能促进伙伴间的信息共享程度。另外，关于假设 H8 - 1 至假设 H8 - 4，信息共享在四种维度信息技术能力和总农产品供应链绩效之间的中介作用检验会在章节 6.3.7 详细叙述。

（2）分解模型 2 的路径分析

重点考察在三种维度信息共享（信息共享层次、信息共享质量、信息共享内容）存在情况下，总的信息技术能力和总的农产品供应链绩效之间的影响路径关系，得到的标准化路径模型如图 6 - 5 所示，路径检验结果如表 6 - 8 所示。路径检验结果显示：多维度信息共享存在情况下，信息技术能力对农产品供应链绩效均有显著的正向直接影响，标准化系数为 0.781（p < 0.001），大于主模型中信息技术能力对农产品供应链绩效的直接影响

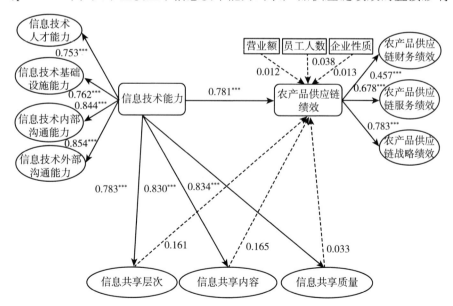

图 6 - 5　分解模型 2 的标准化路径

（标准化系数为 0.387，p < 0.01），与主模型结果一致均支持了假设 H1；信息技术能力对三种维度信息共享有显著正向影响，标准化影响系数分别为 0.783、0.834 和 0.830（均 p < 0.001），均大于主模型中总信息技术能力对总信息共享的影响（0.758，p < 0.001），即支持了假设 H4 - 2 - 1 至假设 H4 - 2 - 3；三种维度信息共享对总的农产品供应链绩效均没有显著的影响，即拒绝了假设 H5 - 2 - 1 至假设 H5 - 2 - 3。综上，表明总的信息技术能力对单项的信息共享影响力上升，大于对综合信息共享的影响；单项的信息共享均不能带来总体绩效的产出。

（3）分解模型 3 的路径分析

在主模型的基础上，重点考察信息共享存在下总的信息技术能力和三种维度农产品供应链绩效（财务绩效、服务绩效、战略绩效）之间的影响路径关系，得到的标准化路径模型如图 6 - 6 所示，路径检验结果如表 6 - 8 所示。路径检验结果显示：信息共享存在情况下，信息技术能力对财务、

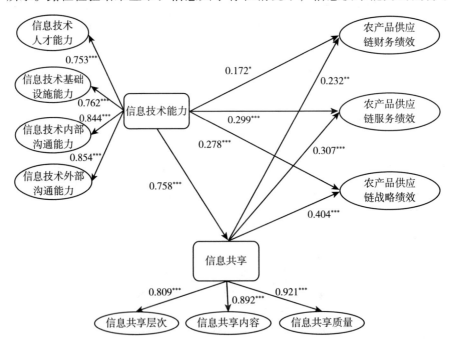

图 6 - 6　分解模型 3 的标准化路径

服务和战略绩效均有显著的正向直接影响，标准化路径系数分别为 0.172（p < 0.05）、0.299（p < 0.001）和 0.298（p < 0.001），小于主模型中信息技术能力对农产品供应链绩效的直接影响（标准化系数为 0.387，p < 0.001），也小于分解模型 2 中二者的总体直接影响（标准化系数为 0.781，p < 0.001），即支持了假设 H1 - 1 - 1 至假设 H1 - 1 - 3；和主模型结果一致均支持了假设 H4，即信息技术能力对信息共享有显著正向影响，标准化影响系数为 0.758（p < 0.001），均大于分解模型 1 中单项信息技术能力对信息共享的影响，但均小于分解模型 2 中信息技术能力对单项的信息共享的影响；总的信息共享显著影响三种维度的农产品供应链绩效，标准化影响系数分别为 0.232（p < 0.01）、0.307（p < 0.001）、0.404（p < 0.001），小于分解模型 1 中信息共享对农产品供应链绩效的总体影响（0.559，p < 0.001），即支持了假设 H5 - 1 - 1 至假设 H5 - 1 - 3。

综上所述，总体的信息共享程度更能带来总体的绩效产出；在考虑信息共享因素的情况下，信息技术能力对三种维度农产品供应链绩效均有显著的正向直接影响；同时，在信息共享的路径作用下，信息技术能力对三种维度农产品供应链均有间接影响。

（4）分解模型 4 的路径分析

进一步重点考察在总的信息共享存在情况下，四种维度信息技术能力和三种维度农产品供应链绩效之间的影响路径关系，得到的标准化路径模型如图 6 - 7 所示，路径检验结果如表 6 - 9 所示。

路径检验结果显示：四种维度的信息技术能力均对信息共享有显著的正向影响，标准化路径系数分别为 0.131（p < 0.01）、0.119（p < 0.05）、0.184（p < 0.001）和 0.385（p < 0.001），均小于主模型和分解模型 1 中总的信息技术能力对信息共享的影响（标准化系数为 0.758，p < 0.001），与分解模型 1 一致均支持了假设 H4 - 1 - 1 至 H4 - 1 - 4；在信息共享存在情况下，只有信息技术内部沟通能力依然对农产品供应链战略绩效有显著直接影响，标准化影响系数分别为 0.124（p < 0.05），且小于主模型中总的信息技术能力对农产品供应链绩效的影响（标准化系数为 0.387，p <

0.001），且小于分解模型 3 中总的信息技术能力对战略绩效的影响（标准化系数为 0.298，p＜0.001），即支持了假设 H1－5－3；总的信息共享显著影响三种维度的农产品供应链绩效，标准化影响系数分别为 0.294、0.392 和 0.488（均 p＜0.001），小于主模型和分解模型 1 中总的信息共享对总的农产品供应链绩效的影响，即支持了假设 H5－1－1 至假设 H5－1－3。

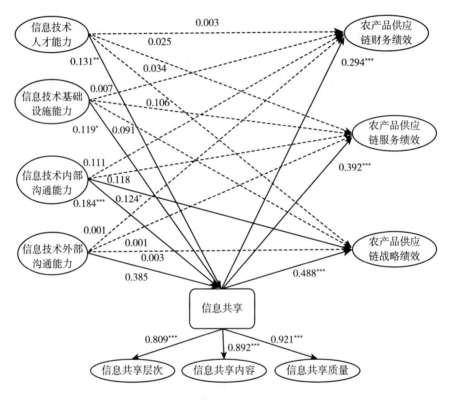

图 6－7　分解模型 4 的标准化路径

表 6－9　　　　　　　　　　　　分解模型 4 路径检验结果

路径			标准化路径系数	路径系数	S. E.	C. R.	结论
信息技术人才能力	—>	财务绩效	0.003	0.003	0.077	0.044	拒绝
信息技术基础设施能力	—>	财务绩效	0.007	0.009	0.083	0.113	拒绝
信息技术内部沟通能力	—>	财务绩效	0.111	0.129	0.083	1.555	拒绝

续表

路径			标准化路径系数	路径系数	S. E.	C. R.	结论
信息技术外部沟通能力	—>	财务绩效	0.001	0.002	0.096	0.017	拒绝
信息技术人才能力	—>	服务绩效	0.025	0.022	0.050	0.440	拒绝
信息技术基础设施能力	—>	服务绩效	0.106	0.098	0.054	1.826	拒绝
信息技术内部沟通能力	—>	服务绩效	0.118	0.097	0.054	1.804	拒绝
信息技术外部沟通能力	—>	服务绩效	0.001	0.001	0.062	0.011	拒绝
信息技术人才能力	—>	战略绩效	0.034	0.033	0.050	0.655	拒绝
信息技术基础设施能力	—>	战略绩效	0.091	0.092	0.054	1.687	拒绝
信息技术内部沟通能力	—>	战略绩效	0.124 *	0.111	0.054	2.041	支持
信息技术外部沟通能力	—>	战略绩效	0.003	0.003	0.063	0.041	拒绝
信息技术人才能力	—>	信息共享	0.131 **	0.123	0.047	2.609	支持
信息技术基础设施能力	—>	信息共享	0.119 *	0.117	0.051	2.297	支持
信息技术内部沟通能力	—>	信息共享	0.184 ***	0.160	0.050	3.177	支持
信息技术外部沟通能力	—>	信息共享	0.385 ***	0.360	0.058	6.241	支持
信息共享	—>	财务绩效	0.294 ***	0.392	0.087	4.489	支持
信息共享	—>	服务绩效	0.392 ***	0.370	0.058	6.383	支持
信息共享	—>	战略绩效	0.488 ***	0.501	0.060	8.304	支持

注：1. 关于信息技术能力、农产品供应链绩效的测量模型结果见第4章的主模型路径表所示，后文同；2. * 代表 $p < 0.05$，** 代表 $p < 0.01$，*** 代表 $p < 0.001$；3. S. E. （Standard Error）代表标准差，C. R. （临界比，Critical Ratio）代表检验统计量。

综上所述，在考虑信息共享因素的情况下，除了信息技术内部沟通能力，其他三种维度的信息技术能力对三种维度的农产品供应链的绩效均没有显著的直接影响，但通过伙伴关系有间接影响。

 ## 6.5 主模型与分解模型路径分析结果对比

综合比较主模型与4个分解模型的路径分析结果，总结如下：

（1）对比主模型和分解模型2和模型3的分析结果，信息共享的作用下，综合信息技术能力对总的和三种维度农产品供应链绩效均有显著的正向直接影响，但对单项绩效的直接影响小于对总体绩效的直接影响。说明考虑信息共享因素的情况下，信息技术能力更能直接带来综合的绩效产出。

（2）对比主模型和分解模型 1 和模型 4 的分析结果，总的信息共享会正向显著影响总的和三种维度的农产品供应链绩效，但分解模型 2 中三种维度信息共享均不能影响总体绩效。说明只有整体的信息共享程度才能促进单项的绩效产出，从而带来更大的综合绩效，进而在信息技术能力和绩效之间发挥路径作用。

（3）对比主模型和分解模型 2 的分析结果，总的信息技术能力对三种维度信息共享有显著正向影响，但均大于主模型中总的信息技术能力对总信息共享的影响。综上，表明总的信息技术能力对单项的信息共享影响力会上升。

（4）对比主模型和分解模型 1 和模型 4 的分析结果，对于四种维度的信息技术能力，单维度信息技术能力会对总体的信息共享产生单独影响，但均小于主模型和分解模型 3 中总的信息技术能力对信息共享产生的影响。说明综合的信息技术能力更能促进供应链伙伴间的信息共享程度。

（5）对比主模型和分解模型 1，发现信息共享存在情况下，每项信息技术能力不会直接对综合农产品供应链绩效产生影响，但通过信息共享有完全间接影响。

（6）对比主模型和分解模型 4，不同维度的信息技术能力也会对不同维度的农产品供应链绩效产生不同的直接和间接影响；同时，并不是每项信息技术能力都能单独直接对单维度的农产品供应链绩效产生影响。分解模型 4 中只有信息技术内部沟通能力依然对战略绩效有显著直接影响，影响系数小于主模型中总的信息技术能力对农产品供应链绩效的影响，且小于分解模型 3 中总的信息技术能力对战略绩效的影响。而除了信息技术内部沟通能力，其他三种维度信息技术能力（信息技术基础设施能力、信息技术人才能力、信息技术外部沟通能力）对三种维度的农产品供应链绩效均没有显著的直接影响，但通过信息共享有间接影响。说明信息共享无论是否存在，信息技术内部沟通能力一定程度上都能带来直接单项战略绩效产出；但另外三种维度信息技术能力并不能直接带来单项绩效产出，需要信息共享在其中发挥重要路径作用。

6.6 信息共享中介路径作用检验

本节依据巴伦和肯尼（Baron and Kenny，1986）中介模型原理（详见章节3.4.2），用AMOS分析在信息共享存在情况下总的信息技术能力及各维度对农产品供应链绩效的影响路径及信息共享在总信息技术能力及各维度和农产品供应链绩效之间发挥的中介路径作用，并采用索贝尔（Sobel，1982）的Z检验对中介路径进行验证，并计算中介效应对总效应解释度VAF（Iacobucci and Duhachek，2003）。

该部分验证伙伴关系的中介路径作用的具体步骤如下（见图6-8）：第一，自变量对因变量的影响（中介变量不参与分析），即检验信息技术能力及各维度对农产品供应链绩效的影响（模型（6-1）），该检验在第4章已经得到验证，即a路径均显著成立；第二，自变量对中介变量的影响（因变量不参与分析），即检验信息技术能力及各维度对信息共享的影响（模型（6-2））；第三，自变量和中介变量对因变量的影响，即检验信息技术能力和信息共享同时存在对农产品供应链绩效的影响（模型（6-3））。如果模型（6-1）、模型（6-2）、模型（6-3）中的a、b、d路径同时成立，即可验证信息共享在信息技术能力及各维度和农产品供应链绩效之间发挥中介作用；在a、b、d路径同时成立情况下，如果c同时成立，代表信息共享在二者之间发挥部分中介作用；在a、b、d路径同时成立情况下，如果c不成立，代表信息共享在二者之间发挥完全中介作用。

针对以上分析步骤，软件AMOS可以联立运行以上模型中并输出各变量之间的总体影响/效应、直接影响/效应及间接影响/效应（见表6-10），以此来分析中介模型中各个路径是否成立及影响程度，并验证信息共享是否在总的信息技术能力及四种维度信息技术能力与农产品供应链绩效之间发挥中介路径作用及中介效应量，结果分析如下。

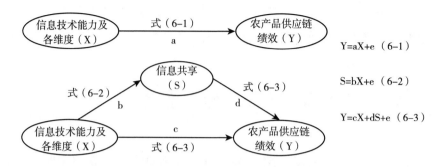

$Y=aX+e$ （6-1）

$S=bX+e$ （6-2）

$Y=cX+dS+e$ （6-3）

图6-8 信息共享的中介作用分析

注：a，b，c，d 表示变量之间影响的标准化路径系数

表6-10 信息共享作用下直接效应与间接效应

类型	从	到	
		信息共享	农产品供应链绩效
直接效应	信息技术能力	0.758	0.387
	信息共享	—	0.485
	信息技术人才能力	0.130	—
	信息技术基础设施能力	0.119	—
	信息技术内部沟通能力	0.185	—
	信息技术外部沟通能力	0.384	—
	信息共享	—	0.559
间接效应	信息技术能力	—	0.368
	信息共享	—	—
	信息技术人才能力	—	0.073
	信息技术基础设施能力	—	0.067
	信息技术内部沟通能力	—	0.103
	信息技术外部沟通能力	—	0.215
	信息共享	—	—

注：本表只显示路径成立的直接和间接效应，其中"—"代表效应不存在。

6.6.1 信息共享在总的信息技术能力和农产品供应链绩效之间的中介作用

在信息技术能力、信息共享和农产品供应链绩效之间直接和间接路径分析结果如表6-10所示，以此得出：在信息共享存在情况下，信息技术能力对农产品供应链绩效的直接影响路径成立（直接效应量是0.387，p<0.001），二者的间接影响也成立（间接效应量是0.368，p<0.001），且其直接影响大于间接影响，总效应量为0.755（与章节4.4.3得到二者标准化路径系数相同）；信息技术能力直接影响信息共享，直接效应量是0.758（p<0.001）；信息共享直接影响农产品供应链绩效，直接效应量是0.485（p<0.001）。在以上分析基础上，采用索贝尔（Sobel，1982）的Z检验对信息共享中介效应进行进一步验证，发现Z检验结果显著。

如表6-11所示，分析结果与前文主模型路径图所示一致，主模型中模型（6-1）、模型（6-2）、模型（6-3）中a、b、c、d路径影响同时成立，可验证总信息技术能力对农产品供应链绩效有直接影响和间接影响，信息共享在信息技术能力和农产品供应链绩效中发挥部分中介作用，且中介效应对总效应的解释度VAF为48.9%，即支持5.2提出的假设H8。

表6-11　　　　　　　　　信息共享的中介效应分析

自变量	中介变量	因变量	b	c	d	中介效应	VAF	结论
信息技术能力	信息共享	农产品供应链绩效	0.758 ***	0.387 ***	0.485 ***	0.368	48.9%	成立
信息技术人才能力	信息共享	农产品供应链绩效	0.130 **	—	0.559 ***	0.073	100%	成立
信息技术基础设施能力		农产品供应链绩效	0.119 *	—	0.559 ***	0.067	100%	成立
信息技术内部沟通能力		农产品供应链绩效	0.185 ***	—	0.559 ***	0.103	100%	成立
信息技术外部沟通能力		农产品供应链绩效	0.384 ***	—	0.559 ***	0.215	100%	成立

注：1. * 代表 p<0.05， ** 代表 p<0.01， *** 代表 p<0.001；2. VAF 中介效应解释度；3. "—"代表路径系数不显著。

6.6.2 信息共享在四种维度信息技术能力和农产品供应链绩效之间的中介作用

在四种维度信息技术能力、信息共享和农产品供应链绩效之间直接和间接路径分析结果如表 6 – 10 所示，以此得出：在直接影响方面，信息共享存在的情况下，四种维度信息技术能力（信息技术人才能力、信息技术基础设施能力、信息技术内部沟通能力和信息技术外部沟通能力）均对信息共享有直接影响，直接效应量分别 0.130、0.119、0.185、0.384，且均小于总信息技术能力对信息共享的直接影响（0.758），但四种维度信息技术能力对农产品供应链绩效没有直接影响；在间接影响方面，四种信息技术能力均对农产品供应链绩效有间接影响，间接（中介）效应量分别为 0.073、0.067、0.103 和 0.214，均小于总信息技术能力对农产品供应链绩效的间接影响（0.368）。在以上分析基础上，采用索贝尔（Sobel，1982）的 Z 检验对信息共享中介效应进行验证，发现 Z 检验均显著。

如表 6 – 11 所示，分析结果与前文分解模型 1 路径图所示一致，表明模型（6 – 1）、模型（6 – 2）、模型（6 – 3）中 a、b、d 路径影响同时成立，而 c 不成立，可验证信息共享在四种维度信息技术能力和农产品供应链绩效中发挥完全中介作用，则 VAF 解释度为 100%，即支持了章节 5.2 提出的假设 H8 – 1、假设 H8 – 2、假设 H8 – 3 和假设 H8 – 4。

综上所述，本节的信息共享发挥的中介作用分析，支持了假设 H4、假设 H4 – 1、假设 H4 – 2、假设 H4 – 3 和假设 H4 – 4。即在信息共享存在的情况下，总信息技术能力对农产品供应链绩效有直接影响和间接影响，且信息共享在总信息技术能力和农产品供应链绩效中发挥部分中介作用；同时，信息共享在四种维度信息技术能力（信息技术人才能力、信息技术基础设施能力、信息技术内部沟通能力和信息技术外部沟通能力）和农产品供应链绩效中发挥完全中介作用。

6.7 本章小结

本章通过理论分析与实证验证，考虑信息共享的作用下，研究了总体和不同维度上信息技术能力对农产品供应链绩效的影响，重点分析信息共享在信息技术能力和农产品供应链绩效之间发挥的路径作用。本章基于信息共享作用下信息技术能力对农产品供应链绩效影响的理论框架，分别构建主模型和4个分解模型的结构方程模型。其中，主模型主要考察综合的信息共享作用下总体层面的信息技术能力和农产品供应链绩效之间的影响路径关系；分解模型1细化了信息技术能力二级构念，重点研究在综合的信息共享作用下，四种维度信息技术能力（信息技术人才能力、信息技术基础设施能力、信息技术内部沟通能力、信息技术外部沟通能力）分别对总的农产品供应链绩效的影响；分解模型2细化了信息共享二级构念，重点研究在三种维度信息共享（信息共享层次、信息共享质量、信息共享内容）作用下，总的信息技术能力对总的农产品供应链绩效的影响；分解模型3细化了农产品供应链绩效二级构念，重点考察在综合的信息共享作用下，总信息技术能力和三种维度农产品供应链绩效（财务绩效、服务绩效、战略绩效）之间的影响路径关系；分解模型4在分解模型1和分解模型2的基础上，同时细化了信息技术能力和农产品供应链绩效二级构念，重点研究在综合信息共享作用下，四种维度信息技术能力和三种维度的农产品供应链绩效之间细化的影响路径关系。

在验证了所选取的信息共享测量题项、效度与信度均达到结构方程模型要求的基础上，进一步利用 AMOS 软件逐步得到了主模型和分解模型路径分析结果，对比分析了 SEM 模型的路径结果（总体和细化影响的结果对比），从而对信息共享作用下总的及各维度信息技术能力对农产品供应链绩效的影响进行实证验证。

综上，通过以上分析得出以下主要结论：

（1）信息共享的作用下，综合信息技术能力对总的农产品供应链绩效均有正向直接影响，也通过信息共享有正向间接影响，且直接效应大于间接效应；

（2）信息共享的作用下，综合信息技术能力对三种维度农产品供应链绩效均有正向直接影响，也通过信息共享有正向间接影响；

（3）总的信息技术能力对总的和三种维度信息共享有正向直接影响；

（4）综合的信息共享会正向直接影响总的和三种维度的农产品供应链绩效，但三种维度信息共享均不能影响总体绩效；

（5）四种维度信息技术能力会对总体的信息共享产生单独影响；

（6）在信息共享的作用下，四种维度信息技术能力不会直接对综合农产品供应链绩效产生影响，但通过信息共享有完全间接影响，而且信息共享在其中发挥完全中介作用；

（7）信息共享的作用下，只有信息技术内部沟通能力依然对单维度的战略绩效有显著的直接影响，也通过信息共享有正向间接影响；

（8）信息共享的作用下，信息技术人才能力、信息技术基础设施能力、信息技术外部沟通能力对总的和三种维度的农产品供应链绩效均没有显著的直接影响，但通过信息共享有间接影响。

另外，在信息共享存在的情况下，总信息技术能力对农产品供应链绩效有直接和间接影响，且信息共享在总信息技术能力和农产品供应链绩效中发挥部分中介作用；同时，信息共享在四种维度信息技术能力（信息技术人才能力、信息技术基础设施能力、信息技术内部沟通能力和信息技术外部沟通能力）和综合的农产品供应链绩效中发挥完全中介作用。

综上所述，除了四个分解模型中个别单维度假设未得到支持，其余假设均得到了验证，说明本章的分析达到了预期的研究目标。整体上来说，信息共享在总的和各维度信息技术能力和农产品供应链绩效之间发挥不同的中介路径作用。综合的信息技术能力更能促进供应链伙伴间的信息共享程度，也只有综合信息共享程度提升才能促进单项的绩效产出，从而带来更大的综合的绩效，进而在信息技术能力和绩效之间发挥路径作用。

第 7 章

伙伴关系和信息共享的共同路径作用分析

　　伙伴关系和信息共享两个路径因素之间也有影响关系，故当两个路径因素同时存在时，总的和四种维度的信息技术能力是否以及如何影响农产品供应链绩效，这些问题是本章要回答和解决的，不同于第 4 章～第 6 章的研究问题。因此，为了回答"伙伴关系和信息共享同时作用下，信息技术能力如何对农产品供应链绩效产生影响"的问题，本章在第 4 章～第 6 章的基础上，进一步考虑伙伴关系和信息共享同时作用下，理论与实证分析总体和不同维度信息技术能力和农产品供应链绩效之间深入的影响关系，并重点分析伙伴关系和信息共享共同在总的和四种维度信息技术能力和农产品供应链绩效之间发挥的路径作用。本章具体组织如下：

　　首先，基于前面和当前学者的研究，提出伙伴关系和信息共享相互影响的理论假设，并基于第 4 章～第 6 章的理论分析，融合构建了信息技术能力、伙伴关系、信息共享和农产品供应链绩效四个构念之间相互融合和影响的理论框架，涵盖以上章节涉及的主要假设 H1 至 H8 及相关子假设。

　　其次，分别构建主模型和三个分解模型的结构方程模型，利用 AMOS

软件输出并综合对比分析主模型和分解模型路径结果，进一步重点分析伙伴关系和信息共享同时发挥的中介路径作用，从而对四个构念之间相互融合的影响路径进行实证验证，以验证提出的理论假设。

在此基础上，本章总结第 4 章～第 7 章的研究内容，对比分析伙伴关系和信息共享均不存在、单独存在和同时存在三种情况下，总的和四种维度信息技术能力对农产品供应链绩效的影响路径以及影响效应量，从而总结信息技术能力对农产品供应链绩效的影响机理。

7.1 伙伴关系和信息共享共同路径作用的理论分析

由于伙伴关系会正向影响信息共享，所以导致本章在同时考虑二个因素路径作用时，信息技术能力对农产品供应链绩效的影响机理会发生变化，具体影响路径会和两个因素单独存在时不同。所以，本章有必要首先分析伙伴关系会和信息共享两个路径因素之间的理论关系。为了实现本章研究目标，基于第 4 章～第 6 章的研究，融合了总的和各维度的信息技术能力、伙伴关系、信息共享和农产品供应链绩效四者之间相互影响的理论关系，提出本章理论框架。

需要说明，除了假设 H6（伙伴关系正向影响信息共享）以外，其他构念两两之间的理论关系假设已经在第 4 章～第 6 章的理论分析部分详细论述，本章不再重复。因此，接下来详细分析以前章节未探讨的，两个路径因素（伙伴关系和信息共享）之间的影响关系，从而提出假设 H6（伙伴关系正向影响信息共享）。

7.1.1 伙伴关系和信息共享间影响关系分析

在供应链管理领域，伙伴关系和信息共享均属于供应链协调的重要内容（Vereecke and Muylle, 2006），均属于供应链整合措施（Prajogo and

Olhager，2012），二者之间存在着正向相关关系。供应链的合作企业将本企业的私有信息开放共享给合作方，常常会担心因对方应用或保护不当导致企业的私有信息被竞争对手获取，会严重影响本企业的竞争力和切身利益，故一般企业都不会无条件地对外共享自己有价值的信息。共享的专有信息可以为另一方提供机会主义行为的可能性，如滥用信息或信息披露。虽然企业间信息共享在供应链管理中能发挥价值，但实际中企业间总不能成功地进行信息共享，总要受到其他因素的影响，如信息通信技术、伙伴关系、认知资本等（Zhou and Benton，2007）。由于供应链中的成员虽然相互关联，但都是独立的实体，各自追求利润最大化，而不是整个供应链的利润，这种独立性也限制了彼此信息共享（Li et al.，2014）。而企业间的伙伴关系是上下游企业间能否进行信息共享的重要决定因素，影响着信息共享的深度与广度。

只有当供应链伙伴之间有信任的、可靠的伙伴关系时，成员间才会有诚信的、有价值的信息共享和流动（Ozer et al.，2011；Ha et al.，2011；Ebrahim-Khanjari et al.，2012；Ozer and Zheng，2017；Lee and ha，2018）。在合作伙伴间建立信息共享之前应先建立信任的合作关系，从而实现信息充分共享，防止交易双方的信息不对称，减少机会主义行为，提高信息共享程度和效率（Wang et al.，2014；郑晶莹，2016；Firouzi et al.，2016；Han and Dong，2017）。企业对供应链上游供应商的依赖关系可以提高彼此之间的信任，促进与上游供应商的整合，包括形成战略联盟、信息共享和流程协调（Zhang and Huo，2013）。供应链的核心企业与其他供应链企业间信任、承诺、依赖等合作关系会正向影响信息共享的内容、层级范围和质量，从而促进供应链财务和非财务绩效（邓明荣和蒋兴良，2013；Wu et al.，2014）。麦克夫斯基等（Mirkovski et al.，2019）发现，成员间的伙伴关系（如信任和不信任）会影响发展中经济体供应链中小企业之间由信息与通信技术驱动的信息共享程度。在农产品供应链上，付等（Fu et al.，2017）通过调研中国 462 个农户，实证发现农产品供应链上游农户与涉农企业之间信任、承诺和依赖关系可以显著正向地影响彼此信息共享，加强农户对涉农企业的依赖可以培养农户与合作企业间的信任和承诺，从而促使农户愿意与农产品供应链的涉农企业共享生产信息。

综上所述，尽管学者还未系统研究农产品供应链中综合的伙伴关系和信息共享整体水平之间关系，但基于前人相关研究，本书认为涉农企业更愿意与关系可靠的合作伙伴共享彼此所需要的信息，共同提升信息流效率。且伙伴关系越牢靠和持久，越会主动共享有利于合作的数据或信息，即农产品供应链成员间的伙伴关系的强弱可以有效正向影响彼此之间的信息共享内容、质量和层次。基于以上分析，提出假设 H6：伙伴关系正向影响信息共享。

本书已经全部理论分析了信息技术能力、伙伴关系、信息共享、农产品供应链绩效因素之间的理论关系，除了假设 H6（伙伴关系正向影响信息共享）在本章论述，其他构念两两之间的理论关系假设已经在第 4 章 ~ 第 6 章理论分析部分详细介绍，本章不再重复进行理论分析。但根据研究目标，本章会继续在实证分析里探讨与对比分析以上章节涉及到的主要假设 H1 ~ 假设 H8 及相关子假设，具体罗列如下：

H1. 伙伴关系和信息共享（两因素）同时存在下，信息技术能力正向直接影响农产品供应链绩效

H1 - 1 - 1. 两因素同时存在下，信息技术能力正向直接影响财务绩效

H1 - 1 - 2. 两因素同时存在下，信息技术能力正向直接影响服务绩效

H1 - 1 - 3. 两因素同时存在下，信息技术能力正向直接影响战略绩效

H1 - 2 - 1. 两因素同时存在下，信息技术人才能力正向直接影响农产品供应链绩效

H1 - 2 - 2. 两因素同时存在下，信息技术基础设施能力正向直接影响农产品供应链绩效

H1 - 2 - 3. 两因素同时存在下，信息技术内部沟通能力正向直接影响农产品供应链绩效

H1 - 2 - 4. 两因素同时存在下，信息技术外部沟通能力正向直接影响农产品供应链绩效

H1 - 3 - 1. 两因素同时存在下，信息技术人才能力正向直接影响财务绩效

H1 - 3 - 2. 两因素同时存在下，信息技术人才能力正向直接影响服务绩效

H1 - 3 - 3. 两因素同时存在下，信息技术人才能力正向直接影响战略绩效

H1 - 4 - 1. 两因素同时存在下，信息技术基础设施能力正向直接影响财务绩效

H1 - 4 - 2. 两因素同时存在下，信息技术基础设施能力正向直接影响服务绩效

H1 - 4 - 3. 两因素同时存在下，信息技术基础设施能力正向直接影响战略绩效

H1 - 5 - 1. 两因素同时存在下，信息技术内部沟通能力正向直接影响财务绩效

H1 - 5 - 2. 两因素同时存在下，信息技术内部沟通能力正向直接影响服务绩效

H1 - 5 - 3. 两因素同时存在下，信息技术内部沟通能力正向直接影响战略绩效

H1 - 6 - 1. 两因素同时存在下，信息技术外部沟通能力正向直接影响财务绩效

H1 - 6 - 2. 两因素同时存在下，信息技术外部沟通能力正向直接影响服务绩效

H1 - 6 - 3. 两因素同时存在下，信息技术外部沟通能力正向直接影响战略绩效

H2. 信息技术能力正向影响伙伴关系

H2 - 1 - 1. 信息技术人才能力正向影响伙伴关系

H2 - 1 - 2. 信息技术基础设施能力正向影响伙伴关系

H2 - 1 - 3. 信息技术内部沟通能力正向影响伙伴关系

H2 - 1 - 4. 信息技术外部沟通能力正向影响伙伴关系

H3. 伙伴关系正向影响农产品供应链绩效

H3 - 1 - 1. 伙伴关系正向影响财务绩效

H3 – 1 – 2. 伙伴关系正向影响服务绩效

H3 – 1 – 3. 伙伴关系正向影响战略绩效

H4. 信息技术能力正向影响信息共享

H4 – 1 – 1. 信息技术人才能力正向影响信息共享

H4 – 1 – 2. 信息技术基础设施能力正向影响信息共享

H4 – 1 – 3. 信息技术内部沟通能力正向影响信息共享

H4 – 1 – 4. 信息技术外部沟通能力正向影响信息共享

H5. 信息共享正向影响农产品供应链绩效

H5 – 1 – 1. 信息共享正向影响财务绩效

H5 – 1 – 2. 信息共享正向影响服务绩效

H5 – 1 – 3. 信息共享正向影响战略绩效

H6. 伙伴关系正向影响信息共享

H7. 信息共享存在下，伙伴关系在信息技术能力与农产品供应链绩效间发挥着中介作用

H7 – 1. 伙伴关系在信息技术人才能力与农产品供应链绩效间发挥着中介作用

H7 – 2. 伙伴关系在信息技术基础设施能力与农产品供应链绩效间发挥着中介作用

H7 – 3. 伙伴关系在信息技术内部沟通能力与农产品供应链绩效间发挥着中介作用

H7 – 4. 伙伴关系在信息技术外部沟通能力与农产品供应链绩效间发挥着中介作用

H8. 伙伴关系存在下，信息共享在信息技术能力与农产品供应链绩效间发挥着中介作用

H8 – 1. 信息共享在信息技术人才能力与农产品供应链绩效间发挥着中介作用

H8 – 2. 信息共享在信息技术基础设施能力与农产品供应链绩效间发挥着中介作用

H8 – 3. 信息共享在信息技术内部沟通能力与农产品供应链绩效间发挥

着中介作用

H8 – 4. 信息共享在信息技术外部沟通能力与农产品供应链绩效间发挥着中介作用

7.1.2 理论框架

本章融合了第 4 章 ~ 第 6 章的理论分析，构建了概括性的理论框架（见图 7 – 1），覆盖了以上提出的 8 个主要假设，详细的子假设不再一一标注。该理论框架主要描述了信息技术能力、伙伴关系、信息共享和农产品供应链绩效四个构念之间相互融合和影响的理论关系。

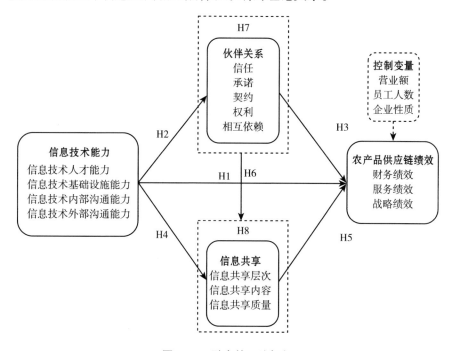

图 7 – 1 融合的理论框架

类似第 4 章 ~ 第 6 章的设置，众多假设无法共同在一个结构方程模型里构建和检验，所以为了检验与分析以上所有假设，本章在下文实证分析中分别设置 1 个主模型和 3 个分解模型的结构方程模型，并详细检验与对比分析这些模型路径结果。

（1）主模型研究四个一级构念之间相互影响关系，验证基本假设 H1 至假设 H8，分析伙伴关系和信息共享共同作用下总体的信息技术能力对综合的农产品供应链绩效的影响；

（2）分解模型 1 细化了信息技术能力一级构念，主要验证假设 H1 - 2 - 1 至假设 H1 - 2 - 4、假设 H2 - 1 - 1 至假设 H2 - 1 - 4、假设 H7 - 1 至假设 H7 - 4 和假设 H8 - 1 至假设 H8 - 4，研究伙伴关系和信息共享共同作用下四种维度的信息技术能力分别对综合的农产品供应链绩效的细化影响；

（3）分解模型 2 细化了农产品供应链绩效一级构念，主要验证假设 H1 - 1 - 1 至假设 H1 - 1 - 3、假设 H3 - 1 - 1 至假设 H3 - 1 - 3、假设 H5 - 1 - 1 至假设 H5 - 1 - 3，研究伙伴关系和信息共享共同作用下总体的信息技术能力分别对三种维度的农产品供应链绩效的细化影响；

（4）分解模型 3 同时细化了信息技术能力和农产品供应链绩效一级构念，主要验证假设 H1 - 3 - 1 至假设 H1 - 6 - 3，研究伙伴关系和信息共享共同作用下四种维度信息技术能力分别对三种维度的农产品供应链绩效的细化影响。

本章后续实证分析会详细地讲解以上模型的构建与路径分析，以验证该融合理论框架与假设，研究伙伴关系和信息共享同时作用下总体和细化的信息技术能力对农产品供应链绩效的直接和间接影响及效应量。在此基础上，并融合对比分析第 4～第 7 章的实证分析结果。

本章接下来基于上面的理论分析，采用 AMOS 软件主模型和 3 个分解模型进行 SEM 影响模型的构建与路径分析，深入探究伙伴关系和信息共享共同作用下信息技术能力对农产品供应链绩效的影响，并检验伙伴关系和信息共享的共同中介路径作用，验证上节提出的理论假设。为了保证 SEM 构建的合理性和分析结果的稳定性，第 4 章～第 6 章已经对信息技术能力、伙伴关系、信息共享和农产品供应链绩效四个构念进行详细的探索性因子分析、验证性因子分析、多重共线性和共同方法偏差，分析结果表明所有构念的测量题项、效度与信度均达到结构方程模型的要求。故可以进行接下来的主模型和三个分解模型的 SEM 路径分析。

7.2 主模型的影响路径分析

7.2.1 主模型构建

本节首先构建主模型的结构方程模型如图 7-2 所示，重点考察总体层面的信息技术能力、伙伴关系、信息共享和农产品供应链绩效之间的影响路径关系，主要验证章节 7.2 提出的理论假设 H1 ~ 假设 H8。主模型设置了 19 个外生观测变量（题项）来测量 1 个一级潜变量（信息技术能力）和 4 个二级潜变量（信息技术人才能力、信息技术基础设施能力、信息技术内部沟通能力、信息技术外部沟通能力），15 个内生观测变量（题项）来测量 1 个一级潜变量（伙伴关系）和 5 个二级潜变量（信任、承诺、契约、相互依赖和权利），11 个内生观测变量（题项）来测量 1 个一级潜变量（信息共享）和 3 个二级潜变量（信息共享层次、信息共享质量、信息共享内容），12 个内生观测变量（题项）来测量 1 个一级潜变量（农产品供应链绩效）和 3 个二级潜变量（农产品供应链财务绩效、农产品供应链服务绩效、农产品供应链战略绩效），3 个外生观测变量来测量控制变量（企业规模、营业额、经营年限），测量误差等变量。

7.2.2 主模型适配度检验

参考前人的研究，首先评价主模型的适配度指标。本书重点选取了绝对适配统计量、增值适配统计量和简约适配统计量，分别为 χ^2/df、RMSEA、GFI、TLI、CFI、NFI、IFI、PNFI 和 PCFI，主模型适配度检验结果如表 7-1 所示。绝对适配统计量方面，卡方值 χ^2 为 3434.461（P < 0.0001），自由度 df 为 1688，χ^2/df 为 2.035（小于 3），RMSEA 为 0.042（小于 0.08），GFI 为 0.837（接近 0.9）；增值适配统计量方面，CFI、IFI、TLI、NFI 均大于 0.9 的适配标准；简约适配统计量方面，PNFI 为 0.859 和

PCFI 为 0.903，均大于 0.5。整体上来说，除了 GFI 略低于 0.9 外，其他适配度指标均达到标准要求。综上所述，本节融合构建的主模型拥有良好的适配度，可进行下一步的路径分析。

表 7 - 1　　　　　　　　　　　主模型适配度检验结果

指标		适配标准	检验值	适配结果
绝对适配统计量	χ^2/df	<3	2.035	好
	RMSEA	<0.08	0.042	好
	GFI	大于或接近 0.9	0.837	符合
增值适配统计量	CFI	大于或接近 0.9	0.947	好
	IFI	大于或接近 0.9	0.947	好
	TLI	大于或接近 0.9	0.944	好
	NFI	大于或接近 0.9	0.901	好
简约适配统计量	PNFI	大于或接近 0.5	0.859	好
	PCFI	大于或接近 0.5	0.903	好

注：$\chi^2 = 3434.461$；$df = 1688$。

7.2.3　主模型路径分析

本章节利用 AMOS 首先进行主模型的路径分析，考察伙伴关系和信息共享同时存在的情况下总体层面的信息技术能力和农产品供应链绩效之间的影响路径关系，得到的标准化路径结果如图 7 - 2 所示，详细路径检验结果如表 7 - 2 所示。检验结果均显示：伙伴关系和信息共享共同存在情况下，信息技术能力对农产品供应链绩效的标准化路径系数为 0.082，不显著，说明二者没有直接影响，拒绝了本章的理论假设 H1；信息共享存在下，信息技术能力显著影响伙伴关系，标准化路径系数为 0.732（$p < 0.001$），支持本章的理论假设 H2；伙伴关系显著影响农产品供应链绩效，标准化路径系数为 0.580（$p < 0.001$），支持本章的理论假设 H3；伙伴关系存在下，信息技术能力显著影响信息共享，标准化路径系数为 0.588（$p < 0.001$），支持本章的理论假设 H4；信息共享显著影响农产品供应链绩效，标准化路径系数为 0.328（$p < 0.001$），支持本章的理论假设 H5；伙伴关

系显著影响信息共享，标准化路径系数为 0.233（p < 0.001），支持理论假设 H6。

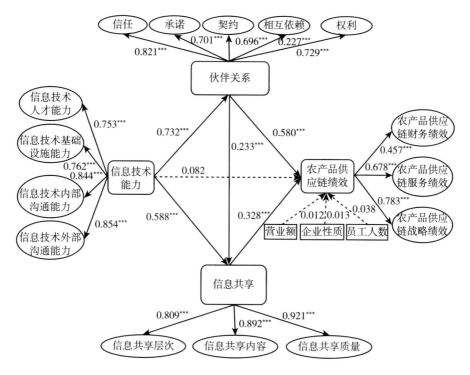

图 7 - 2　主模型的标准化路径

表 7 - 2　　　　　　　　　　　主模型路径检验结果

	路径			标准化路径系数	路径系数	S. E.	C. R.	结论
结构模型	信息技术能力	—>	伙伴关系	0.732 ***	0.773	0.060	12.924	支持
	信息技术能力	—>	信息共享	0.588 ***	0.737	0.086	8.563	支持
	信息技术能力	—>	农产品供应链绩效	0.082	0.059	0.056	1.061	拒绝
	伙伴关系	—>	信息共享	0.233 ***	0.276	0.072	3.821	支持
	伙伴关系	—>	农产品供应链绩效	0.580 ***	0.385	0.060	6.430	支持
	信息共享	—>	农产品供应链绩效	0.328 ***	0.183	0.043	4.288	支持
	总营业额	—>	农产品供应链绩效	0.012	0.005	0.018	0.279	拒绝
	企业性质	—>	农产品供应链绩效	0.038	0.018	0.017	1.040	拒绝
	员工人数	—>	农产品供应链绩效	0.013	0.005	0.018	0.300	拒绝

续表

路径			标准化路径系数	路径系数	S. E.	C. R.	结论
测量模型	信息技术能力 —→	信息技术人才能力	0.749***	1.000	—	—	支持
	信息技术能力 —→	信息技术基础设施能力	0.762***	0.971	0.065	14.887	支持
	信息技术能力 —→	信息技术内部沟通能力	0.833***	1.197	0.080	15.031	支持
	信息技术能力 —→	信息技术外部沟通能力	0.867***	1.159	0.075	15.462	支持
	伙伴关系 —→	信任	0.821***	1.000			支持
	伙伴关系 —→	承诺	0.701***	0.819	0.052	15.637	支持
	伙伴关系 —→	契约	0.696***	0.716	0.046	15.468	支持
	伙伴关系 —→	相互依赖	0.227***	0.380	0.078	4.876	支持
	伙伴关系 —→	权利	0.729***	0.858	0.055	15.736	支持
	信息共享 —→	信息共享层次	0.809***	1.000	—	—	支持
	信息共享 —→	信息共享质量	0.921***	1.052	0.050	20.864	支持
	信息共享 —→	信息共享内容	0.892***	1.038	0.051	20.534	支持
	农产品供应链绩效 —→	财务绩效	0.728***	1.000	—	—	支持
	农产品供应链绩效 —→	服务绩效	0.421***	1.225	0.141	8.668	支持
	农产品供应链绩效 —→	战略绩效	0.749***	1.374	0.154	8.895	支持

　　注：1. 关于四种维度信息技术能力、三种维度农产品供应链绩效、五种维度伙伴关系和三种维度信息共享的测量模型结果与第 4 章 ~ 第 6 章的主模型中的测量模型检验结果相同；2. * 代表 $p < 0.05$，** 代表 $p < 0.01$，*** 代表 $p < 0.001$；3. S. E. （Standard Error）是标准差，C. R. （临界比，Critical Ratio）是检验统计量。

　　综上所述，主模型路径分析支持假设 H2 ~ 假设 H6，拒绝了假设 H1。说明，当伙伴关系和信息共享共同存在情况下，信息技术能力对农产品供应链绩效没有直接影响，只有间接影响；且伙伴关系和信息共享共同在二者的间接影响路径中发挥重要的路径作用。假设 H7 和假设 H8（信息共享和伙伴关系同时在信息技术能力和农产品供应链绩效之间发挥着中介路径作用）及子假设详细的验证在章节 7.3.3 论述。

7.3 | 3 个分解模型的影响路径分析

7.3.1 3 个分解模型构建

前面的主模型路径分析重点考察了伙伴关系和信息共享同时存在情况下总体层面的信息技术能力和农产品供应链绩效之间的影响路径关系，即分析了 4 个二级构念之间的路径关系。为了更深层次分析伙伴关系和信息共享同时存在情况下信息技术能力和农产品供应链绩效之间细化的影响关系，本节在主模型的基础上，进一步构建 3 个分解模型，深入研究伙伴关系和信息共享同时存在情况下四种维度及总信息技术能力（信息技术人才能力、信息技术基础设施能力、信息技术内部沟通能力、信息技术外部沟通能力）对三种维度及总农产品供应链绩效（农产品供应链财务绩效、农产品供应链服务绩效、农产品供应链战略绩效）的影响机理，考察伙伴关系和信息共享如何同时发挥的路径作用。

（1）分解模型 1 在主模型基础上，重点研究四种维度信息技术能力、总的伙伴关系、总的信息共享程度和总的农产品供应链绩效之间的关系，主要验证假设 H1 – 2 – 1 至假设 H1 – 2 – 4、假设 H2 – 1 – 1 至假设 H2 – 1 – 4、假设 H7 – 1 至假设 H7 – 4 和假设 H8 – 1 至假设 H8 – 4，其中设置了 19 个外生观测变量（题项）来测量 4 个二级潜变量（信息技术人才能力、信息技术基础设施能力、信息技术内部沟通能力、信息技术外部沟通能力），15 个内生观测变量（题项）来测量 1 个一级潜变量（伙伴关系）和 5 个二级潜变量（信任、承诺、契约、相互依赖和权利），11 个内生观测变量（题项）来测量 1 个一级潜变量（信息共享）和 3 个二级潜变量（信息共享层次、信息共享质量、信息共享内容），12 个内生观测变量（题项）来测量 1 个一级潜变量（农产品供应链绩效）和 3 个二级潜变量（农产品供应链财务绩效、农产品供应链服务绩效、农产品供应链战略绩效），3 个外生观测变量来测量控制变量（企业规模、营业额、经营年限），测量误差等变量。

（2）分解模型 2 在主模型的基础上，进一步细化了农产品供应链绩效一级构念，重点研究总的信息技术能力、总的伙伴关系、总的信息共享程度和三种维度农产品供应链绩效之间的关系，主要验证假设 H1 - 1 - 1 至假设 H1 - 1 - 3、假设 H3 - 1 - 1 至假设 H3 - 1 - 3、假设 H5 - 1 - 1 至假设 H5 - 1 - 3，分别分析总的伙伴关系和信息共享同时在总的信息技术能力和细化的农产品供应链绩效之间中发挥的路径作用。分解模型 2 的其余详细设置与分解模型 1 一致。

（3）分解模型 3 在分解模型 1 和模型 2 的基础上，进一步同时细化了信息技术能力和农产品供应链绩效一级构念，重点研究总的四种维度的信息技术能力、总的伙伴关系、总的信息共享程度和三种维度农产品供应链绩效之间的关系，主要验证假设 H1 - 3 - 1 至假设 H1 - 6 - 3，分别分析总的伙伴关系和信息共享同时在细化的信息技术能力和细化的农产品供应链绩效之中发挥的路径作用，其中模型中只有伙伴关系和信息共享是一级构念。分解模型 3 的其余详细设置与分解模型 1 一致。

下面详细介绍 3 个分解模型的适配度检验和路径分析结果。

7.3.2　3 个分解模型适配度检验

在分析详细的路径结果之前，本节选取绝对适配统计量、增值适配统计量和简约适配统计量中的 9 个适配度指标（χ^2/df、RMSEA、GFI、TLI、CFI、NFI、IFI、PNFI 和 PCFI），来评价 3 个分解模型的适配度，具体结果如表 7 - 3 所示。

表 7 - 3　　　　　　　　　分解模型的适配度检验结果

指标	χ^2	df	绝对适配统计量			增值适配统计量				简约适配统计量	
			χ^2/df	RMSEA	GFI	CFI	NFI	TLI	IFI	PNFI	PCFI
参考值	—	—	<3	<0.08	大于或接近 0.9					大于 0.5	
分解模型 1 值	3401.081	1677	2.028	0.041	0.838	0.948	0.902	0.945	0.948	0.855	0.898
分解模型 2 值	3175.019	1515	2.096	0.043	0.842	0.949	0.907	0.947	0.949	0.861	0.901

续表

指标	χ^2	df	绝对适配统计量			增值适配统计量				简约适配统计量	
			χ^2/df	RMSEA	GFI	CFI	NFI	TLI	IFI	PNFI	PCFI
分解模型3值	3138.844	1498	2.095	0.043	0.843	0.950	0.908	0.947	0.950	0.853	0.891
适配结果	—	—	好	好	符合	好	好	好	好	好	好

注：1. 关于四种维度信息技术能力、三种维度农产品供应链绩效、五种维度伙伴关系和三种维度信息共享的测量模型结果与第4章~第6章的主模型中的测量模型检验结果相同；2. * 代表 $p < 0.05$，** 代表 $p < 0.01$，*** 代表 $p < 0.001$；3. S. E.（Standard Error）是标准差，C. R.（临界比，Critical Ratio）是检验统计量。

（1）对于分解模型1的适配度检验：绝对适配统计量方面，卡方值 χ^2 为3401.081，自由度 df 为1677，χ^2/df 为2.028（小于3，P < 0.0001），RMSEA 为0.041（小于0.08），GFI 为0.838（接近0.9）；增值适配统计量方面，CFI、IFI、TLI、NFI 均大于0.9的适配标准；简约适配统计量方面，PNFI 为0.855和PCFI 为0.898，均大于0.5。

（2）对于分解模型2的适配度检验：绝对适配统计量方面，卡方值 χ^2 为3175.019，自由度 df 为1515，χ^2/df 为2.096（小于3，P < 0.0001），RMSEA 为0.043（小于0.08），GFI 为0.842（接近0.9）；增值适配统计量方面，CFI、IFI、TLI、NFI 均大于0.9的适配标准；简约适配统计量方面，PNFI 为0.861和PCFI 为0.901，均大于0.5。

（3）对于分解模型3的适配度检验：绝对适配统计量方面，卡方值 χ^2 为3138.844，自由度 df 为1498，χ^2/df 为2.095（小于3，P < 0.0001），RMSEA 为0.043（小于0.08），GFI 为0.843（接近0.9）；增值适配统计量方面，CFI、IFI、TLI、NFI 均大于0.9的适配标准；简约适配统计量方面，PNFI 为0.853和PCFI 为0.891，均大于0.5。

综上所述，3个分解模型除了 GFI 略低于0.9外，其他适配度指标均达到标准要求，表明构建的3个分解模型均拥有良好的适配度，可用于下文进一步的路径分析。

7.3.3　3个分解模型路径分析

（1）分解模型1的路径分析

分解模型1重点考察在总的伙伴关系和信息共享同时存在情况下，

四种维度信息技术能力（信息技术基础设施能力、信息技术人才能力、信息技术内部沟通能力、信息技术外部沟通能力）和农产品供应链绩效之间的影响路径关系，得到的标准化路径模型如图 7-3 所示，路径检验结果如表 7-4 所示。路径检验结果显示：信息技术人才能力、信息技术基础设施能力和信息技术外部沟通能力均对伙伴关系有显著的直接正向影响，标准化路径系数分别为 0.153（p < 0.01）、0.201（p < 0.001）和0.342（p < 0.001），均小于主模型中总的信息技术能力对伙伴关系的影响（系数为 0.732，p < 0.001），即支持了理论假设 H2-1-1、假设 H2-1-2和假设 H2-1-3；只有信息技术内部沟通能力和信息技术外部沟通能力对信息共享有显著的直接正向影响，标准化路径系数分别为 0.151（p <0.01）和 0.273（p < 0.001），均小于主模型中总的信息技术能力对信息共

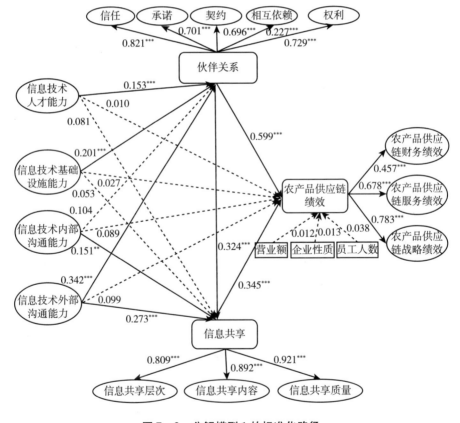

图 7-3　分解模型 1 的标准化路径

享的影响（系数为 0.588，p < 0.001），即支持了假设 H4 - 1 - 3 和假设
H4 - 1 - 4；伙伴关系和信息共享均显著正向影响农产品供应链绩效，标准
化影响系数分别为 0.599 和 0.345（均 p < 0.001），即支持了假设 H3 和假
设 H5；另外伙伴关系也显著影响成员间的信息共享水平，标准化影响系数
为 0.324（p < 0.001），即支持了假设 H6。

表 7 - 4　　　　　　　　　　分解模型 1 路径检验结果

路径			标准化路径系数	路径系数	S. E.	C. R.	结论
信息技术人才能力	—>	农产品供应链绩效	0.010	0.005	0.029	0.187	拒绝
信息技术基础设施能力	—>	农产品供应链绩效	0.027	0.015	0.032	0.470	拒绝
信息技术内部沟通能力	—>	农产品供应链绩效	0.089	0.052	0.031	2.261	支持
信息技术外部沟通能力	—>	农产品供应链绩效	0.099	0.052	0.036	1.420	拒绝
信息技术人才能力	—>	伙伴关系	0.153 **	0.121	0.044	2.739	支持
信息技术基础设施能力	—>	伙伴关系	0.201 ***	0.167	0.048	3.495	支持
信息技术内部沟通能力	—>	伙伴关系	0.104	0.076	0.047	1.628	拒绝
信息技术外部沟通能力	—>	伙伴关系	0.342 ***	0.270	0.053	5.098	支持
信息技术人才能力	—>	信息共享	0.081	0.076	0.046	1.656	拒绝
信息技术基础设施能力	—>	信息共享	0.053	0.052	0.051	1.029	拒绝
信息技术内部沟通能力	—>	信息共享	0.151 **	0.132	0.049	2.683	支持
信息技术外部沟通能力	—>	信息共享	0.273 ***	0.256	0.058	4.417	支持
伙伴关系	—>	信息共享	0.324 ***	0.386	0.066	5.867	支持
伙伴关系	—>	农产品供应链绩效	0.599 ***	0.398	0.059	6.752	支持
信息共享	—>	农产品供应链绩效	0.345 ***	0.193	0.041	4.711	支持

注：1. 关于四种维度信息技术能力、三种维度农产品供应链绩效、五种维度伙伴关系和三种
维度信息共享的测量模型结果与第 4 章 ~ 第 6 章的主模型中的测量模型检验结果相同；2. * 代表
p < 0.05，** 代表 p < 0.01，*** 代表 p < 0.001；3. S. E.（Standard Error）是标准差，C. R.（临
界比，Critical Ratio）是检验统计量。

以上分析表明，总的伙伴关系和信息共享同时存在情况下，单维度信
息技术能力会对伙伴关系、信息共享及农产品供应链绩效带来不同的影
响。四种维度信息技术能力对农产品供应链绩效均没有显著直接影响，但
通过二者的共同作用有显著的间接影响。

(2) 分解模型 2 的路径分析

分解模型 2 重点考察在总的伙伴关系和信息共享同时存在下，综合信息技术能力和三种维度农产品供应链绩效之间的影响路径关系，得到的标准化路径模型如图 7 – 4 所示，路径检验结果如表 7 – 5 所示。路径检验结果显示：信息技术能力对伙伴关系和信息共享均有显著的正向影响，标准化路径系数分别为 0. 732（p < 0. 001）和 0. 589（p < 0. 001），和主模型结果一致均支持了假设 H2 和假设 H4；信息技术能力对 3 种维度的农产品供应链绩效均没有显著直接影响，即拒绝了假设 H1 – 1 – 1 至假设 H1 – 1 – 3；伙伴关系显著正向直接影响 3 种维度农产品供应链绩效，标准化影响系数分别为 0. 136（p < 0. 05）、0. 665 和 0. 351（均 p < 0. 001），即支持了假设

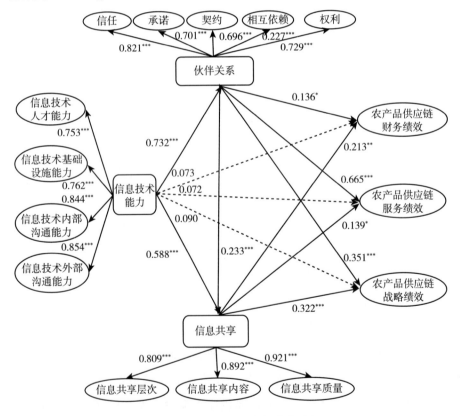

图 7 – 4　分解模型 2 的标准化路径

H3 – 1 – 1、假设 H3 – 1 – 2 和假设 H3 – 1 – 3；信息共享均显著正向直接影响三种维度的农产品供应链绩效，标准化影响系数分别为 0.213（p < 0.01）、0.139（p < 0.05）和 0.345（p < 0.001），即支持了假设 H5 – 1 – 1 至假设 H5 – 1 – 3；另外伙伴关系也显著影响成员间的信息共享水平，标准化影响系数为 0.233（p < 0.001），即支持假设 H6。

表 7 – 5　　　　　　　　　　　**分解模型 2 路径检验结果**

路径			标准化路径系数	路径系数	S. E.	C. R.	结论
信息技术能力	—>	财务绩效	0.073	0.121	0.149	0.814	拒绝
信息技术能力	—>	服务绩效	0.072	0.084	0.092	0.915	拒绝
信息技术能力	—>	战略绩效	0.090	0.116	0.097	1.194	拒绝
信息技术能力	—>	伙伴关系	0.732 ***	0.775	0.060	12.973	支持
信息技术能力	—>	信息共享	0.588 ***	0.738	0.087	8.524	支持
伙伴关系	—>	信息共享	0.233 ***	0.274	0.073	3.752	支持
伙伴关系	—>	财务绩效	0.136 *	0.243	0.114	2.150	支持
伙伴关系	—>	服务绩效	0.665 ***	0.743	0.083	8.969	支持
伙伴关系	—>	战略绩效	0.351 ***	0.428	0.081	5.252	支持
信息共享	—>	财务绩效	0.213 **	0.283	0.102	2.771	支持
信息共享	—>	服务绩效	0.139 *	0.131	0.062	2.123	支持
信息共享	—>	战略绩效	0.322 ***	0.331	0.067	4.979	支持

注：1. 关于四种维度信息技术能力、三种维度农产品供应链绩效、五种维度伙伴关系和三种维度信息共享的测量模型结果与第 4 章 ~ 第 6 章的主模型中的测量模型检验结果相同；2. * 代表 p < 0.05，** 代表 p < 0.01，*** 代表 p < 0.001；3. S. E.（Standard Error）是标准差，C. R.（临界比，Critical Ratio）是检验统计量。

（3）分解模型 3 的路径分析

分解模型 3 进一步重点考察在总的伙伴关系和信息共享同时存在情况下，四种维度信息技术能力和三种维度农产品供应链绩效之间的影响路径关系，得到的标准化路径模型如图 7 – 5 所示，路径检验结果如表 7 – 6 所示。路径检验结果显示：除了信息技术内部沟通能力，其他三种维度的信息技术能力（信息技术人才能力、信息技术基础设施能力和信息技术外部沟通能力）均对伙伴关系有显著的正向直接影响，标准化路径系数分别为

0.153（p＜0.01）、0.201（p＜0.001）和0.342（p＜0.001），均小于主模型和分解模型2中总的信息技术能力对伙伴关系的影响（系数为0.732，p＜0.001），与分解模型1结果一致均支持了假设H2－1－1、假设H2－1－2和假设H2－1－3；与分解模型1结果一致，只有信息技术内部沟通能力和信息技术外部沟通能力对信息共享有显著的直接正向影响，标准化路径系数分别为0.151（p＜0.01）和0.273（p＜0.001），均小于主模型中总的信息技术能力对信息共享的影响（系数为0.588，p＜0.001），即支持了假设H4－1－3和假设H4－1－4；与分解模型2结果一致，伙伴关系显著正向直接影响三种维度的农产品供应链绩效，标准化影响系数分别为0.153

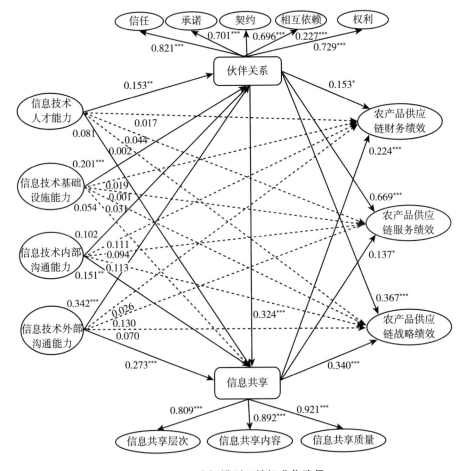

图7－5　分解模型3的标准化路径

（p＜0.05）、0.665 和 0.367（均 p＜0.001），即支持了假设 H3－1－2 和假设 H3－1－3；与分解模型 2 结果一致，信息共享均显著正向直接影响三种维度的农产品供应链绩效，标准化影响系数分别为 0.224（p＜0.01）、0.137（p＜0.05）和 0.340（p＜0.001），即支持了假设 H5－1－1 至假设 H5－1－3；另外，伙伴关系也显著影响成员间的信息共享水平，标准化影响系数为 0.324（p＜0.001），即支持了假设 H6。

表 7－6　　　　　　　　　　分解模型 3 路径检验结果

路径			标准化路径系数	路径系数	S. E.	C. R.	结论
信息技术人才能力	—>	财务绩效	0.017	0.021	0.077	0.268	拒绝
信息技术基础设施能力	—>	财务绩效	0.019	0.024	0.084	0.289	拒绝
信息技术内部沟通能力	—>	财务绩效	0.111	0.128	0.083	1.553	拒绝
信息技术外部沟通能力	—>	财务绩效	0.026	0.033	0.097	0.335	拒绝
信息技术人才能力	—>	服务绩效	0.044	0.039	0.047	0.828	拒绝
信息技术基础设施能力	—>	服务绩效	0.001	0.001	0.051	0.014	拒绝
信息技术内部沟通能力	—>	服务绩效	0.094	0.077	0.050	1.558	拒绝
信息技术外部沟通能力	—>	服务绩效	0.130	0.115	0.059	1.940	拒绝
信息技术人才能力	—>	战略绩效	0.002	0.002	0.049	0.035	拒绝
信息技术基础设施能力	—>	战略绩效	0.031	0.032	0.054	0.585	拒绝
信息技术内部沟通能力	—>	战略绩效	0.113	0.101	0.053	1.904	拒绝
信息技术外部沟通能力	—>	战略绩效	0.070	0.068	0.063	1.079	拒绝
信息技术人才能力	—>	伙伴关系	0.153 **	0.123	0.044	2.778	支持
信息技术基础设施能力	—>	伙伴关系	0.201 ***	0.168	0.048	3.507	支持
信息技术内部沟通能力	—>	伙伴关系	0.102	0.075	0.047	1.599	拒绝
信息技术外部沟通能力	—>	伙伴关系	0.342 ***	0.271	0.053	5.124	支持
信息技术人才能力	—>	信息共享	0.081	0.076	0.046	1.639	拒绝
信息技术基础设施能力	—>	信息共享	0.054	0.053	0.051	1.042	拒绝
信息技术内部沟通能力	—>	信息共享	0.151 **	0.132	0.049	2.688	支持
信息技术外部沟通能力	—>	信息共享	0.273 ***	0.256	0.058	4.409	支持
伙伴关系	—>	信息共享	0.324 ***	0.384	0.066	5.780	支持

续表

路径			标准化路径系数	路径系数	S. E.	C. R.	结论
伙伴关系	—>	财务绩效	0. 153 *	0. 242	0. 114	2. 124	支持
伙伴关系	—>	服务绩效	0. 669 ***	0. 748	0. 078	9. 576	支持
伙伴关系	—>	战略绩效	0. 367 ***	0. 448	0. 077	5. 802	支持
信息共享	—>	财务绩效	0. 224 **	0. 298	0. 094	3. 163	支持
信息共享	—>	服务绩效	0. 137 *	0. 129	0. 057	2. 263	支持
信息共享	—>	战略绩效	0. 340 ***	0. 349	0. 062	5. 666	支持

注：1. 关于四种维度信息技术能力、三种维度农产品供应链绩效、五种维度伙伴关系和三种维度信息共享的测量模型结果与第 4 章 ~ 第 6 章的主模型中的测量模型检验结果相同；2. * 代表 $p < 0.05$，** 代表 $p < 0.01$，*** 代表 $p < 0.001$；3. S. E. （Standard Error）是标准差，C. R. （临界比，Critical Ratio）是检验统计量。

以上分析表明，总的伙伴关系和信息共享同时存在情况下，各维度信息技术均不会直接影响单维度的绩效，但会通过伙伴关系和信息共享对绩效产生完全的间接影响。整体上信息共享和伙伴关系对服务绩效和战略绩效的影响更大。同时，针对不同维度的信息技术能力，伙伴关系和信息共享同时发挥的路径作用不同。比如对于信息技术内部沟通能力而言，只有信息共享在该能力与各维度的绩效之间发挥着中间路径作用。而对于其他三种维度的信息技术能力，伙伴关系和信息共享同时在影响路径中发挥着完全中介作用。

7.4 ● 主模型和分解模型路径分析结果对比

（1）对比本章分解模型 1 和主模型的分析结果，在考虑伙伴关系和信息共享同时存在情况下，总的和四种维度的信息技术能力对农产品供应链绩效均没有显著的直接影响，但是通过伙伴关系和信息共享有显著的间接影响。

（2）对比本章分解模型 2 和主模型的分析结果，发现在伙伴关系和信息共享共同存在下，综合信息技术能力不会对单维度的农产品供应链绩效产生直接影响，但会带来显著的间接影响。

（3）对比分解模型3和主模型的分析结果，在考虑伙伴关系和信息共享同时存在情况下，四种维度的信息技术能力对三种维度的农产品供应链绩效均没有显著的直接影响，但是通过伙伴关系和信息共享有显著的间接影响。同时，针对不同维度的信息技术能力，伙伴关系和信息共享同时发挥的路径作用不同。对于信息技术内部沟通能力而言，只有信息共享在该能力与各维度的绩效之间发挥着完全中间路径作用。而对于其他三种维度的信息技术能力，伙伴关系和信息共享同时在影响路径中发挥着完全间接作用。

（4）对比主模型和分解模型，总体的信息技术能力会直接正向影响伙伴关系和信息共享，但并不是每项信息技术能力均会影响伙伴关系和信息共享。比如分解模型1和模型3分析中，发现信息技术人才能力、信息技术基础设施能力和信息技术外部沟通能力均对伙伴关系有显著的正向直接影响；只有信息技术内部沟通能力和信息技术外部沟通能力对信息共享有显著的正向直接影响，且影响力均小于主模型中总的信息技术能力对伙伴关系和信息共享的影响；伙伴关系的作用下，信息技术外部沟通能力也会间接正向影响信息共享。

（5）分解模型2和模型3的分析结果均验证，信息共享和伙伴关系均会正向直接影响总的和单维度的农产品供应链绩效，整体上，两个因素对服务和战略绩效影响更大。

（6）主模型和3个分解模型的分析结果均验证了，伙伴关系和信息共享二者之间也存在相关关系，导致信息技术能力对信息共享有间接的影响，伙伴关系对农产品供应链绩效也有间接的影响。

综合来看，伙伴关系和信息共享共同作用下，总的和各维度的信息技术能力对总的各维度的农产品供应链绩效均不能产生直接影响，但通过两个因素有完全间接影响。而且，单维度信息技术能力会带来间接的较低的绩效产出，而综合的信息技术能力更能增强供应链成员间伙伴关系，并进一步促进信息共享，从而提升整体农产品供应链绩效。另外，伙伴关系和信息共享同时在总的和不同维度的信息技术能力和农产品供应链绩效之间发挥着不同的中介路径作用，详细的验证在章节 7.3.4 论述。

7.5● 伙伴关系和信息共享共同中介路径作用检验

本章依据巴伦和肯尼（Baron and Kenny，1986）中介模型原理（详见章节 3.4.2），用 AMOS 软件结构方程模型分析在伙伴关系和信息共享共同存在的情况下总的信息技术能力及各维度对农产品供应链绩效的影响路径，及两个变量发挥的双重中介路径作用，并采用索贝尔（Sobel，1982）的 Z 检验对中介路径进行验证，并计算中介效应对总效应解释度 VAF（Iacobucci and Duhachek，2003）。

该部分验证伙伴关系和信息共享双重中介作用的具体步骤如下（见图 7－6，其中 a，b，c，d 表示变量之间影响的标准化路径系数）：第一，不考虑中介变量（伙伴关系和信息共享）的情况下，检验信息技术能力及各维度对农产品供应链绩效的影响（模型（7－1）），该检验在第 4 章已经得到验证，得到 a 路径均显著成立；第二，检验信息技术能力及各维度对伙伴关系的影响（模型（7－2））；第三，检验信息技术能力及各维度和伙伴关系对信息共享的影响（模型（7－3））；第四，检验信息技术能力及各

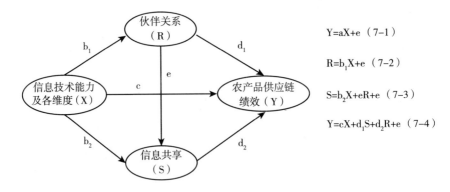

$$Y = aX + e \quad (7-1)$$

$$R = b_1 X + e \quad (7-2)$$

$$S = b_2 X + eR + e \quad (7-3)$$

$$Y = cX + d_1 S + d_2 R + e \quad (7-4)$$

图 7－6　伙伴关系和信息共享的共同中介路径作用分析

注：a，b，c，d 表示变量之间影响的标准化路径系数。

维度、伙伴关系和信息共享对农产品供应链绩效的影响（模型（7-4））。在 a 路径成立的情况下，如果 b_1 和 d_1 路径影响成立，即可验证伙伴关系在信息技术能力及各维度和农产品供应链绩效之间发挥中介作用；如果 b_2 和 d_2 路径影响成立，即可验证信息共享在信息技术能力及各维度和农产品供应链绩效之间发挥中介作用；如果同时 b_1、e 和 d_2 路径影响成立，即可验证信息共享和伙伴关系共同发挥多重中介作用。

针对以上分析步骤，软件 AMOS 可以联立运行以上模型中并输出各变量之间的总体影响/效应、直接影响/效应及间接影响/效应（见表 7-7 和表 7-10），以此来分析伙伴关系和信息共享同时存在下各个路径是否成立及影响程度，并验证伙伴关系和信息共享是否在总的信息技术能力及四种维度信息技术能力与农产品供应链绩效之间发挥双重的中介路径作用及中介效应量，具体结果分析如下。

7.5.1 伙伴关系和信息共享在总的信息技术能力和农产品供应链绩效间共同路径作用分析

本节继续使用 AMOS 软件结构方程模型按照以上步骤来验证上图中各个路径是否成立及计算路径系数，软件 Output 窗口输出主模型的总体效应、直接效应及间接效应（见表 7-7），结果表明总信息技术能力对农产品供应链绩效的直接影响路径不成立（标准化路径系数是 0.082，且不显著），但二者的间接影响成立（间接效应量是 0.673，$p < 0.001$）。模型中有些变量之间只存在直接影响路径，如信息技术能力直接影响伙伴关系（直接效应量是 0.732，$p < 0.001$），信息共享直接影响农产品供应链绩效（直接效应量是 0.328，$p < 0.001$），伙伴关系直接影响信息共享（直接效应量是 0.233，$p < 0.001$）。另外，信息技术能力直接影响信息共享（直接效应量是 0.588，$p < 0.001$），也间接影响信息共享（间接效应量是 0.170，$p < 0.001$），直接影响大于间接影响；伙伴关系直接影响农产品供应链绩效（直接效应量是 0.580，$p < 0.001$），也间接影响农产品供应链绩效（直接效应量是 0.076，$p < 0.001$），其直接影响大于间接影响。

表7-7   主模型的直接效应与间接效应

从		到		
		伙伴关系	信息共享	农产品供应链绩效
直接效应	信息技术能力	0.732	0.588	—
	伙伴关系	—	0.233	0.580
	信息共享	—	—	0.328
间接效应	信息技术能力	—	0.170	0.673
	伙伴关系	—	—	0.076
	信息共享	—	—	—

注：本表只显示路径成立的直接和间接效应，其中"—"代表效应不存在。

在以上分析基础上，采用索贝尔（Sobel，1982）的 Z 检验对伙伴关系和信息共享共同作用的中介效应进行进一步验证，发现 Z 检验结果显著。以上分析结果与前文主模型路径图所示一致，均验证了主模型中 b_1、b_2、e、d_1 和 d_2 路径影响同时成立（见表7-8），表明在伙伴关系和信息共享共同作用下，从信息技术能力到农产品供应链绩效有三条间接影响路径（见表7-9），分别为路径1"信息技术能力到伙伴关系到农产品供应链绩效"、路径2"信息技术能力到伙伴关系到农产品供应链绩效"和路径3"信息技术能力到伙伴关系到信息共享再到农产品供应链绩效"。这三条从信息技术能力到农产品供应链绩效间接影响路径的效应量分别为 0.425、0.193 和 0.055（总的间接效用量为 0.673），对总效应的解释度 VAF 分别为 63.15%、28.68% 和 8.17%。

表7-8   伙伴关系和信息共享共同作用下路径系数分析

自变量	中介变量	因变量	b_1	b_2	c	d_1	d_2	e
信息技术能力	伙伴关系和信息共享	农产品供应链绩效	0.732 ***	0.588 ***	—	0.580 ***	0.328 ***	0.233 ***
信息技术人才能力	伙伴关系和信息共享	农产品供应链绩效	0.153 **	—	—	0.599 ***	0.345 ***	0.324 ***
信息技术基础设施能力			0.201 ***	—	—	0.599 ***	0.345 ***	0.324 ***
信息技术内部沟通能力			—	0.151 **	—	0.599 ***	0.345 ***	0.324 ***
信息技术外部沟通能力			0.342 ***	0.273 ***	—	0.599 ***	0.345 ***	0.324 ***

注：** 代表 p < 0.01，*** 代表 p < 0.001，其中"—"代表路径系数不显著。

表 7 – 9　　　　伙伴关系和信息共享的双重中介作用分析（主模型）

路径			中介效应	直接效应	VAF	结论
信息技术能力	—→　伙伴关系　—→	农产品供应链绩效	0.425		63.15%	成立
信息技术能力	—→　信息共享　—→	农产品供应链绩效	0.193	—	28.68%	成立
信息技术能力	—→ 伙伴关系 —→ 信息共享 —→	农产品供应链绩效	0.055		8.17%	成立

注：本表只展示验证通过的路径，其中"—"代表效应不存在。

综上所述，在信息共享和伙伴关系共同作用的情况下，总信息技术能力对农产品供应链绩效没有直接影响，但是有显著的间接影响。因此可以判断信息共享和伙伴关系在总的信息技术能力对农产品供应链绩效影响路径之间共同发挥着完全中介作用。除此之外，输出结果也进一步说明信息技术能力和信息共享之间，伙伴关系和农产品供应链绩效之间也存在间接影响路径，即伙伴关系在信息技术能力和信息共享之间发挥部分中介作用，信息共享在伙伴关系和农产品供应链绩效之间也发挥着部分中介作用，支持假设 H7 和假设 H8。

7.5.2　伙伴关系和信息共享在四种维度信息技术能力和农产品供应链绩效间共同路径作用分析

遵循主模型中介路径分析的原理和步骤，分析分解模型 1 中伙伴关系和信息共享存在情况下，四种维度的信息技术能力对农产品供应链绩效的影响路径及中介路径作用，AMOS 软件 Output 窗口输出分解模型的总体效应、直接效应及间接效应（见表 7 – 10），结果表明：①对于信息技术人才能力来说，信息技术人才能力只对伙伴关系有直接影响（直接效应量为 0.153），对信息共享和农产品供应链绩效只有间接影响（间接效应量为 0.109）。②对于信息技术基础设施能力来说，信息技术基础设施能力也只对伙伴关系有直接影响（直接效应量为 0.201），并间接影响信息共享（间接效应量为 0.065）和农产品供应链绩效（间接效应量为 0.142）。③对于信息技术内部沟通能力来说，信息技术内部沟通能力会直接影响信息共享（直接效应量为 0.151），也会间接影响农产品供应链绩效（间接效应量为

0.052）。④对于信息技术外部沟通能力来说，信息技术外部沟通能力会直接影响伙伴关系（直接效应量为0.342）和信息共享（直接效应量为0.273），也会间接影响信息共享（间接效应量为0.111）和农产品供应链绩效（间接效应量为0.337）。

表7－10　　　　　　　　　　分解模型1的直接效应与间接效应

	从	到		
		伙伴关系	信息共享	农产品供应链绩效
直接效应	信息技术人才能力	0.153	—	—
	信息技术基础设施能力	0.201	—	—
	信息技术内部沟通能力	—	0.151	—
	信息技术外部沟通能力	0.342	0.273	—
直接效应	伙伴关系	—	0.324	0.599
	信息共享	—	—	0.345
间接效应	信息技术人才能力	—	0.050	0.109
	信息技术基础设施能力	—	0.065	0.142
	信息技术内部沟通能力	—	—	0.052
	信息技术外部沟通能力	—	0.111	0.337
	伙伴关系	—	—	0.112
	信息共享	—	—	—

注："—"代表效应不存在。

在以上分析基础上，采用索贝尔（Sobel，1982）的Z检验对伙伴关系和信息共享共同作用的中介效应进行进一步验证，发现以上直接和间接影响的Z检验结果均显著。分析结果与前文分解模型路径图所示一致，表明（见表7－8）：①对于信息技术人才能力来说，a、b_1、d_1和d_2路径影响同时成立，即验证伙伴关系和信息共享的共同作用下信息技术人才能力对农产品供应链绩效没有直接影响，只有间接影响，且伙伴关系在二者间接影响之间单独发挥中介作用。②对于信息技术基础设施能力来说，a、b_1、d_1和d_2路径影响同时成立，即验证伙伴关系和信息共享共同作用下信息技术基础设施能力对农产品供应链绩效没有直接影响，只有间接影响，且伙伴关系和信息共享在二者间接影响之间发挥双重中介作用。③对于信息技术内部沟通能力来说，a、b_2、d_2 和 e 路径影响同时成立，即验证信息技术内部沟通能力对农产品供应链绩效只间接影响，且只有信息共享在二者间接影响之间发挥完全中介作用。④对于信息技术人才能力来说，a、b_1、b_2、d_1、d_2 和 e 路径影响同时成立，即验证伙伴关系和信息共享共同作用下，信息技术人才能力对农产品供应链绩效没有直接影响，只有间接影响，且伙伴关系和信息共享在二者间接影响之间发挥双重中介作用。

基于以上的分析结果，发现伙伴关系和信息共享共同在不同维度的信息技术能力和农产品供应链绩效之间发挥不同中介路径作用，如表 7 – 11 所示，具体路径如下：

（1）对于信息技术人才能力：在伙伴关系和信息共享共同作用下，从信息技术人才能力到农产品供应链绩效有两条间接影响路径，如表 7 – 11 所示，分别为路径 1 "信息技术人才能力到伙伴关系到农产品供应链绩效" 和路径 2 "信息技术人才能力到伙伴关系到信息共享再到农产品供应链绩效"，这两条路径从信息技术人才能力到农产品供应链绩效间接影响路径的中介效应量分别为 0.092 和 0.017（总的间接效用量为 0.109），对总效应的解释度 VAF 分别为 84.4% 和 15.6%。支持假设 H7 – 1 和假设 H8 – 1。

表 7 – 11　　伙伴关系和信息共享的双重中介作用分析（分解模型）

路径			中介效应	直接效应	VAF（%）	结论
信息技术人才能力	—> 伙伴关系 —>	农产品供应链绩效	0.092	—	84.4	成立
信息技术人才能力	—> 伙伴关系 —> 信息共享 —>	农产品供应链绩效	0.017		15.6	成立
信息技术基础设施能力	—> 伙伴关系 —>	农产品供应链绩效	0.120	—	84.5	成立
信息技术基础设施能力	—> 伙伴关系 —> 信息共享 —>	农产品供应链绩效	0.022		15.5	成立
信息技术内部沟通能力	—> 信息共享 —>	农产品供应链绩效	0.052	—	26.2	成立
信息技术内部沟通能力	—> 伙伴关系 —>	农产品供应链绩效	0.205		60.8	成立
信息技术外部沟通能力	—> 信息共享 —>	农产品供应链绩效	0.094	—	27.9	成立
信息技术外部沟通能力	—> 伙伴关系 —> 信息共享 —>	农产品供应链绩效	0.038		11.3	成立

注：本表只展示验证通过的路径。

（2）对于信息技术基础设施能力：在伙伴关系和信息共享共同中介作用下，从信息技术基础设施能力到农产品供应链绩效有两条间接影响路径，如表所示，分别为路径 1 "信息技术基础设施能力到伙伴关系到农产品供应链绩效" 和路径 2 "信息技术基础设施能力到伙伴关系到信息共享再到农产品供应链绩效"，这两条路径从信息技术人才能力到农产品供应链绩效间接影响路径的中介效应量分别为 0.120 和 0.022（总的间接效用量为 0.142），对总效应的解释度 VAF 分别为 84.5% 和 15.5%。支持假设 H7 - 2 和假设 H8 - 2。

（3）对于信息技术内部沟通能力：在信息共享单独作用下，信息技术内部沟通能力对农产品供应链绩效没有直接影响，只有间接影响，且只有信息共享在二者间接影响之间发挥完全中介作用（间接效用量为 0.052）。支持假设 H8 - 3。

（4）对于信息技术外部沟通能力：在伙伴关系和信息共享共同中介作用下，从信息技术外部沟通能力到农产品供应链绩效有三条间接影响路径，如表 7 - 11 所示，分别为路径 1 "信息技术外部沟通能力到伙伴关系到农产品供应链绩效"、路径 2 "信息技术外部沟通能力到信息共享再到农产品供应链绩效" 和路径 3 "信息技术外部沟通能力到伙伴关系到信息共享再到农产品供应链绩效"，这三条路径从信息技术外部沟通能力到农产品供应链绩效间接影响路径的中介效应量分别为 0.205、0.094 和 0.038（总的间接效用量为 0.337），对总效应的解释度 VAF 分别为 84.5% 和 15.5%。支持假设 H7 - 4 和假设 H8 - 4。

综合以上模型的路径分析和中介作用分析结果，发现在信息共享和伙伴关系共同作用的情况下，三种维度的信息技术能力对农产品供应链绩效只有间接影响，且间接效应量均小于总信息技术能力对农产品供应链绩效的间接影响量；而只有信息技术内部沟通能力只通过信息共享间接影响农产品供应链绩效，其中伙伴关系不发挥作用。另外，以上分析也说明伙伴关系在综合和三种维度信息技术能力（信息技术人才能力、信息技术基础设施能力和信息技术外部沟通能力）和信息共享之间发挥部分中介路径作用，信息共享在伙伴关系和农产品供应链绩效也发挥着部分中介路径作用。因此，可以判断信息共享和伙伴关系在总的信息技术能力和三种维度信息技术能力（信息技术人才能力、信息技术基础设施能力和信息技术外部沟通能力）对农产品供应链绩效之间共同发挥着完全中介作用；而信息共享单独在信息技术内部沟通能力和农产品供应链绩效之间发挥完全中介作用，说明信息技术内部沟通能力只有通过信息共享才能促进绩效提升。因此，本节分析支持假设 H7、假设 H8、假设 H7 - 1、假设 H7 - 2、假设H7 - 4、假设 H8 - 1 至假设 H8 - 4，拒绝假设 H7 - 3。

7.6 伙伴关系和信息共享单独及共同路径作用的对比分析

本节梳理并融合第 4 章 ~ 第 7 章的实证分析结果，对比伙伴关系和信息共享均不存在、单独存在和同时存在四种情况下，分析总的及四种维度信息技术能力（信息技术人才能力、信息技术基础设施能力、信息技术内部沟通能力和信息技术外部沟通能力）、伙伴关系、信息共享和总的及三种维度农产品供应链绩效等因素之间融合关系，总结信息技术能力对农产品供应链绩效的影响机理，分析伙伴关系和信息共享在其中单独和同时发挥的路径作用。

7.6.1 总信息技术能力与总的农产品供应链绩效

根据第 4 章 ~ 第 7 章主模型的研究结果，对比分析伙伴关系和信息共享均不存在、单独存在和同时存在情况下，梳理总的信息技术能力对农产品供应链绩效的影响，及伙伴关系和信息共享在其中发挥的路径作用，总结如下：

（1）当不考虑伙伴关系和信息共享作用时（第 4 章研究），信息技术能力对农产品供应链绩效有显著的影响（标准化路径系数为 0.755，p < 0.001）。

（2）当伙伴关系单独存在时（第 5 章研究），信息技术能力对农产品供应链绩效有显著的直接影响，标准化路径系数为 0.264（p < 0.001）；且在伙伴关系作用下，信息技术能力对农产品供应链绩效有显著的间接影响，间接效应量是 0.491（p < 0.001）。二者直接影响小于间接影响，总效应量为 0.755（与第 4 章得到二者总的标准化路径系数相同）。因此，伙伴关系在二者的间接影响中发挥部分中介路径作用，伙伴关系的中介效应对总效应的解释度 VAF 为 65%。

（3）当信息共享单独存在时（第 6 章研究），信息技术能力对农产品供应链绩效有显著的直接影响，标准化路径系数为 0.387（p < 0.001）；且在信息共享作用下，信息技术能力对农产品供应链绩效有显著的间接影响，间接效应量是 0.368。二者直接影响大于间接影响，总效应量为 0.755（与第 4 章得到二者总的标准化路径系数相同）。因此，信息共享在二者的间接影响中发挥部分中介路径作用，信息共享的中介效应对总效应的解释度 VAF 为 48.9%。

（4）当伙伴关系和信息共享同时作用（第 7 章研究），发现综合以上得到，总信息技术能力对农产品供应链绩效没有直接影响，但是有显著的间接影响。综合表明，伙伴关系和信息共享共同在信息技术能力和农产品供应链绩效之间发挥着完全中介作用。

7.6.2　4 种维度信息技术能力与总的农产品供应链绩效

根据第 4 章 ~ 第 7 章分解模型的研究结果，对比分析伙伴关系和信息共享均不存在、单独存在和同时存在情况下，进一步梳理 4 种维度信息技术能力（信息技术人才能力、信息技术基础设施能力、信息技术内部沟通能力和信息技术外部沟通能力）对农产品供应链绩效的影响，及伙伴关系和信息共享在其中发挥的路径作用，总结如下：

（1）当不考虑伙伴关系和信息共享作用时（第 4 章研究），4 种维度信息技术能力对总的农产品供应链绩效均有显著的影响，标准化路径系数分别为 0.156（p < 0.05）、0.216（p < 0.01）、0.288（p < 0.001）

和 0.247（p＜0.01），均小于总信息技术能力对绩效的影响（标准化路径系数为 0.755，p＜0.001）。

（2）当伙伴关系单独存在时（第 5 章研究），发现伙伴关系在不同维度的信息技术能力和农产品供应链绩效之间发挥不同路径作用。只有信息技术内部沟通能力对农产品供应链绩效有直接显著影响（标准化路径系数为 0.188，p＜0.01），小于伙伴关系存在下总的信息技术能力对绩效的直接影响（标准化系数为 0.264，p＜0.001）。其他三种维度信息技术能力对农产品供应链绩效均没有显著的直接影响，但通过伙伴关系有间接影响，间接效应量分别为 0.111、0.146 和 0.247，均小于伙伴关系存在下总信息技术能力对农产品供应链绩效的间接影响（0.491）。因此，除了信息技术内部沟通能力，伙伴关系在三种维度信息技术能力（信息技术人才能力、信息技术基础设施能力和信息技术外部沟通能力）和农产品供应链绩效中发挥完全中介作用。

（3）当信息共享单独存在时（第 6 章研究），四种维度信息技术能力对农产品供应链绩效均没有显著的直接影响，但通过信息共享有间接影响，间接效应量分别为 0.073、0.067、0.103 和 0.214，均小于信息共享存在下总信息技术能力对农产品供应链绩效的间接影响（0.368）。因此，信息共享在四种维度信息技术能力和农产品供应链绩效中发挥完全中介作用。

（4）当伙伴关系和信息共享同时作用时（第 7 章研究），发现伙伴关系和信息共享在不同维度的信息技术能力和农产品供应链绩效之间共同发挥完全中介作用。在信息共享和伙伴关系作用下，四种维度的信息技术能力对农产品供应链绩效没有直接影响，只有显著的间接影响，且间接效应量均小于两因素存在下总信息技术能力对农产品供应链绩效的间接影响量，但影响路径不同。伙伴关系和信息共享共同在三种维度信息技术能力和农产品供应链绩效之间发挥着双重完全中介作用；而信息共享单独在信息技术内部沟通能力和农产品供应链绩效之间发挥完全中介作用。

7.6.3 总信息技术能力与三种维度农产品供应链绩效

根据第 4 章~第 7 章分解模型的研究结果，对比分析伙伴关系和信息共享均不存在、单独存在和同时存在情况下，进一步梳理总的信息技术能力对三种维度农产品供应链绩效（财务绩效、服务绩效、战略绩效）的影响，及伙伴关系和信息共享在其中发挥的路径作用，总结如下。

（1）当不考虑伙伴关系和信息共享作用时（第 4 章研究），信息技术能力对三种维度农产品供应链绩效均有显著的影响，标准化路径系数分别为 0.369（p<0.001）、0.556（p<0.001）和 0.626（p<0.001），均小于总信息技术能力对绩效的影响（标准化路径系数为 0.755，p<0.001）。

（2）当伙伴关系单独存在时（第 5 章研究），发现伙伴关系在信息技术能力和不同维度的农产品供应链绩效之间发挥不同路径作用。信息技术能力对农产品供应链的财务和战略绩效均有显著的正向直接影响，标准化路径系数分别为 0.201（p<0.01）和 0.278（p<0.001）；在伙伴关系的路径作用下，信息技术能力对三种维度农产品供应链均有间接影响，同时对服务绩效的间接作用更大。因此，伙伴关系在信息技术能力和财务和战略绩效中发挥部分中介作用，在信息技术能力和服务绩效中发挥完全中介作用。

（3）当信息共享单独存在时（第 6 章研究），信息技术能力对财务绩效、服务绩效和战略绩效均有显著的正向直接影响，标准化路径系数分别为 0.172（p<0.05）、0.299（p<0.001）和 0.298（p<0.001），小于信息共享单独存在时信息技术能力对农产品供应链绩效的直接影响（系数为 0.387，p<0.001）。因此，信息共享在信息技术能力和三种维度农产品供应链绩效中发挥部分中介作用，导致信息技术能力对三种维度绩效既有直接影响也有间接影响。

（4）当伙伴关系和信息共享同时作用时（第 7 章研究），信息技术能力不会对单维度的绩效产生直接影响，但会通过伙伴关系和信息共享共同对不同维度绩效产生完全间接影响，伙伴关系和信息共享共同在信息技术能力和三种维度绩效之间发挥着双重完全中介作用。

7.6.4 4 种维度信息技术能力与三种维度农产品供应链绩效

根据第 4 章～第 7 章主模型的研究结果，对比分析伙伴关系和信息共享均不存在、单独存在和同时存在四种情况下，梳理四种维度信息技术能力对三种维度的农产品供应链绩效的影响，及伙伴关系和信息共享在其中发挥的路径作用，总结如下：

（1）当不考虑伙伴关系和信息共享作用时（第 4 章研究），不同维度的信息技术能力会对单方面农产品供应链绩效产生不同的影响。具体而言，信息技术基础设施能力、信息技术内部沟通能力和信息技术外部沟通能力均会对单项非财务绩效（战略绩效和服务绩效）产生积极正向影响，但影响系数均小于单维度信息技术能力对总的农产品供应链绩效产生的影响，也小于总信息技术能力对单维度农产品供应链绩效产生的影响。另外，信息技术基础设施能力和信息技术外部沟通能力均不会单独对财务绩效产生影响；信息技术人才能力无法对任何方面的绩效产生影响。

（2）当伙伴关系单独存在时（第 5 章研究），发现不同维度的信息技术能力会对不同维度的农产品供应链绩效产生不同的直接和间接影响，并不是每项信息技术能力都能单独直接对农产品供应链绩效产生影响。伙伴关系存在下，除了信息技术内部沟通能力，其他三种维度信息技术能力（信息技术人才能力、信息技术基础设施能力、信息技术外部沟通能力）对三种维度的农产品供应链绩效均没有显著的直接影响，但通过伙伴关系有完全间接影响。只有信息技术内部沟通能力依然对财务及战略绩效有显著直接影响，影响系数小于伙伴关系存在下总的信息技术能力对农产品供应链绩效的直接影响，且小于总的信息技术能力对单项绩效的影响。说明伙伴关系存在下，信息技术内部沟通能力能直接带来单项绩效产出，且对伙伴关系没有影响，所以不通过伙伴关系对单项绩效产生间接影响；另外三种维度信息技术能力并不能直接带来单项绩效的产出，只能需要伙伴关系在其中完全发挥中介路径作用。

（3）当信息共享单独存在时（第 6 章研究），发现不同维度的信息技术能力也会对不同维度的农产品供应链绩效产生不同的直接和间接影响。信息共享存在下，除了信息技术内部沟通能力，其他三种维度信息技术能力（信息技术人才能力、信息技术基础设施能力、信息技术外部沟通能力）对三种维度的农产品供应链绩效均没有显著的直接影响，但通过伙伴关系有完全间接影响。只有信息技术内部沟通能力依然对战略绩效有显著直接影响，影响系数小于信息共享存在下总的信息技术能力对农产品供应链绩效的影响，且小于信息共享存在下总的信息技术能力对战略绩效的影响。说明信息共享存在下，信息技术内部沟通能力能直接并间接带来战略绩效的产出，同时只能间接影响财务绩效和服务绩效；但另外三种维度信息技术能力均不能直接带来单项绩效的产出，需要伙伴关系在其中完全发挥中介路径作用。即信息共享除了在信息技术内部沟通能力对战略绩效影响中发挥部分中介作用，在其他影响路径中均发挥完全中介路径作用。

（4）当伙伴关系和信息共享同时作用时（第7章研究），发现单维度的信息技术能力不会对单维度的绩效产生直接影响，但会通过伙伴关系和信息共享对不同维度绩效产生完全间接影响。针对不同维度的信息技术能力，伙伴关系和信息共享同时发挥的路径作用不同。比如对于信息技术内部沟通能力而言，只有信息共享在该能力与各维度的绩效之间发挥着中间路径作用，伙伴关系不起中介作用；而对于其他三种维度的信息技术能力，伙伴关系和信息共享同时在单维度的信息技术能力和三种绩效之间发挥着完全中介作用。

7.6.5　总及四种维度信息技术能力、伙伴关系与信息共享

根据第5章~第7章的研究结果，该部分进一步对比伙伴关系和信息共享单独存在和同时存在情况下，梳理总结总的和四种维度信息技术能力（信息技术人才能力、信息技术基础设施、信息技术内部沟通能力和信息技术外部沟通能力）、伙伴关系和信息共享三者之间的相互关系，具体总结如下：

（1）当只有伙伴关系存在时（第5章研究），综合信息技术能力能直

接影响伙伴关系，直接影响量为 0.732（P < 0.001）；除了信息技术内部沟通能力，其他三种维度的信息技术能力均对伙伴关系有显著的正向直接影响，直接影响量分别为 0.153（p < 0.01）、0.288（p < 0.001）和 0.342（均 p < 0.001）。可见，单维度信息技术能力对伙伴关系的影响均小于总的信息技术能力对伙伴关系的直接影响。

（2）当只有信息共享存在时（第 6 章研究），四种维度的信息技术能力均对信息共享有显著的正向直接影响，标准化路径系数分别为 0.130（p < 0.01）、0.119（p < 0.05）、0.185（p < 0.001）和 0.384（p < 0.001）。可见，单维度信息技术能力对信息共享的影响均小于总的信息技术能力对信息共享的直接影响。

（3）当伙伴关系和信息共享同时存在时（第 7 章研究），综合信息技术能力会直接显著影响伙伴关系（直接影响量为 0.732，p < 0.001）和信息共享（直接影响量为 0.588，p < 0.001）；信息技术人才能力、信息技术基础设施能力和信息技术外部沟通能力均对伙伴关系有显著的正向直接影响，对信息共享有间接影响；只有信息技术内部沟通能力和信息技术外部沟通能力对信息共享有显著的正向直接影响，且影响力均小于主模型中总的信息技术能力对伙伴关系和信息共享的影响。即只有信息技术内部沟通能力和信息技术外部沟通能力对信息共享有直接影响，其余均是间接影响（伙伴关系发挥中介路径作用）。

（4）除此之外，由于伙伴关系也会显著直接影响信息共享（直接影响量为 0.233，p < 0.001），因此信息技术能力和信息共享之间也存在间接影响路径，即伙伴关系在信息技术能力和信息共享之间发挥部分中介作用。

7.6.6 伙伴关系、信息共享与农产品供应链绩效

根据第 5 章 ~ 第 7 章的研究结果，该部分进一步对比伙伴关系和信息共享单独存在和同时存在情况下，梳理总结总的和单维度伙伴关系、信息共享和农产品供应链绩效三者之间的相互关系，具体总结如下。

（1）当只有伙伴关系存在时（第 5 章研究），总的伙伴关系会正向显

著影响总的和三种维度的农产品供应链绩效。但只有信任和权利关系显著影响总的农产品供应链绩效，且小于总伙伴关系对农产品供应链绩效的影响。说明整体的伙伴关系程度更能带来更大的综合的绩效，进而在信息技术能力和绩效之间发挥中介路径作用。

（2）当只有信息共享存在时（第 6 章研究），总的信息共享会正向显著影响总的和三种维度的农产品供应链绩效，但三种维度信息共享均不能影响总体绩效。说明只有整体的信息共享程度才能促进单项的绩效产出，以提升综合供应链绩效，从而在信息技术能力和绩效之间发挥中介路径作用。

（3）当伙伴关系和信息共享同时存在时（第 7 章研究），信息共享和伙伴关系均会正向直接影响总的和单维度的农产品供应链绩效。整体上而言，两个因素共同对服务和战略绩效的影响更大。

（4）除此之外，由于伙伴关系也会显著直接影响信息共享，因此伙伴关系和农产品供应链绩效之间也存在间接影响路径，即信息共享在伙伴关系和农产品供应链绩效之间也发挥着部分中介作用。

总结三者的关系，伙伴关系和信息共享均会单独和共同对总的和三种维度农产品供应链绩效产生正向积极影响，其中信息共享是伙伴关系与农产品供应链绩效的影响路径中不可缺少的关键中介路径。整体而言，单维度的伙伴关系和信息共享很难带来总体绩效的改进，只有综合的伙伴关系和信息共享水平才能促进整体农产品供应链绩效改进，从而在信息技术能力和绩效之间发挥关键的中介路径作用。

综合章节 7.4.1～章节 7.4.6 的分析，总的及四种维度信息技术能力对总的和三种维度农产品供应链绩效有直接也有间接影响，其中伙伴关系和信息共享是影响路径中不可缺少的关键间接影响因素。其中，当单独考虑伙伴关系或信息共享路径因素时，总的和分维度信息技术能力对农产品供应链绩效有直接也有间接影响，这两个因素会单独发挥部分中介作用。当同时考虑两个路径因素时，总的和分维度信息技术能力对农产品供应链绩效只有间接影响，这两个因素共同发挥着完全中介作用。

7.7 本章小结

本章在第 4 章～第 6 章的基础上，进一步考虑伙伴关系和信息共享同时作用下，理论与实证分析总体和四种维度信息技术能力和农产品供应链绩效之间融合的影响关系，并重点分析伙伴关系和信息共享共同在信息技术能力和农产品供应链绩效之间发挥的路径作用。

本章基于伙伴关系和信息共享共同作用下信息技术能力对农产品供应链绩效影响的理论框架，分别构建主模型和 3 个分解模型的结构方程模型。其中，主模型主要考察综合的伙伴关系和信息共享共同作用下总体层面的信息技术能力和农产品供应链绩效之间的影响路径关系；分解模型 1 细化了信息技术能力二级构念，重点研究综合的伙伴关系和信息共享共同作用下，四种维度信息技术能力（信息技术人才能力、信息技术基础设施能力、信息技术内部沟通能力、信息技术外部沟通能力）分别对总的农产品供应链绩效的影响；分解模型 2 细化了农产品供应链绩效二级构念，重点考察在综合的伙伴关系和信息共享共同作用下，总的信息技术能力和三种维度农产品供应链绩效（财务绩效、服务绩效、战略绩效）之间的影响路径关系；分解模型 3 同时细化了信息技术能力和农产品供应链绩效二级构念，重点考察在综合的伙伴关系和信息共享共同作用下，四种维度信息技术能力和三种维度农产品供应链绩效（财务绩效、服务绩效、战略绩效）之间的影响路径关系。

本章利用 AMOS 软件逐步分析伙伴关系和信息共享共同作用下主模型和分解模型 3 影响路径，以验证本章提出的理论框架和研究假设，实证结果表明九种结果。

（1）在伙伴关系和信息共享共同作用下，总的信息技术能力对综合农产品供应链绩效没有直接影响，但是有显著的间接正向影响。

（2）总的信息技术能力对综合伙伴关系有正向直接影响，对综合信息共享程度有直接和间接影响。

（3）成员间的伙伴关系会直接正向影响信息共享程度。

（4）在伙伴关系和信息共享共同存在下，信息共享和伙伴关系均会正向直接影响总的和单维度的农产品供应链绩效。

（5）在伙伴关系和信息共享共同存在下，综合信息技术能力不会对单维度的农产品供应链绩效产生直接影响，但会带来显著的间接影响，且对不同绩效的间接影响路径也不同。

（6）在伙伴关系和信息共享共同作用下，四种维度的信息技术能力对农产品供应链绩效均没有显著的直接影响，但有间接正向影响，且间接影响路径不同。

（7）并不是每项信息技术能力均会影响伙伴关系和信息共享：信息技术人才能力、信息技术基础设施能力和信息技术外部沟通能力均对伙伴关系有显著的正向直接影响，从而间接正向影响信息共享；只有信息技术内部沟通能力和信息技术外部沟通能力对信息共享有显著的正向直接影响。

（8）信息共享和伙伴关系共同在总的信息技术能力和四种维度信息技术能力对农产品供应链绩效之间共同发挥着完全中介作用。

（9）伙伴关系在综合和三种维度信息技术能力（信息技术人才能力、信息技术基础设施能力和信息技术外部沟通能力）和信息共享之间发挥部分中介路径作用；信息共享在伙伴关系和农产品供应链绩效也发挥着部分中介路径作用。

在此基础上，本章进一步融合第 4 章～第 7 章的研究内容，对比分析伙伴关系和信息共享均不存在、均单独存在和同时存在四种情况下，总的和四种维度信息技术能力对农产品供应链绩效的影响路径以及影响效应量，从而总结信息技术能力对农产品供应链绩效的影响机理，具体如章节 7.4 的分析，得到主要结论如下：

（1）伙伴关系和信息共享均不存在、单独存在和同时存在四种情况下，总的及四种维度信息技术能力（信息技术基础设施能力、信息技术人才能力、信息技术内部沟通能力和信息技术外部沟通能力）、伙伴关系、信息共享和总的及三种维度农产品供应链绩效等因素之间融合关系不同。当伙伴关系或信息共享单独作用时，总的和分维度信息技术能力对农产品供应链绩效有直接也有间接影响，这两个因素会单独发挥部分中介作用。但当同时考虑两个路径因素时，总的和分维度信息技术能力对农产品供应链绩效只有间接影响，这两个因素共同发挥着完全中介作用。

（2）伙伴关系和信息共享单独存在和同时存在情况下，总的及四种维度信息技术能力对伙伴关系和信息共享有不同的影响。但两个因素单独存在时，总的及四种维度信息技术能力会显著影响伙伴关系和信息共享。由于伙伴关系会显著直接影响信息共享，促使信息技术能力和信息共享之间也存在间接影响路径。当二者共同存在时，综合信息技术能力会显著直接影响伙伴关系和信息共享；信息技术人才能力、信息技术基础设施能力和信息技术外部沟通能力均对伙伴关系有显著的正向直接影响，对信息共享有间接影响；只有信息技术内部沟通能力和信息技术外部沟通能力对信息共享有直接影响。

（3）伙伴关系和信息共享均会单独和共同对总的和三种维度农产品供应链绩效产生正向积极影响，其中信息共享是伙伴关系与农产品供应链绩效的影响路径中不可缺少的关键中介路径。整体上而言，单维度的伙伴关系和信息共享很难带来总体绩效的改进，只有综合的伙伴关系和信息共享水平才能促进整体农产品供应链绩效改进，从而在信息技术能力和绩效之间发挥关键的中介路径作用。

综上所述，总的和分维度信息技术能力对农产品供应链绩效有直接也有间接影响，其中伙伴关系和信息共享是信息技术能力和农产品供应链绩效之间不可缺少的关键间接影响因素，且两个因素单独或共同作用时会发挥不同的中介路径作用，而共同作用时会起到完全中介作用。另外，对比综合的信息技术能力，单维度信息技术能力会较少影响伙伴关系和信息共享程度，从而带来较低的直接或间接的绩效产出；而综合的信息技术能力更能增强供应链成员间整体的伙伴关系，并进一步促进信息共享程度，从而提升整体农产品供应链绩效。

第 8 章

结论与展望

8.1 研究结论

本书以解决农产品供应链上的信息技术"生产力悖论"为出发点，为了回答"信息技术能力是否及如何影响农产品供应链绩效"的问题，基于资源基础理论、关系视角理论和交易成本理论，结合目前研究现状，理论分析和实证研究了信息技术能力、信息共享、伙伴关系和农产品供应链绩效之间关系机理，详细探究了总的及四种维度信息技术能力（含信息技术基础设施能力、信息技术人才能力、信息技术内部沟通能力和信息技术外部沟通能力）对总的及三种维度农产品供应链绩效（包含财务绩效、服务绩效和战略绩效）的影响机理和路径机制，及信息共享和伙伴关系在其中单独和同时发挥的路径作用。

本书具体组织如下：首先，第 2 章基于三个基本理论，结合目前研究现状，界定了供应链、农产品供应链、农产品供应链绩效（含财务绩效、服务绩效和战略绩效）、伙伴关系（含信任、承诺、契约、权利、相互依赖）、信息共享、信息技术及信息技术能力（含信息技术基础设施能力、信息技术人才能力、信息技术内部沟通能力和信息技术外部沟通能力）等概念，并构建了信息技术能力、信息共享、伙伴关系和农产品供应链绩效之间相互关系的理论框架。其次，第 3 章基于国内外成熟的问卷量表，并结合我国农产品供应链的实际情况，系统设计了每个变量测量题项及调研问卷，通过线上线下多渠道有效回收 601 份，覆盖了中国不含港澳台的 31 个省（区、市），调研对象均为涉农企业里熟悉企业信息化和供应链管理情况的中高层管理人员。在此基础上，利用 SPSS 和 AMOS 工具，主要采用探索性因子分析、验证性因子分析、SEM 和中介效应模型的方法，详细分不同章节建立主模型和分解模型，实证分析伙伴关系和信息共享均不作用（第 4 章）、均单独作用（第 5 章和第 6 章）和同时作用四种情况（第 7 章）下，信息技术能力、伙伴关系、信息共享和农产品供应链绩效等因素之间总体和细化的影响关系，研究总的和四种维度信息技术能力对农产品供应链绩效的直接和间接影响，并对比分析伙伴关系和信息共享在其中单独和同时发挥的中介路径作用。

汇总第 4 章 ~ 第 7 章实证结果，如表 8 - 1 所示，得到五种主要结论：

（1）总的和四种维度信息技术能力对总的和三种维度农产品供应链绩效有显著影响。

（2）总的和四种维度信息技术能力对信息共享均有显著正向影响，除了信息技术内部沟通能力，总和另外三种维度信息技术能力均伙伴关系也有正向影响。

（3）伙伴关系单独作用下，总的信息技术能力会直接和间接影响农产品供应链绩效，伙伴关系在二者间接影响路径中发挥着部分中介作用，且伙伴关系在三种维度信息技术能力（信息技术基础设施能力、信息技术人才能力和信息技术外部沟通能力）对总绩效影响中发挥完全中介作用。

（4）信息共享单独作用下，总的信息技术能力会直接和间接影响农产品供应链绩效，信息共享在二者间接影响路径中发挥着部分中介作用，且信息共享在四种维度信息技术能力对总绩效影响中发挥完全中介作用。

（5）当伙伴关系和信息共享同时作用时，总的和四种维度信息技能力对总的和三种维度的农产品供应链绩效只有间接影响，即伙伴关系和信息共享共同在二者间接影响路径上发挥着完全中介作用，且路径作用不同；

（6）伙伴关系和信息共享均正向影响总的和三种维度的农产品供应链绩效，但单维度的伙伴关系（除了信任和权利）和单维度信息共享均不发挥作用；

（7）伙伴关系和信息共享单独存在和同时存在情况下，总的及四种维度信息技术能力对伙伴关系和信息共享有不同的影响。两个因素单独存在时，总的及四种维度信息技术能力会显著影响伙伴关系和信息共享。由于伙伴关系会显著直接影响信息共享，促使伙伴关系在综合和三种维度信息技术能力（信息技术人才能力、信息技术基础设施能力和信息技术外部沟通能力）和信息共享之间发挥部分中介路径作用，信息共享在伙伴关系和农产品供应链绩效也发挥着部分中介路径作用。

表 8 - 1 第 4 章～第 7 章主要实证结果汇总

不同因素作用下各构念间关系	伙伴关系和信息共享均不作用（第 4 章）	伙伴关系单独作用（第 5 章）	信息共享单独作用（第 6 章）	伙伴关系和信息共享同时作用（第 7 章）
总信息技术能力对总的农产品供应链绩效的影响	有显著正向影响	有显著直接和间接影响，且直接影响小于间接影响	有显著直接和间接影响，且直接影响大于间接影响	没有直接影响，只间接影响；伙伴关系和信息共享共同在二者之间发挥着完全中介作用
四种维度信息技术能力对总的农产品供应链绩效的影响	均有显著正向影响，且影响力小于总信息技术能力对总绩效的影响	信息技术内部沟通能力直接影响绩效，其他三种维度信息技术能力只间接影响总绩效；伙伴关系在这三种维度信息技术能力对总绩效影响中发挥完全中介作用	没有直接影响，均只间接影响；信息共享在四种维度信息技术能力和总绩效中发挥完全中介作用	没有直接影响，均只有间接影响；只有信息共享单独在信息技术内部沟通能力对总绩效影响中发挥完全中介作用；伙伴关系和信息共享共同在其他路径间发挥完全中介作用

续表

不同因素作用下各构念间关系	伙伴关系和信息共享均不作用（第4章）	伙伴关系单独作用（第5章）	信息共享单独作用（第6章）	伙伴关系和信息共享同时作用（第7章）
总信息技术能力对三种维度农产品供应链绩效的影响	均有显著正向影响，且影响力小于总信息技术能力对总绩效的影响	对财务和战略绩效均有直接和间接影响，对服务绩效只有间接影响；伙伴关系在信息技术能力对财务和战略绩效影响中发挥部分中介作用，在对服务绩效影响中发挥完全中介作用	均有直接和间接影响；信息共享在信息技术能力对三种维度绩效影响中发挥部分中介作用	没有直接影响，均只有间接影响；伙伴关系和信息共享共同在信息技术能力和三种维度绩效之间发挥着完全中介作用
四种维度信息技术能力对三种维度农产品供应链绩效的影响	信息技术基础设施能力、信息技术内部沟通能力和信息技术外部沟通能力均会对战略绩效和服务绩效产生正向影响；信息技术人才能力无法对任何方面的绩效产生影响	信息技术内部沟通能力直接影响财务及战略绩效；另外三种信息技术能力对三种维度的农产品供应链绩效均只有间接影响；伙伴关系在这三种信息技术能力对三种维度绩效影响中发挥完全中介路径作用	只有信息技术内部沟通能力直接影响战略绩效，其余单维度信息技术能力对单维度绩效均只有间接影响；信息共享在信息技术内部沟通能力对战略绩效影响中发挥部分中介作用，在其他影响路径中均发挥完全中介路径作用	没有直接影响，均只有间接影响；只有信息共享单独在信息技术内部沟通能力与各维度的绩效之间发挥着中间路径作用；伙伴关系和信息共享共同在其他路径间发挥完全中介作用
总的及四种维度信息技术能力、伙伴关系、信息共享	—	除了信息技术内部沟通能力，总和另外三种维度信息技术能力均影响伙伴关系，影响力均小于总信息技术能力对伙伴关系的影响	四种维度信息技术能力均影响信息共享，影响力均小于总的信息技术能力对信息共享的直接影响	除了信息技术内部沟通能力，总的和另外三种维度信息技术能力均影响伙伴关系；四种维度信息技术能力均影响信息共享

续表

不同因素作用下各构念间关系	伙伴关系和信息共享均不作用（第4章）	伙伴关系单独作用（第5章）	信息共享单独作用（第6章）	伙伴关系和信息共享同时作用（第7章）
伙伴关系、信息共享、总的及三种维度农产品供应链绩效	—	伙伴关系、信息共享对总的及三种维度农产品供应链绩效均有显著影响；但只有信任和权利关系显著影响总绩效	伙伴关系、信息共享对总的及三种维度农产品供应链绩效均有显著影响；但单维度信息共享没有影响	伙伴关系、信息共享对总的及三种维度农产品供应链绩效均有显著影响；且伙伴关系显著直接影响信息共享

因此，对比表8-1结果，发现伙伴关系和信息共享均不存在、单独存在和同时存在四种情况下，总的及四种维度信息技术能力（信息技术人才能力、信息技术基础设施能力、信息技术内部沟通能力和信息技术外部沟通能力）、伙伴关系、信息共享和总的及三种维度农产品供应链绩效等因素之间融合关系不同。当伙伴关系或信息共享单独作用时，总的和分维度信息技术能力对农产品供应链绩效有直接也有间接影响，这两个因素会单独发挥部分中介作用。但当同时考虑两个路径因素时，总的和分维度信息技术能力对农产品供应链绩效只有间接影响，这两个因素共同发挥着完全中介作用。

综上所述，本书发现总的和四种维度信息技术能力对农产品供应链绩效有显著的影响，其中伙伴关系和信息共享不仅能直接影响总的和单维度农产品供应链绩效，而且是信息技术能力对农产品供应链绩效间接影响路径中不可缺少的关键路径因素，两个因素均单独和同时在二者之间发挥着不同中介路径作用。整体上而言，单维度的伙伴关系和信息共享很难带来总体绩效的改进，只有综合的伙伴关系和信息共享水平才能促进整体农产品供应链绩效改进，从而在信息技术能力和绩效之间发挥关键的中介路径作用。另外，对比综合的信息技术能力，单维度信息技术能力会较少影响伙伴关系和信息共享程度，从而带来较低的直接或间接的绩效产出；即整体信息技术能力的提升能增强供应链成员间伙伴关系，并进一步促进链上信息共享程度，从而提升农产品供应链整体绩效水平。

基于本书理论和实证分析，本书发现能为未来学术研究和实践应用提供重要的理论启示和实践参考，具体如下。

8.2 理论启示

尽管信息技术和农产品供应链管理都不是新的研究内容，但是信息技术能力如何影响农产品供应链绩效仍属于重要的研究空白有待解决。对比以往的研究结果，本书有以下几点关键理论贡献：

（1）以往研究将信息技术应用作为研究中的主要解释变量，尤其国内研究（Sun and Bao，2011；Fu et al.，2017），很少有学者关注信息技术能力在农产品供应链中的价值，特别是在发展中国家。本书从能力视角将总的及4种维度信息技术能力作为重要解释变量而不是信息技术应用在农产品供应链管理中，发现信息技术能力是解决农产品供应链上信息技术"生产力悖论"的关键，进一步验证了帕特拉科索尔和李（Patrakosol and Lee，2009）的观点（关于信息技术能力在发展中国家的价值），扩充了曾和廖（Tseng and Liao，2015）、彭等（Peng et al.，2016）关于信息技术能力在企业中重要性的研究，也发展了信息技术"生产力悖论"的理论探讨。

（2）部分研究基于RBV和交易成本理论，已经证明了信息技术能力会积极影响企业绩效（Lu and Ramamurthy，2011；Prajogo and Olhager，2012；Hwang et al.，2015），也发现了信息技术能力在供应链管理中的重要性（Jin et al.，2014；Cai et al.，2016；曾敏刚等，2017；周驷华和万国华，2017；Zeng and Lu，2020）。但信息技术能力和农产品供应链绩效之间的关系却很少被讨论。本书理论和实证深入分析了总的和四种维度信息技术能力及如何影响农产品供应链绩效，发现信息技术能力（含信息技术基础设施能力、信息技术人才能力、信息技术内部沟通能力、信息技术外部沟通能力）会直接和间接影响农产品供应链绩效（含财务、服务和战略绩效）。

（3）之前学者基于 RV 理论，研究了伙伴关系在供应链管理中的重要价值（Molnár et al.，2010；Terpend and Krause，2015；Uddin，2017；Mesic，2018；Wang et al.，2018；Daghar et al.，2021），如何管理供应链合作伙伴之间的关系会影响组织绩效的改进（Kuhne et al.，2013；Sambasivan et al.，2013；Zander and Beske，2014；Jain et al.，2014；Park et al.，2017）。然后，缺乏深入分析信息技术能力、伙伴关系和农产品供应链绩效三者的相互关系，及伙伴关系的中介路径作用。本书创新性研究发现三者相互影响关系，且伙伴关系在四种维度信息技术能力与综合和三种维度的农产品供应链绩效之间发挥着不同的中介路径作用，所发挥的中介效应量不同。

（4）尽管学者们普遍认可信息共享是供应链管理的关键因素（Lee et al.，2000；Shang et al.，2016；Teunter et al.，2018；Lee and Ha，2018；Khan et al.，2018；Topal and Sahin，2018；Kakhki and Gargeya，2019；Lei et al.，2019；Pu et al.，2020），并认识到该因素在农产品供应链管理中价值（邓俊森，2009；Jraisat et al.，2013；Ding et al.，2014；Yuan et al.，2019）。但仍缺乏深入分析信息共享对农产品供应链绩效的影响，及如何在信息技术能力对绩效的影响路径上发挥中介路径作用。本书深入分析发现信息技术能力、信息共享和农产品供应链绩效两两相互影响，且信息共享在总的四种维度信息技术能力与综合和三种维度的农产品供应链绩效之间发挥着不同的中介路径作用。

（5）前人研究尤其缺乏将信息技术能力、伙伴关系、信息共享和农产品供应链绩效四个因素放在一个研究框架里分析相互之间关系，本书创新性地基于三种理论（RBV、RV 和交易成本理论）和前人研究，构建四者相互影响的理论框架，并且同时考虑伙伴关系和信息共享发挥的中介路径作用。本书通过逐级实证验证该理论框架，发现在两个因素共同作用下，总的及四种维度的信息技术能力对综合农产品供应链绩效没有直接影响，但是有显著的间接正向影响，说明伙伴关系和信息共享共同在二者之间发挥着完全中介作用，从而发展了信息技术背景下农产品供应链管理新的科学研究领域。

8.3 实践启示

本书结果有以下四方面的实践启示，为涉农企业和相关政府组织提供重要的实践参考：

（1）首先，提高信息技术能力而不仅仅是信息技术应用，是提高整个农产品供应链绩效的有效途径。本书有效解释了为什么近年来涉农企业和农产品供应链的绩效并没有显著改善，尽管政府和涉农企业大量投资信息技术资源和应用在农产品供应链上。当前许多涉农企业的管理者和当地政府只盲目追求高层次的信息技术应用，而没有考虑其信息技术能力的提高，含信息技术人才能力、信息技术基础设施能力、信息技术内部沟通能力、信息技术外部沟通能力，最终导致了信息技术"生产力悖论"。因此，管理者和相关部门应该充分认识到信息技术能力在农产品供应链管理中的重要性，重点应该是打牢信息技术基础设施能力，培养信息技术人才，并提高涉农企业内外部的信息技术沟通协作能力。

（2）其次，增强农产品供应链上成员间的伙伴关系是信息技术能力提升农产品供应链绩效的重要路径。在农产品供应链中，保持长期稳定的伙伴关系是涉农企业面临的重要问题，尤其和上游农户的伙伴关系建立。本书结论有力建议涉农企业的管理者和相关组织，如果想致力于增强供应链成员间的伙伴关系，建立长久可靠的成员关系，防止机会主义行为，降低断链的风险，可以从信息技术能力的提升入手。因为，信息技术能力的提升可以有效地增强合作伙伴之间的关系，包含信任、承诺、契约、权利、相互依赖等关系，从而改善整体的农产品供应链财务和非财务绩效，包含财务、服务和战略性的绩效。

（3）再次，本书论证了信息技术能力和伙伴关系是实现农产品供应链上信息共享的重要途径。上下游节点之间信息不对称且无法信息共享的问题，一直是农产品供应链管理中的一个重要而难解决的议题。研究结果表明，信息技术能力和伙伴关系会正向积极响应供应链成员间的信息共享，从而改进农产品供应链绩效。所以涉农企业管理者可以充分利用信息技术能力的提升和伙伴关系的增强，来实现上下游企业之间充分而高质量的信息沟通与共享，从而解决农产品供应链信息不对称问题，减轻"牛鞭效应"的影响。

（4）最后，本书发现信息技术能力、伙伴关系和信息共享均是提高农产品供应链绩效的积极而重要的驱动因素。涉农企业和相关组织可以从提高信息技术能力、增强成员间的伙伴关系、促进信息共享等方面同时入手，积极改善农产品供应链绩效，从而解决信息技术"生产力悖论"问题，提升农产品和涉农企业竞争力水平。另外，本书也为我国涉农企业竞争力提高和农产品供应链价值提升提供有效途径，为我国农业信息化以及农产品供应链发展政策的不断推行提供理论依据。

8.4 局限与展望

本书的研究虽然基于坚实的理论基础、前人研究现状和我国应用实践，经过认真论文撰写和实证结果分析，梳理出以下不足，并提出未来研究展望：

（1）关于农产品供应链这一研究主体。本书借鉴前人有关工业品供应链的研究，只考虑了农产品供应链的普遍共性，而没有根据农产品具体种类兼顾到其所在农产品供应链的特殊性，主要是为了得到更普适性的研究结果。未来可以针对不同种类的农产品所在的供应链，开展更有针对性和更深入的相关研究。

（2）关于问卷设计和量表选择。借鉴当前学者成熟研究，为了避免量表题项设计的主观性和有效性不足，本书充分借鉴了前人相关的问卷设计和变量测量成果，并考虑我国农产品供应链特性，精心设计了每个构念的维度及具体测量题项。由于目前国内尚缺乏成熟的可借鉴的信息技术能力和农产品供应链管理量表，所以本书量表测量多参考来源于国外学者成熟的研究成果。未来随着国内研究信息技术能力和农产品供应链逐渐成熟，可以扩展本书研究量表。

（3）关于数据收集和样本量。为了保证结构方程模型（SEM）结果的合理和稳定性，本书充分利用有限的资源，并通过线上和线下可获取途径，最大限度获取了 601 份有效涉农企业样本。虽然并不是平均分布全国每个省份和地区，但借鉴之前学者的研究（Anderson and Garbing，1988；Breckler，1990；邱皓政和林碧芳，2003），并通过详细信度、效度、多重共线性分析和共同方法偏差等检验，发现 601 份有效问卷具有代表性，并足够来分析含 60 个观测变量的 SEM 模型，满足 SEM 分析的要求。未来如果有足够资源和途径，可以搜集全国更多的农产品供应链样本，以验证结果的普适性。

（4）关于结构方程模型 SEM 的研究方法。梳理当前研究供应链管理的研究方法，虽然 SEM 方法也有弊端，比如需要建立在主观测量题项的基础上分析多变量之间的关系，不能像严格线性回归分析一样能排除控制变量的影响清晰只分析有限变量之间的因果关系。但 SEM 方法有常用因果回归分析无法比拟的优点，尤其在分析多个潜在因变量、多个潜在自变量和多个潜在路径变量之间相关影响的路径关系时。而针对本书的目标和内容，是为了探究总的四种信息技术能力、伙伴关系、信息共享和总的三种维度农产品供应链绩效等多个潜变量之间相互影响复杂的路径关系，所以借鉴当前学者普遍的做法，相比较只有 SEM 方法更适合本书。随着统计方法的发展，未来如果有比 SEM 更适合分析多个潜变量之间路径关系的模型和方法，可以考虑补充采纳。

（5）关于中介变量的选择。本书为了解决农产品供应链的信息技术"生产力悖论"，基于三种理论（RBV、RV 和交易成本理论）和前人研究，将信息技术能力、伙伴关系、信息共享和农产品供应链绩效四个因素融合到一个理论框架进行相互关系分析，并重点分析伙伴关系和信息共享的中介作用。未来，该研究框架也许还可以进一步细化，尤其是伙伴关系和信息共享与农产品供应链绩效之间，是否还存在更多的中介因素？是否存在其他调节作用？这些问题都值得学者进一步研究。

参 考 文 献

[1] 曹炳汝，樊颜青. 基于 DEA 与主成分分析的绿色农产品供应链绩效评价研究 [J]. 科技管理研究，2017：72 - 77.

[2] 陈建斌，方德英，汪惠. 企业 IT 能力系统动态演变的分析模型研究 [J]. 管理评论，2010，22 (3)：63 - 68.

[3] 陈猛，刘和福，魏少波. IT 能力与市场响应性的关系研究 [J]. 管理学报，2015，12 (7)：1088 - 1096.

[4] 陈梦，付临煊. "互联网 +" 背景下农产品供需信息平台建设博弈分析 [J]. 中国农业资源与区划，2017，38 (12)：221 - 226.

[5] 陈晓萍，沈伟. 组织与管理研究的实证方法（第三版）[M]. 北京：北京大学出版社，2018.

[6] 但斌，郑开维，吴胜男，邵兵家. "互联网 +" 生鲜农产品供应链 C2B 商业模式的实现路径——基于拼好货的案例研究 [J]. 经济与管理研究，2018：65 - 78.

[7] 邓俊淼. 农产品供应链价值增值制约因素分析——基于农户信息共享视角的探讨 [J]. 农村经济，2009：42 - 45.

[8] 邓明荣，蒋兴良. 制造外包业务中合作关系与信息共享对供应链绩效的影响 [J]. 商业研究，2013，435 (7)：28 - 32.

[9] 童健，温海涛. 基于 SCOR 模型的供应链绩效评估：一个创新的参数 OFE [J]. 中国管理科学，2011，19 (2)：125 - 132.

[10] 方杰，张敏强，邱皓政. 中介效应的检验方法和效果量测量：回顾与展望 [J]. 心理发展与教育，2012，28 (1)：105 - 111.

［11］方世荣．市场调查［M］．台北：三民书局，1994．

［12］冯春，于宝，王雅婷，张怡．指数需求下农产品供应链渠道利润的公平分配机制［J］．系统管理学报，2018：470－477．

［13］冯华，梁亮亮．企业关系资本与供应链能力的相互作用研究——基于信息共享能力与供应链柔性的视角［J］．中国地质大学学报（社会科学版），2016，16（2）：122－133．

［14］冯华，聂蕾，海峰．信息共享水平与供应链能力的相互作用关系研究——基于社会控制的中介效应［J］．南开管理评论，2018，21（4）：85－92．

［15］高彦彦．互联网信息技术如何促进农村社会经济发展［J］．现代经济探讨，2018，436（4）：94－100．

［16］高展军，江旭．联盟公平的工具效应及其对合作绩效的影响——被中介的调节效应研究［J］．南开管理评论，2016：145－156．

［17］韩啸．农产品供应链封闭化运行模式及绩效研究——以农业龙头企业为例［D］．北京：北京科技大学博士学位论文，2014．

［18］姜泰元．信息技术、供应链协调、供应链整合与港口竞争力的关系研究［D］．杭州：浙江大学博士学位论文，2012．

［19］李艳平．供应链集中对企业经营绩效的影响及其路径研究［D］．武汉：中南财经政法大学博士学位论文，2017．

［20］刘华明，王勇，李后建．伙伴关系、物流能力与供应链整合关系研究［J］．中国管理科学，2016，24（12）：148－157．

［21］马士华，林勇，陈志祥．供应链管理［M］．北京：机械工业出版社，2000．

［22］祁峰，冯梦龙．完善农产品供应链促进农村经济发展研究［J］．理论探讨，2020（4）：101－107．

［23］邱皓政，林碧芳．结构方程模型的原理与应用［M］．北京：中国轻工业出版社，2003．

［24］邱洪全．生鲜农产品双渠道供应链协同创新对物流服务绩效的影响［J］．中国流通经济，2017：22－30．

[25] 孙传恒，于华竟，徐大明，邢斌，杨信廷. 农产品供应链区块链追溯技术研究进展与展望 [J]. 农业机械学报，2021，52（1）：1 – 13.

[26] 陶俊，刘璐，张卫国. 信息技术能力对于企业可持续发展绩效的影响 [J]. 软科学，2017：10 – 14.

[27] 王念新，葛世伦，苗虹. 信息技术资源和信息技术能力的互补性及其绩效影响 [J]. 管理工程学报，2012，26（3）：166 – 175.

[28] 王志刚，于滨铜，孙诗涵，和田恬. 资源依赖、联盟结构与产业扶贫绩效——来自深度贫困地区农产品供应链的案例证据 [J/OL]. 公共管理学报，published online，2021，doi：10. 16149/j. cnki. 23 – 1523. 20201217. 001.

[29] 吴明隆. 结构方程模型—AMOS 的操作与应用 [M]. 重庆：重庆大学出版社，2010.

[30] 杨国辉. 质量经营视角下企业信息技术能力对组织绩效影响研究 [D]. 杭州：浙江大学硕士学位论文，2014.

[31] 叶飞，徐学军. 供应链伙伴关系间信任与关系承诺对信息共享与运营绩效的影响 [J]. 系统工程理论与实践，2009，29（8）：36 – 49.

[32] 叶飞，薛运普. 供应链伙伴间信息共享对运营绩效的间接作用机理研究——以关系资本为中间变量 [J]. 中国管理科学，2011：112 – 125.

[33] 殷国鹏，陈禹. 企业信息技术能力及其对信息化成功影响的实证研究——基于 RBV 理论视角 [J]. 南开管理评论，2009，12（4）：152 – 160.

[34] 曾敏刚，林倩，潘焕雯，朱佳. 信息技术能力、信任与供应链整合的关系研究 [J]. 管理评论，2017，29（12）：217 – 225，257.

[35] 曾敏刚，吴倩倩. 信息共享对供应链绩效的间接作用机理研究 [J]. 科学学与科学技术管理，2013：22 – 30.

[36] 曾文杰. 基于合作伙伴关系的供应链协同影响因素研究 [D]. 武汉：华中科技大学博士学位论文，2010.

[37] 张明月. 基于供应链合作伙伴的“农超对接”效果评价研究 [D]. 泰安：山东农业大学博士学位论文，2018.

[38] 张涛，庄贵军，季刚. IT 能力对营销渠道中关系型治理的影响：

一条抑制渠道投机行为的新途径 [J]. 管理世界, 2010, 202 (7): 119 – 129, 187 – 188.

[39] 张长亮. 信息生态视角下网络社群用户信息共享行为影响因素及效果评价研究 [D]. 长春: 吉林大学博士学位论文, 2019.

[40] 郑晶莹. 供应链信任、信息共享对供应链敏捷性的影响——基于新疆特色农产品的实证研究 [D]. 新疆: 石河子大学硕士学位论文, 2016.

[41] 周驷华. 信息技术对供应链风险管理的影响 [D]. 上海: 上海交通大学博士学位论文, 2014.

[42] 周驷华, 万国华. 电子商务对制造企业供应链绩效的影响: 基于信息整合视角的实证研究 [J]. 管理评论, 2017, 29 (1): 199 – 210.

[43] 周业付. 基于 AHP – FCE 模型的农产品供应链绩效评价 [J]. 统计与决策, 2020, 36 (23): 178 – 180.

[44] 朱镇, 赵晶, 王飞, 胡乐炜. 电子供应链合作中 IT 使能合作优势的实现: 基于关系观的实证研究 [J]. 管理评论, 2015: 168 – 177.

[45] Ahumada O, Villalobos J R. Application of Planning Models in the Agri-Food Supply Chain: A Review [J]. European Journal of Operational Research, 2009, 196 (1): 1 – 20.

[46] Aiken L S, West S G. Multiple Regression: Testing and Interpreting Interations [M]. Newbury Park, Sage, 1991.

[47] Albaum G. The Survey-Research Handbook-Alreck, Pl, Settle, Rd [J]. Journal of Marketing Research, 1985, 22 (4): 470 – 471.

[48] Amentae T K, Gebresenbet G, Ljungberg D. Examining the Interface between Supply Chain Governance Structure Choice and Supply Chain Performances of Dairy Chains in Ethiopia [J]. International Food and Agribusiness Management Review, 2018, 21 (8): 1061 – 1081.

[49] Amit R, Schoemaker P J H. Strategic Assets and Organizational Rent [J]. Strategic Management Journal, 1993, 14 (1): 33 – 46.

[50] Anderson J C, Gerbing D W. Structural Equation Modeling in Prac-

tice-a Review and Recommended 2 – Step Approach [J]. Psychological Bulletin, 1988, 103 (3): 411 – 423.

[51] Aramyan L H, Lansink A G J M O, van der Vorst J G A J, van Kooten O. Performance Measurement in Agri-Food Supply Chains: A Case Study [J]. Supply Chain Management-an International Journal, 2007, 12 (4): 304 – 315.

[52] Bagozzi R P, Li Y J, Phillips L W. Assessing Construct-Validity in Organizational Research [J]. Administrative Science Quarterly, 1991, 36 (3): 421 – 458.

[53] Baihaqi I, Sohal A S. The Impact of Information Sharing in Supply Chains on Organisational Performance: An Empirical Study [J]. Production Planning & Control, 2013, 24 (8 – 9): 743 – 758.

[54] Bargshady G, Zahraee S M, Ahmadi M, Parto A. The Effect of Information Technology on the Agility of the Supply Chain in the Iranian Power Plant Industry [J]. Journal of Manufacturing Technology Management, 2016, 27 (3): 427 – 442.

[55] Barney J, Wright M, Ketchen D J. The Resource-Based View of the Firm: Ten Years after 1991 [J]. Journal of Management, 2001, 27 (6): 625 – 641.

[56] Baron R M, Kenny D A. The Moderator Mediator Variable Distinction in Social Psychological-Research-Conceptual, Strategic, and Statistical Considerations [J]. Journal of Personality and Social Psychology, 1986, 51 (6): 1173 – 1182.

[57] Ben-Daya M, Hassini E, Bahroun Z. Internet of Things and Supply Chain Management: A Literature Review [J]. International Journal of Production Research, 2019, 57 (15 – 16): 4719 – 4742.

[58] Bendoly E, Bharadwaj A, Bharadwaj S. Complementary Drivers of New Product Development Performance: Cross-Functional Coordination, Information System Capability, and Intelligence Quality [J]. Production and Opera-

tions Management, 2012, 21 (4): 653 – 667.

[59] Bharadwaj A S. A Resource-Based Perspective on Information Technology Capability and Firm Performance: An Empirical Investigation [J]. Mis Quarterly, 2000, 24 (1): 169 – 196.

[60] Bhatt G D, Grover V. Types of Information Technology Capabilities and Their Role in Competitive Advantage: An Empirical Study [J]. Journal of Management Information Systems, 2005, 22 (2): 253 – 277.

[61] Bi R, Davison R, Smyrnios K. The Role of Top Management Participation and It Capability in Developing Smes´Competitive Process Capabilities [J]. Journal of Small Business Management, 2019, 57 (3): 1008 – 1026.

[62] Bicer I, Hagspiel V. Valuing Quantity Flexibility under Supply Chain Disintermediation Risk [J]. International Journal of Production Economics, 2016, 180: 1 – 15.

[63] Bourlakis M, Maglaras G, Aktas E, Gallear D, Fotopoulos C. Firm Size and Sustainable Performance in Food Supply Chains: Insights from Greek Smes [J]. International Journal of Production Economics, 2014, 152: 112 – 130.

[64] Bowles M, Lu J J. Removing the Blinders: A Literature Review on the Potential of Nanoscale Technologies for the Management of Supply Chains [J]. Technological Forecasting and Social Change, 2014, 82: 190 – 198.

[65] Breckler S J. Applications of Covariance Structure Modeling in Psychology-Cause for Concern [J]. Psychological Bulletin, 1990, 107 (2): 260 – 273.

[66] Broadbent M P, Weill and B. S. Neo. Firm Context and Patterns of IT Infrastructure Capability [J]. The Journal of Strategic Information Systems, 1999, 8 (2): 157 – 187.

[67] Brynjolfsson E, Hitt L. Paradox Lost? Firm-Level Evidence on the Returns to Information Systems Spending [J]. Management Science, 1996, 42 (4): 541 – 558.

[68] Nunnally J C. Psychometric Theory [M]. New York, McGraw-Hill, 1978.

［69］ Cai J, Liu X D, Xiao Z H, Liu J. Improving Supply Chain Perform-ance Management: A Systematic Approach to Analyzing Iterative Kpi Accomplishment ［J］. Decision Support Systems, 2009, 46 (2): 512 – 521.

［70］ Cai Z, Huang Q, Liu H F, Liang L. The Moderating Role of Information Technology Capability in the Relationship between Supply Chain Collaboration and Organizational Responsiveness Evidence from China ［J］. International Journal of Operations & Production Management, 2016, 36 (10): 1247 – 1271.

［71］ Carr N G. It Doesn't Matter ［J］. Harvard Business Review, 2003, 81 (5): 41 – 49, 128.

［72］ Chen Y Y, Wang S. Nevo J F. Jin, Wang L N, Chow W S. It Capability and Organizational Performance: The Roles of Business Process Agility and Environmental Factors ［J］. European Journal of Information Systems, 2014, 23 (3): 326 – 342.

［73］ Cheng J H. Inter-Organizational Relationships and Information Sharing in Supply Chains ［J］. International Journal of Information Management, 2011, 31 (4): 374 – 384.

［74］ Cho D W, Lee Y H, Ahn S H, Hwang M K. A Framework for Measuring the Performance of Service Supply Chain Management ［J］. Computers & Industrial Engineering, 2012, 62 (3): 801 – 818.

［75］ Christopher M. Logistics and supply chain management ［M］. London: Financial Times/Prentice Hall, 2010.

［76］ Cliff N. Some Cautions Concerning the Application of Causal-Modeling Methods ［J］. Multivariate Behavioral Research, 1983, 18 (1): 115 – 126.

［77］ Coase R H. The Nature of the Firm ［J］. Economica-New Series, 1937, 4 (16): 386 – 405.

［78］ Cooper M C, Lambert D M, Pagh J D. Supply Chain Management, More Than a New Name for Logistics ［J］. International Journal of Logistics Management, 1997, 8 (1): 1 – 14.

［79］ Costantino F, Di Gravio G, Shaban A, Tronci M. The Impact of

Information Sharing on Ordering Policies to Improve Supply Chain Performances [J]. Computers & Industrial Engineering, 2015, 82: 127 – 142.

［80］Costinot A, Vogel J, Wang S. Global Supply Chains and Wage Inequality [J]. American Economic Review, 2012, 102 (3): 396 – 401.

［81］Cox A. Power, Value and Supply Chain Management [J]. Supply Chain Management: An International Journal, 1999, 4 (4): 167 – 175.

［82］Crosby L A, Evans K R, Cowles D. Relationship Quality in Services Selling-an Interpersonal Influence Perspective [J]. Journal of Marketing, 1990, 54 (3): 68 – 81.

［83］Daghar A, Alinaghian L, Turner N. The Role of Collaborative Inter-organizational Relationships in Supply Chain Risks: A Systematic Review Using a Social Capital Perspective [J]. Supply Chain Management-an International Journal, 2021, 26 (2): 279 – 296.

［84］Dania W A P, Xing K, Amer Y. Collaboration Behavioural Factors for Sustainable Agri-Food Supply Chains: A Systematic Review [J]. Journal of Cleaner Production, 2018, 186: 851 – 864.

［85］Datta P, Diffee E N. Measuring Sustainability Performance: A Green Supply Chain Index [J]. Transportation Journal, 2020, 59 (1): 73 – 96.

［86］DeGroote S E, Marx T G. The Impact of It on Supply Chain Agility and Firm Performance: An Empirical Investigation [J]. International Journal of Information Management, 2013, 33 (6): 909 – 916.

［87］Devaraj S, Krajewski L, Wei J C. Impact of E-business Technologies on Operational Performance: The Role of Production Information Integration in the Supply Chain [J]. Journal of Operations Management, 2007, 25 (6): 1199 – 1216.

［88］Ding M J, Jie F, Parton K A, Matanda M J. Relationships between Quality of Information Sharing and Supply Chain Food Quality in the Australian Beef Processing Industry [J]. International Journal of Logistics Management, 2014, 25 (1): 85 – 108.

［89］Dissanayake C K, Cross J A. Systematic Mechanism for Identifying the Relative Impact of Supply Chain Performance Areas on the Overall Supply Chain Performance Using Scor Model and Sem ［J］. International Journal of Production Economics, 2018, 201: 102 - 115.

［90］Doney W. True and Immutable Natures (According to the Philosophy of Descartes) ［J］. Laval Theologique Et Philosophique, 1997, 53 (3): 743 - 754.

［91］Dyer J H, Singh H. The Relational View: Cooperative Strategy and Sources of Interorganizational Competitive Advantage ［J］. Academy of Management Review, 1998, 23 (4): 660 - 679.

［92］Ebrahim-Khanjari N, Hopp W, Iravani S M R. Trust and Information Sharing in Supply Chains ［J］. Production and Operations Management, 2012, 21 (3): 444 - 464.

［93］Eckstein D, Goellner M, Blome C, Henke M. The Performance Impact of Supply Chain Agility and Supply Chain Adaptability: The Moderating Effect of Product Complexity ［J］. International Journal of Production Research, 2015, 53 (10): 3028 - 3046.

［94］Edwards M L, Dillman D A, Smyth J D. An Experimental Test of the Effects of Survey Sponsorship on Internet and Mail Survey Response ［J］. Public Opinion Quarterly, 2014, 78 (3): 734 - 750.

［95］Fawcett S E, Wallin C, Allred C, Fawcett A M, Magnan G M. Information Technology as an Enabler of Supply Chain Collaboration: A Dynamic-Capabilities Perspective ［J］. Journal of Supply Chain Management, 2011, 47 (1): 38 - 59.

［96］Fink L. How Do It Capabilities Create Strategic Value? Toward Greater Integration of Insights from Reductionistic and Holistic Approaches ［J］. European Journal of Information Systems, 2011, 20 (1): 16 - 33.

［97］Fink L, Neumann S. Gaining Agility through It Personnel Capabilities: The Mediating Role of It Infrastructure Capabilities ［J］. Journal of the Association for Information Systems, 2007, 8 (8): 440 - 462.

［98］ Fiorini P D, Jabbour C J C. Information Systems and Sustainable Supply Chain Management Towards a More Sustainable Society: Where We Are and Where We Are Going ［J］. International Journal of Information Management, 2017, 37 (4): 241 – 249.

［99］ Firouzi F, Jaber M Y, Baglieri E. Trust in Supply Forecast Information Sharing ［J］. International Journal of Production Research, 2016, 54 (5): 1322 – 1333.

［100］ Fu S L, Han Z J, Huo B F. Relational Enablers of Information Sharing: Evidence from Chinese Food Supply Chains ［J］. Industrial Management & Data Systems, 2017, 117 (5): 838 – 852.

［101］ Fynes B, de Burca S, Voss C. Supply Chain Relationship Quality, the Competitive Environment and Performance ［J］. International Journal of Production Research, 2005, 43 (16): 3303 – 3320.

［102］ Gaitan-Cremaschi D, Meuwissen M P M, Lansink A G J M O. Total Factor Productivity: A Framework for Measuring Agri-Food Supply Chain Performance Towards Sustainability ［J］. Applied Economic Perspectives and Policy, 2017, 39 (2): 259 – 285.

［103］ Gaitan-Cremaschi D, van Evert F K, Jansen D M, Meuwissen M P M, Oude Lansink A G J M. Assessing the Sustainability Performance of Coffee Farms in Vietnam: A Social Profit Inefficiency Approach ［J］. Sustainability, 2018, 10 (11): 4227.

［104］ Gaitan-Cremaschi D, Klerkx L, Duncan J, Trienekens J H, Huenchuleo C, Dogliotti S, Contesse M E, Rossing W A H. Characterizing Diversity of Food Systems in View of Sustainability Transitions. A Review ［J］. Agronomy for Sustainable Development, 2019, 39 (1): 1 – 22.

［105］ Gaurav K, Anbanandam R. Information Technology, Mutual Trust, Flexibility, Agility, Adaptability: Understanding Their Linkages and Impact on Humanitarian Supply Chain Management Performance ［J］. Risk, Hazards & Crisis in Public Policy, 2016, 7 (2): 79 – 103.

［106］Gefen D, Straub D, Boudreau M. Structural Equation Modeling and Regression: Guidelines for Research Practice ［J］. Communications of the Association for Information Systems, 2000, 7 (7): 1 – 78.

［107］Gunasekaran A, Patel C, Tirtiroglu E. Performance Measures and Metrics in a Supply Chain Environment ［J］. International Journal of Operations & Production Management, 2001, 21 (1 – 2): 71 – 87.

［108］Ha B C, Park Y K, Cho S. Suppliers' Affective Trust and Trust in Competency in Buyers Its Effect on Collaboration and Logistics Efficiency ［J］. International Journal of Operations & Production Management, 2011, 31 (1 – 2): 56 – 77.

［109］Han G H, Dong M. Trust-Embedded Coordination in Supply Chain Information Sharing ［J］. International Journal of Production Research, 2015, 53 (18): 5624 – 5639.

［110］Han J H, Wang Y, Naim M. Reconceptualization of Information Technology Flexibility for Supply Chain Management: An Empirical Study ［J］. International Journal of Production Economics, 2017, 187: 196 – 215.

［111］Hart S L, Dowell G. A Natural-Resource-Based View of the Firm: Fifteen Years After ［J］. Journal of Management, 2011, 37 (5): 1464 – 1479.

［112］Hoopes D G, Madsen T L. A Capability-Based View of Competitive Heterogeneity ［J］. Industrial and Corporate Change, 2008, 17 (3): 393 – 426.

［113］Huggins C, Valverde A. Information Technology Approaches to Agriculture and Nutrition in the Developing World: A Systems Theory Analysis of the Mnutrition Program in Malawi ［J］. Food Security, 2018, 10 (1): 151 – 168.

［114］Huo B F, Ul Haq M Z, Gu M H. The Impact of Information Sharing on Supply Chain Learning and Flexibility Performance ［J］. International Journal of Production Research, 2021, 59 (5): 1411 – 1434.

［115］Hwang D, Yang M G, Hong P. Mediating Effect of It-Enabled Capabilities on Competitive Performance Outcomes: An Empirical Investigation of ERP Implementation ［J］. Journal of Engineering and Technology Management,

2015，36：1 - 23.

［116］Iacobucci D，Duhachek A. Advancing Alpha：Measuring Reliabili-ty with Confidence ［J］. Journal of Consumer Psychology，2003，13（4）：478 - 487.

［117］Irani Z，Sharif A M. Sustainable Food Security Futures Perspectives on Food Waste and Information across the Food Supply Chain ［J］. Journal of Enterprise Information Management，2016，29（2）：171 - 178.

［118］Jain M，Khalil S，Johnston W J，Cheng J M S. The Performance Implications of Power-Trust Relationship：The Moderating Role of Commitment in the Supplier-Retailer Relationship ［J］. Industrial Marketing Management，2014，43（2）：312 - 321.

［119］Jimenez-Jimenez D，Martinez-Costa M，Rodriguez C S. The Media-ting Role of Supply Chain Collaboration on the Relationship between Information Technology and Innovation ［J］. Journal of Knowledge Management，2019，23（3）：548 - 567.

［120］Jin Y，Vonderembse M，Ragu-Nathan T S，Smith J T. Exploring Relationships among It-Enabled Sharing Capability，Supply Chain Flexibility，and Competitive Performance ［J］. International Journal of Production Econom-ics，2014，153：24 - 34.

［121］Johnston D A，McCutcheon D M，Stuart F I，Kerwood H. Effects of Supplier Trust on Performance of Cooperative Supplier Relationships ［J］. Journal of Operations Management，2004，22（1）：23 - 38.

［122］Jraisat L，Gotsi M，Bourlakis M. Drivers of Information Sharing and Export Performance in the Jordanian Agri-Food Export Supply Chain a Qualitative Study ［J］. International Marketing Review，2013，30（4）：323 - 356.

［123］Kaiser H F. An Index of Factorial Simplicity ［J］. Psychometrika，1974（1）：31 - 36.

［124］Kakhki M D，Gargeya V B. Information Systems for Supply Chain Management：A Systematic Literature Analysis ［J］. International Journal of

Production Research, 2019, 57 (15 – 16): 5318 – 5339.

[125] Khan M, Hussain M, Papastathopoulos A, Manikas I. Trust, Information Sharing and Uncertainty: An Empirical Investigation into Their Impact on Sustainability in Service Supply Chains in the United Arab Emirates [J]. Sustainable Development, 2018, 26 (6): 870 – 878.

[126] Kim H J. Information Technology and Firm Performance: The Role of Supply Chain Integration [J]. Operations Management Research, 2017, 10 (1 – 2): 1 – 9.

[127] King W R. It Capabilities, Business Processes, and Impact on the Bottom Line [J]. Information Systems Management, 2002, 19 (2): 85 – 87.

[128] Kirwan J, Maye D, Brunori G. Acknowledging Complexity in Food Supply Chains When Assessing Their Performance and Sustainability [J]. Journal of Rural Studies, 2017, 52: 21 – 32.

[129] Kochan C G, Nowicki D R, Sauser B, Randall W S. Impact of Cloud-Based Information Sharing on Hospital Supply Chain Performance: A System Dynamics Framework [J]. International Journal of Production Economics, 2018, 195: 168 – 185.

[130] Krone M, Dannenberg P, Nduru G. The Use of Modern Information and Communication Technologies in Smallholder Agriculture: Examples from Kenya and Tanzania [J]. Information Development, 2016, 32 (5): 1503 – 1512.

[131] Kuhne B, Gellynck X, Weaver R D. The Influence of Relationship Quality on the Innovation Capacity in Traditional Food Chains [J]. Supply Chain Management: An International Journal, 2013, 18 (1): 52 – 65.

[132] Kulangara N P, Jackson S A, Prater E. Examining the Impact of Socialization and Information Sharing and the Mediating Effect of Trust on Innovation Capability [J]. International Journal of Operations & Production Management, 2016, 36 (11): 1601 – 1624.

[133] Lages C, Lages C R, Lages L F. The Relqual Scale: A Measure of Relationship Quality in Export Market Ventures [J]. Journal of Business Re-

search, 2005, 58 (8): 1040 – 1048.

[134] Lai K H, Wong C W Y, Lam J S L. Sharing Environmental Management Information with Supply Chain Partners and the Performance Contingencies on Environmental Munificence [J]. International Journal of Production Economics, 2015, 164: 445 – 453.

[135] Lambert D M, Cooper M C. Issues in Supply Chain Management [J]. Industrial Marketing Management, 2000, 29 (1): 65 – 83.

[136] Lancioni R A. New Developments in Supply Chain Management for the Millennium [J]. Industrial Marketing Management, 2000, 29 (1): 1 – 6.

[137] Lavie D. The Competitive Advantage of Interconnected Firms: An Extension of the Resource-Based View [J]. Academy of Management Review, 2006, 31 (3): 638 – 658.

[138] Lee C H, Ha B C. The Impact of Buyer-Supplier Relationships' Social Capital on Bi-Directional Information Sharing in the Supply Chain [J]. Journal of Business & Industrial Marketing, 2018, 33 (3): 325 – 336.

[139] Lee H, Kim M S, Kim K K. Interorganizational Information Systems Visibility and Supply Chain Performance [J]. International Journal of Information Management, 2014, 34 (2): 285 – 295.

[140] Lee H L, Whang S J. Information Sharing in a Supply Chain [J]. International Journal of Technology Management, 2000, 20 (3 – 4): 373 – 387.

[141] Lee H L, So K C, Tang C S. The Value of Information Sharing in a Two-Level Supply Chain [J]. Management Science, 2000, 46 (5): 626 – 643.

[142] Lehyani F, Zouari A, Ghorbel A, Tollenaere M. Defining and Measuring Supply Chain Performance: A Systematic Literature Review [J]. Engineering Management Journal, published online, 2021, doi: 10. 1080/10429247. 2020. 1834309.

[143] Lei H, Wang J R, Shao L S, Yang H L. Ex Post Demand Information Sharing between Differentiated Suppliers and a Common Retailer [J]. International Journal of Production Research, 2020, 58 (3): 703 – 728.

［144］Leiblein M J, Macher J T. The Problem Solving Perspective: A Strategic Approach to Understanding Environment and Organization ［J］. Economic Institutions of Strategy, 2009, 26: 97 – 120.

［145］Li G, Yan H, Wang S Y, Xia Y S. Comparative Analysis on Value of Information Sharing in Supply Chains ［J］. Supply Chain Management: An International Journal, 2005, 10 (1): 34 – 46.

［146］Li G, Yang H J, Sun L Y, Sohal A S. The Impact of It Implementation on Supply Chain Integration and Performance ［J］. International Journal of Production Economics, 2009, 120 (1): 125 – 138.

［147］Li S H, Chen F. The Impact of Information Technology and Partner Relationship on Supply Chain Performance ［J］. Proceedings of the Fourth International Conference on Operations and Supply Chain Management (Icoscm 2010), 2010, 4: 723 – 728.

［148］Li Y N, Ye F, Sheu C. Social Capital, Information Sharing and Performance Evidence from China ［J］. International Journal of Operations & Production Management, 2014, 34 (11): 1440 – 1462.

［149］Li Z G, Gao Y, Li Y, Han J Y. Research on Information Sharing Pattern of Agricultural Products Supply Chain Based on E-Commerce Technology ［J］. Computer and Computing Technologies in Agriculture Iv, Pt 3, 2011, 346: 539 – 548.

［150］Lim J H, Stratopoulos T C, Wirjanto T S. Sustainability of a Firm's Reputation for Information Technology Capability: The Role of Senior It Executives ［J］. Journal of Management Information Systems, 2013, 30 (1): 57 – 95.

［151］Lim M K, Tseng M L, Tan K H, Bui T D. Knowledge Management in Sustainable Supply Chain Management: Improving Performance through an Interpretive Structural Modelling Approach ［J］. Journal of Cleaner Production, 2017, 162: 806 – 816.

［152］Lu J, Bowles M. Improving the Food Safety in Supply Chain: The Value of Nanotechnology on a Growing Problem ［J］. Quality Assurance and

Safety of Crops & Foods, 2014, 6 (2): 123 – 133.

[153] Lu Y, Ramamurthy K. Understanding the Link between Information Technology Capability and Organizational Agility: An Empirical Examination [J]. Mis Quarterly, 2011, 35 (4): 931 – 954.

[154] Lummus R R, Vokurka R J. Defining Supply Chain Management: A Historical Perspective and Practical Guidelines [J]. Industrial Management & Data Systems, 1999, 99 (1 – 2): 11 – 17.

[155] Lun Y H V, Quaddus M A. Firm Size and Performance: A Study on the Use of Electronic Commerce by Container Transport Operators in Hong Kong [J]. Expert Systems with Applications, 2011, 38 (6): 7227 – 7234.

[156] Lusch R F, Brown J R. Interdependency, Contracting, and Relational Behavior in Marketing Channels [J]. Journal of Marketing, 1996, 60 (4): 19 – 38.

[157] Mackinnon D P. Introduction to Statistical Mediation Analysis [M]. NYC, McGraw-Hill, 2008.

[158] Maloni M J, Benton W C. Supply Chain Partnerships: Opportunities for Operations Research [J]. European Journal of Operational Research, 1997, 101 (3): 419 – 429.

[159] Mathu K M. The Information Technology Role in Supplier-Customer Information-Sharing in the Supply Chain Management of South African Small and Medium-Sized Enterprises [J]. South African Journal of Economic and Management Sciences, 2019, 22 (1): 1 – 8.

[160] Menard S. Applied Logistic Regression Analysis: Sage University Series on Quantitative Applications in the Social Sciences [M]. California, U. S, Sage Publications, 1995.

[161] Mendoza-Fong J R, Garcia-Alcaraz J L, Macias E J, Ibarra Hernandez N L, Diaz-Reza J R, Fernandez J B. Role of Information and Communication Technology in Green Supply Chain Implementation and Companies' Performance [J]. Sustainability, 2018, 10 (6): 1793 (1791 – 1716).

[162] Mesic Z, Molnar A, Cerjak M. Assessment of Traditional Food Supply Chain Performance Using Triadic Approach: The Role of Relationships Quality [J]. Supply Chain Management: An International Journal, 2018, 23 (5): 396 – 411.

[163] Mirkovski K, Davison R M, Martinsons M G. The Effects of Trust and Distrust on Ict-Enabled Information Sharing in Supply Chains Evidence from Small- and Medium-Sized Enterprises in Two Developing Economies [J]. International Journal of Logistics Management, 2019, 30 (3): 892 – 926.

[164] Mithas S, Ramasubbu N, Sambamurthy V. How Information Management Capability Influences Firm Performance [J]. Mis Quarterly, 2011, 35 (1): 237 – 256.

[165] Mohaghar A, Ghasemi R. A Conceptual Model for Supply Chain Relations Quality and Supply Chain Performance by Structural Equation Modeling: A Case Study in the Iranian Automotive Industry [J]. European Journal of Social Sciences, 2011, 22 (4): 519 – 530.

[166] Molnár A, Gellynck X, Weaver R D. Chain Member Perception of Chain Performance: The Role of Relationship Quality [J]. Journal on Chain & Network Science, 2010, 10 (1): 27 – 49.

[167] Moorman C, Deshpande R, Zaltman G. Factors Affecting Trust in Market-Research Relationships [J]. Journal of Marketing, 1993, 57 (1): 81 – 101.

[168] Nahapiet J, Ghoshal S. Social Capital, Intellectual Capital, and the Organizational Advantage [J]. Academy of Management Review, 1998, 23 (2): 242 – 266.

[169] Naudé P, Buttle F. Assessing Relationship Quality [J]. Industrial Marketing Management, 1999, 29 (4): 351 – 361.

[170] Ngwenyama O, Morawczynski O. Factors Affecting Ict Expansion in Emerging Economies: An Analysis of Ict Infrastructure Expansion in Five Latin American Countries [J]. Information Technology for Development, 2009, 15

(4): 237 – 258.

[171] Niu Y. The Impact of Information Technology on Supply Chain Performance [C]. 2010.

[172] Nyamah E Y, Jiang Y, Feng Y, Enchill E. Agri-Food Supply Chain Performance: An Empirical Impact of Risk [J]. Management Decision, 2017, 55 (5): 872 – 891.

[173] Odongo W, Dora M, Molnar A, Ongeng D, Gellynck X. Performance Perceptions among Food Supply Chain Members a Triadic Assessment of the Influence of Supply Chain Relationship Quality on Supply Chain Performance [J]. British Food Journal, 2016, 118 (7): 1783 – 1799.

[174] Odongo W, Dora M K, Molnar A, Ongeng D, Gellynck X, Raj S, Raj S. Role of Power in Supply Chain Performance: Evidence from Agribusiness Smes in Uganda [J]. Journal of Agribusiness in Developing and Emerging Economies, 2017, 7 (3): 1 – 28.

[175] Oh S, Ryu Y U, Yang H. Supply Chain Capabilities and Information Technology Characteristics: Interaction Effects on Firm Performance [J]. Proceedings of the 49th Annual Hawaii International Conference on System Sciences (Hicss 2016), 2016: 1417 – 1425.

[176] Oh S, Ryu Y U, Yang H. Interaction Effects between Supply Chain Capabilities and Information Technology on Firm Performance [J]. Information Technology & Management, 2019, 20 (2): 91 – 106.

[177] Ojha D, Sahin F, Shockley J, Sridharan S V. Is There a Performance Trade off in Managing Order Fulfillment and the Bullwhip Effect in Supply Chains? The Role of Information Sharing and Information Type [J]. International Journal of Production Economics, 2019, 208: 529 – 543.

[178] Ozer O, Zheng Y C. Establishing Trust and Trustworthiness for Supply Chain Information Sharing [J]. Handbook of Information Exchange in Supply Chain Management, 2017, 5: 287 – 312.

[179] Ozer O, Zheng Y C, Chen K Y. Trust in Forecast Information Sha-

ring [J]. Management Science, 2011, 57 (6): 1111 – 1137.

[180] Panahifar F, Byrne P J, Salam M A, Heavey C. Supply Chain Collaboration and Firm's Performance the Critical Role of Information Sharing and Trust [J]. Journal of Enterprise Information Management, 2018, 31 (3): 358 – 379.

[181] Park J, Gu H B, Leung A C M, Konana P. An Investigation of Information Sharing and Seeking Behaviors in Online Investment Communities [J]. Computers in Human Behavior, 2014, 31: 1 – 12.

[182] Park J Y, Im K S, Kim J S. The Role of It Human Capability in the Knowledge Transfer Process in It Outsourcing Context [J]. Information & Management, 2011, 48 (1): 53 – 61.

[183] Park K O, Chang H, Jung D H. How Do Power Type and Partnership Quality Affect Supply Chain Management Performance? [J]. Sustainability, 2017, 9 (1).

[184] Peng J, Quan J, Zhang G, Dubinsky A J. Mediation Effect of Business Process and Supply Chain Management Capabilities on the Impact of It on Firm Performance: Evidence from Chinese Firms [J]. International Journal of Information Management, 2016, 36 (1): 89 – 96.

[185] Podsakoff P M, MacKenzie S B, Lee J Y, Podsakoff N P. Common Method Biases in Behavioral Research: A Critical Review of the Literature and Recommended Remedies [J]. Journal of Applied Psychology, 2003, 88 (5): 879 – 903.

[186] Polakovic P, Hallova M, Silerova E, Hanova M. The Safety of Information and Communication Technologies in the Context of Existing Agriculture Companies [J]. Agrarian Perspectives Xxvi: Competitiveness of European Agriculture and Food Sectors, 2017: 293 – 298.

[187] Prajogo D, Olhager J. Supply Chain Integration and Performance: The Effects of Long-Term Relationships, Information Technology and Sharing, and Logistics Integration [J]. International Journal of Production Economics,

2012, 135（1）：514 – 522.

［188］Pu X D, Wang Z X, Chan F T S. Adoption of Electronic Supply Chain Management Systems：The Mediation Role of Information Sharing ［J］. Industrial Management & Data Systems, 2020, 120（11）：1977 – 1999.

［189］Rai A, Patnayakuni R, Seth N. Firm Performance Impacts of Digitally Enabled Supply Chain Integration Capabilities ［J］. Mis Quarterly, 2006, 30（2）：225 – 246.

［190］Ray G, Muhanna W A, Barney J B. Information Technology and the Performance of the Customer Service Process：A Resource-Based Analysis ［J］. Mis Quarterly, 2005, 29（4）：625 – 652.

［191］Razavi S M, Abdi M, Amirnequiee S, Ghasemi R. The Impact of Supply Chain Relationship Quality and Cooperative Strategy on Strategic Purchasing ［C］//The International Conference on Economics, Accounting & Business Management, EABM 2015（21 – 22 November 2015）.

［192］Ren Z J, Cohen M A, Ho T H, Terwiesch C. Information Sharing in a Long-Term Supply Chain Relationship：The Role of Customer Review Strategy ［J］. Operations Research, 2010, 58（1）：81 – 93.

［193］Ritchie B, Zsidisin G A. Supply Chain Risk：A Handbook of Assessment, Management, and Performance ［J］. International, 2008, 11：1610.

［194］Ross J W, Beath C M, Goodhue D L. Develop Long-Term Competitiveness through It Assets ［J］. Sloan Management Review, 1996, 38（1）：31 – 42.

［195］Rousseau D M, Sitkin S B, Burt R S, Camerer C. Not So Different after All：A Cross-Discipline View of Trust ［J］. Academy of Management Review, 1998, 23（3）：393 – 404.

［196］Sabherwal R, Kirs P. The Alignment between Organizational Critical Success Factors and Information Technology Capability in Academic-Institutions ［J］. Decision Sciences, 1994, 25（2）：301 – 330.

［197］Sahin H, Topal B. Examination of Effect of Information Sharing on

Businesses Performance in the Supply Chain Process [J]. International Journal of Production Research, 2019, 57 (3): 815 – 828.

[198] Saitone T L, Sexton R J. Agri-Food Supply Chain: Evolution and Performance with Conflicting Consumer and Societal Demands [J]. European Review of Agricultural Economics, 2017, 44 (4): 634 – 657.

[199] Sambasivan M, Siew-Phaik L, Mohamed Z A, Leong Y C. Factors Influencing Strategic Alliance Outcomes in a Manufacturing Supply Chain: Role of Alliance Motives, Interdependence, Asset Specificity and Relational Capital [J]. International Journal of Production Economics, 2013, 141 (1): 339 – 351.

[200] Santhanam R, Hartono E. Issues in Linking Information Technology Capability to Firm Performance [J]. Mis Quarterly, 2003, 27 (1): 125 – 153.

[201] Sezen B. Relative Effects of Design, Integration and Information Sharing on Supply Chain Performance [J]. Supply Chain Management-an International Journal, 2008, 13 (3): 233 – 240.

[202] Shang W X, Ha A Y, Tong S. Information Sharing in a Supply Chain with a Common Retailer [J]. Management Science, 2016, 62 (1): 245 – 263.

[203] Shannon C E. The Mathematical Theory of Communication [J]. Bell Labs Technical Journal, 1950, 3 (9): 31 – 32.

[204] Sharma S, Routroy S. Modeling Information Risk in Supply Chain Using Bayesian Networks [J]. Journal of Enterprise Information Management, 2016, 29 (2): 238 – 254.

[205] Shen B, Choi T M, Minner S. A Review on Supply Chain Contracting with Information Considerations: Information Updating and Information Asymmetry [J]. International Journal of Production Research, 2019, 57 (15 – 16): 4898 – 4936.

[206] Singh A, Teng J T C. Enhancing Supply Chain Outcomes through Information Technology and Trust [J]. Computers in Human Behavior, 2016, 54: 290 – 300.

［207］Sobel M E. Asymptotic Confidence Intervals for Indirect Effects in Structural Equation Models ［J］. Sociological Methodology, 1982, 13 (13): 290 – 312.

［208］Sodhi M S, Tang C S. Supply Chain Risk Management ［M］. New Jersey: Wiley, 2011.

［209］Soto-Acosta P, Merono-Cerdan A L. Analyzing E-Business Value Creation from a Resource-Based Perspective ［J］. International Journal of Information Management, 2008, 28 (1): 49 – 60.

［210］Srinivasan M, Mukherjee D, Gaur A S. Buyer-Supplier Partnership Quality and Supply Chain Performance: Moderating Role of Risks, and Environmental Uncertainty ［J］. European Management Journal, 2011, 29 (4): 260 – 271.

［211］Su Y F. The Impact of Information Technology on Supply Chain Management Capabilities: A Resource-Based View ［J］. 2012 Ieee International Conference on Industrial Engineering and Engineering Management (Ieem), 2012: 947 – 951.

［212］Sun S N, Wang X P. Promoting Traceability for Food Supply Chain with Certification ［J］. Journal of Cleaner Production, 2019, 217: 658 – 665.

［213］Sun X W, Bao J L. Study on E-Commerce Development Model of Modern Agriculture-Take Suzhou as an Example ［J］. Tenth Wuhan International Conference on E-Business, Vols I and Ii, 2011: 276 – 280.

［214］Sundram V P K, Bahrin A S, Munir Z B A, Zolait A H. The Effect of Supply Chain Information Management and Information System Infrastructure the Mediating Role of Supply Chain Integration Towards Manufacturing Performance in Malaysia ［J］. Journal of Enterprise Information Management, 2018, 31 (5): 751 – 770.

［215］Tam J P K, Fernando Y. Ecological Performance as a New Metric to Measure Green Supply Chain Practices ［J］. Encyclopedia of Information Science and Technology, 4th Edition, 2018: 5357 – 5366.

［216］Tarafdar M, Qrunfleh S. Agile Supply Chain Strategy and Supply

Chain Performance: Complementary Roles of Supply Chain Practices and Information Systems Capability for Agility [J]. International Journal of Production Research, 2017, 55 (4): 925 –938.

[217] Terpend R, Krause D R. Competition or Cooperation? Promoting Supplier Performance with Incentives under Varying Conditions of Dependence [J]. Journal of Supply Chain Management, 2015, 51 (4): 29 –53.

[218] Teunter R H, Babai M Z, Bokhorst J A C, Syntetos A A. Revisiting the Value of Information Sharing in Two-Stage Supply Chains [J]. European Journal of Operational Research, 2018, 270 (3): 1044 –1052.

[219] Topal B, Sahin H. The Influence of Information Sharing in the Supply Chain Process on Business Performance: An Empirical Study [J]. Studies in Informatics and Control, 2018, 27 (2): 201 –212.

[220] Tseng P H, Liao C H. Supply Chain Integration, Information Technology, Market Orientation and Firm Performance in Container Shipping Firms [J]. International Journal of Logistics Management, 2015, 26 (1): 82 –106.

[221] Tsolakis N K, Keramydas C A, Toka A K, Aidonis D A, Iakovou E T. Agrifood Supply Chain Management: A Comprehensive Hierarchical Decision-Making Framework and a Critical Taxonomy [J]. Biosystems Engineering, 2014, 120: 47 –64.

[222] Turi A, Goncalves G, Mocan M. Challenges and Competitiveness Indicators for the Sustainable Development of the Supply Chain in Food Industry [J]. Challenges and Innovations in Management and Leadership 12th International Symposium in Management, 2014, 124: 133 –141.

[223] Uddin N. Inter-Organizational Relational Mechanism on Firm Performance the Case of Australian Agri-Food Industry Supply Chain [J]. Industrial Management & Data Systems, 2017, 117 (9): 1934 –1953.

[224] Vaio A D, Varriale L. Digitalization in the Sea-Land Supply Chain: Experiences from Italy in Rethinking the Port Operations within Inter-Organizational Relationships [J]. Production Planning & Control, 2020, 31 (2 –3):

220 – 232.

[225] Verdouw C N, Robbemond R M, Verwaart T, Wolfert J, Beulens A J M. A Reference Architecture for Iot-Based Logistic Information Systems in Agri-Food Supply Chains [J]. Enterprise Information Systems, 2018, 12 (7): 755 – 779.

[226] Vereecke A, Muylle S. Performance Improvement through Supply Chain Collaboration in Europe [J]. International Journal of Operations & Production Management, 2006, 26 (11 – 12): 1176 – 1198.

[227] Vickery S K, Droge C, Setia P, Sambamurthy V. Supply Chain Information Technologies and Organisational Initiatives: Complementary Versus Independent Effects on Agility and Firm Performance [J]. International Journal of Production Research, 2010, 48 (23): 7025 – 7042.

[228] Vitasek K. Supply Chain and Logistics Terms and Glossary [Z]. Bellevue, Washington: The Council of Supply Chain Management Professionals, 2006.

[229] Wan X, Chen W B. The Influence of Relationships on Inter-Organizational Information Systems usage and Supply Chain Performance [J]. Fourteenth Wuhan International Conference on E-Business, 2015: 655 – 662.

[230] Wang B, Kang Y F, Childerhouse P, Huo B F. Interpersonal and Inter-Organizational Relationship Drivers of Supply Chain Integration [J]. Industrial Management & Data Systems, 2018, 118 (6): 1170 – 1191.

[231] Wang J H, Chu M, Deng Y Y, Lam H M, Tang J J. Determinants of Pesticide Application: An Empirical Analysis with Theory of Planned Behaviour [J]. China Agricultural Economic Review, 2018, 10 (4): 608 – 625.

[232] Wang Z Q, Ye F, Tan K H. Effects of Managerial Ties and Trust on Supply Chain Information Sharing and Supplier Opportunism [J]. International Journal of Production Research, 2014, 52 (23): 7046 – 7061.

[233] Wei F, Hao G C, Xiong Q C. Manufacturing Supply Chain Governance under the Objective of Enterprise Ecological Innovation: Contract or Relationship

[J]. Proceedings Of the 2018 2nd International Conference on Education, Economics and Management Research (Iceemr 2018), 2018, 182: 318 –324.

[234] Wernerfelt B. A Resource-Based View of the Firm [J]. Strategic Management Journal, 1984, 5 (2): 171 –180.

[235] Williamson O E. Market Hierarchies: Analysis and Antitrust Implication [M]. New York: The Free Press, 1975.

[236] Wu F, Yeniyurt S, Kim D, Cavusgil S T. The Impact of Information Technology on Supply Chain Capabilities and Firm Performance: A Resource-Based View [J]. Industrial Marketing Management, 2006, 35 (4): 493 –504.

[237] Wu I L, Chiu M L. Examining Supply Chain Collaboration with Determinants and Performance Impact: Social Capital, Justice, and Technology Use Perspectives [J]. International Journal of Information Management, 2018, 39: 5 –19.

[238] Wu I L, Chuang C H, Hsu C H. Information Sharing and Collaborative Behaviors in Enabling Supply Chain Performance: A Social Exchange Perspective [J]. International Journal of Production Economics, 2014, 148: 122 –132.

[239] Wu J H, Zhang X F, Lu J J. Empirical Research on Influencing Factors of Sustainable Supply Chain Management-Evidence from Beijing, China [J]. Sustainability, 2018, 10 (5): 1595.

[240] Wu P J, Huang P C. Business Analytics for Systematically Investigating Sustainable Food Supply Chains [J]. Journal of Cleaner Production, 2018, 203: 968 –976.

[241] Wu Z H, Li Y H. The Construction and Implementation of Agricultural Products Logistics Supply Chain Management Mode Based on the Information Technology [J]. 2010 International Conference on Management Science and Safety Engineering (Msse 2010), Vols I and Ii, 2010: 222 –226.

[242] Yan B, Yan C, Ke C X, Tan X C. Information Sharing in Supply Chain of Agricultural Products Based on the Internet of Things [J]. Industrial

Management & Data Systems, 2016, 116 (7): 1397 – 1416.

[243] Yao Y L, Zhu K X. Do Electronic Linkages Reduce the Bullwhip Effect? An Empirical Analysis of the Us Manufacturing Supply Chains [J]. Information Systems Research, 2012, 23 (3): 1042 – 1055.

[244] Ye F, Wang Z Q. Effects of Information Technology Alignment and Information Sharing on Supply Chain Operational Performance [J]. Computers & Industrial Engineering, 2013, 65 (3): 370 – 377.

[245] Youn S H, Yang M G, Kim J H, Hong P. Supply Chain Information Capabilities and Performance Outcomes: An Empirical Study of Korean Steel Suppliers [J]. International Journal of Information Management, 2014, 34 (3): 369 – 380.

[246] Yu X Q, Ren X X. The Impact of Food Quality Information Services on Food Supply Chain Pricing Decisions and Coordination Mechanisms Based on the O2o E-Commerce Mode [J]. Journal of Food Quality, 2018: 1 – 18.

[247] Yu Z X, Yan H, Cheng T C E. Benefits of Information Sharing with Supply Chain Partnerships [J]. Industrial Management & Data Systems, 2001, 101 (3 – 4): 114 – 119.

[248] Yuan Y X, Viet N, Behdani B. The Impact of Information Sharing on the Performance of Horizontal Logistics Collaboration: A Simulation Study in an Agri-Food Supply Chain [J]. Ifac Papersonline, 2019, 52 (13): 2722 – 2727.

[249] Zander K, Beske P. Happy Growers! Relationship Quality in the German Organic Apple Chain [J]. International Food and Agribusiness Management Review, 2014, 17 (3): 205 – 223.

[250] Zeng M J, Lu J J. The Impact of Information Technology Capabilities on Agri-Food Supply Chain Performance: The Mediating Effects of Interorganizational Relationships [J]. Journal of Enterprise Information Management, published online, 2020, doi: 10. 1108/JEIM – 08 – 2019 – 0237.

[251] Zhang M, Huo B F. The Impact of Dependence and Trust on Supply Chain Integration [J]. International Journal of Physical Distribution & Logistics

Management, 2013, 43 (7): 544 – 563.

[252] Zhang M, Tansuhaj P S. Organizational Culture, Information Technology Capability, and Performance: The Case of Born Global Firms [J]. Multinational Business Review, 2007, 15 (3): 43 – 78.

[253] Zhou H, Benton W C. Supply Chain Practice and Information Sharing [J]. Journal of Operations Management, 2007, 25 (6): 1348 – 1365.

[254] Zhu K. The Complementarity of Information Technology Infrastructure and E-Commerce Capability: A Resource-Based Assessment of Their Business Value [J]. Journal of Management Information Systems, 2004, 21 (1): 167 – 202.